金融不安定性のマクロ動学

二宮健史郎
Kenshiro Ninomiya

大月書店

はしがき

　2007 年に発生したサブプライム問題に端を発したアメリカ発の世界的な金融危機（サブプライム危機）は，経済学界における新古典派，新しい古典派の絶対的支配に小さな風穴を開けたように思われる。それまではポスト・ケインズ派，マルクス派といった非主流派経済学者以外からは全く見向きもされなかった異端の経済学者，ハイマン・ミンスキー（H. P. Minsky）の金融不安定性仮説が，にわかに注目を浴びるようになったのである。

　ソビエト連邦の崩壊により，マルクス経済学は壊滅的な打撃を受け，ケインズ経済学の凋落に歩調を合わせるように，市場メカニズムを重視する新古典派経済学，新しい古典派が，経済学界の主流派を形成している。制度化された経済学のもとでは，ランキングの高い査読付き学術雑誌への論文掲載が第一目標となる。もちろん，査読付き学術雑誌への掲載をめざすのは，研究者としての責務である。しかしながら，ランキングの低い異端派経済学，ランキング自体のない国内の査読付学術雑誌は，それだけで価値が低いものと見なされてしまう。

　ソビエト連邦の崩壊がマルクス経済学の敗北を意味すると言うのならば，サブプライム問題に端を発した 100 年に一度とも言われる世界的な金融危機を回避できなかった新古典派経済学，新しい古典派もまた，敗北したと言わねばならないはずである。筆者は，ポスト・ケインズ派等の異端派経済学は，金融危機を分析する優れた分析的視角を持っていると考えている。異端派というだけで軽視するような態度は，科学的であるとは言えないであろう。

　筆者が，前著『金融恐慌のマクロ経済学』（中央経済社）を上梓したのは，サブプライム危機が発生する直前の 2006 年のことである。当時は，アメリカ経

済の繁栄を背景として，市場経済化を志向する改革が世界各国で推進されている時期でもあった。一部の新古典派経済学者，新しい古典派経済学者には勝者のおごりが見られ，ミクロ経済学的基礎づけが金科玉条とされ，それを重視しないマルクス派やポスト・ケインズ派等の異端派経済学は全く軽視されていた。マルクス派，ポスト・ケインズ派の主要学会である経済理論学会では，2001年の共通論題「アメリカの『繁栄』を問う」でミンスキーの金融不安定性仮説が取り上げられ，アメリカ経済の繁栄に警鐘を鳴らしていた。しかしながら，その声は全く外に届かず，むしろ嘲笑の対象になっていたと言える。

　事が起こった後に言うのは実に簡単である。事が起こる前に警鐘を鳴らし，事が起こるのを回避することが重要である。新古典派や新しい古典派は，金融危機，金融恐慌にほとんど関心を払ってこなかったが，その意味では自らを省みる必要があるのではないかと思われる。そして，事が起こってしまった後には，有効な処方箋を提示するべく，学派の対立を乗り越えて相互に尊重し合い，努力を重ねる必要があると思われる。

　本書は，『金融恐慌のマクロ経済学』の続編と言えるものであり，その後に公表した論文を加筆修正してまとめたものである。序章では，金融不安定性仮説がサブプライム危機により注目を浴びた背景と，その考え方を，簡潔に説明している。

　第1章から第5章までは基礎理論篇である。第1章「マクロ経済学の基本モデルにおける諸議論」では，古典派経済学とケインズ経済学の基本モデル，時間的視野で2つの学派の統合を図った議論，貸付資金説に基づくマクロ経済学，金融政策ルールを導入したニュー・コンセンサス・マクロ経済学について簡潔に概観し，マクロ経済学教育についての管見も述べる。第2章「ポスト・ケインズ派金融不安定性分析の射程と可能性」では，新古典派，新しい古典派の源流であるラムゼイ・モデル，信用の役割を重視したマルクス派（宇野理論）等と対比する形で，ポスト・ケインズ派金融不安定性分析の射程と可能性を論じる。第3章「ポスト・ケインズ派金融不安定性分析の展開と展望」では，近年，積極的に展開されているカレツキアン・モデルやストック・フロー・コンシステント・モデル等を含め，金融不安定性分析の新たな展開を展望する。第

4 章「負債荷重，確信，金融の不安定性，および循環」では，第 3 章のモデルにミンスキーが重視した有利子負債を考慮し，負債の動態を導入して金融の不安定性，循環を検討する。第 5 章「『長期』と『短期』のマクロ経済モデルと金融の不安定性」では，長期と短期という時間的視野を考慮したモデルにおいて，金融不安定性の議論をおこない，その中でポスト・ケインズ派金融不安定性分析の位置づけをおこなう。

　第 6 章から第 13 章までは，基礎理論篇を受けた応用篇である。第 6 章から第 8 章までは，必ずしもミンスキー自身が重視したわけではない，所得分配や金融資産といった観点を導入した議論を展開したものである。第 6 章「寡占経済における金融の不安定性，循環および所得分配」では，マーク・アップ原理に基づく物価の動態，負債の動態を導入した金融の不安定性，循環を検討し，所得分配と金融不安定性の関係を議論する。第 7 章「Profit Sharing，停滞レジームと金融の不安定性」では，労使協調的な日本的経営（所得分配）に対する 1980 年代以降の批判の高まりに関連して，Profit Sharing と金融不安定性の関係を検討する。第 8 章「負債荷重，金融資産，および金融の不安定性」では，金融資産の蓄積という観点を導入した金融不安定性の議論を展開する。第 9 章から第 12 章までは，金融の不安定性を抑止するための政策，制度的枠組みに関する検討である。ミンスキー自身は，金融恐慌に陥った場合，中央銀行の「最後の貸し手」としての役割，大きな政府の重要性を主張しているが，その時とは状況も大きく変わっている。また，その検討も十分であるとは言いがたい。第 9 章「低インフレ下におけるバブル経済」では，日本のバブル経済期にインフレ率が安定的であった事実について，金融不安定性の枠組みでの説明を試みる。さらに，インフレ・ターゲット等の金融政策についても若干の考察をおこなう。第 10 章「金融構造，金融の不安定性，およびインフレ・ターゲット」では，所得，物価に関する古典派とケインズ派の調整過程を導入し，インフレ・ターゲット等の金融政策が金融不安定性を抑止する効果を持つかを検討する。第 11 章「ミンスキー的循環，不安定性と逆循環的財政政策」，第 12 章「金融の不安定性と政策金融の役割」では，それぞれ逆循環的財政政策，政策金融が，金融の不安定性を抑止する効果を持つかを検討する。第 13 章は，金融不安定性の議論を開放体系に拡張したものである。第 13 章「開放体系にお

ける金融の不安定性」では，カルドア型循環モデルに金融不安定性の議論を導入し，「国際的な貸し手のリスク」という概念を導入して，国際的な金融の不安定性を検討する。第 14 章「金融危機と金融恐慌：再論」では，上述の新たに得られた知見をふまえ，筆者の金融不安定性理論を再構成して叙述的に展開する。

目次

序　章　　　　　　　　　　　　　　　　　　　　　　　　　　　　1

第I部　基礎理論篇　　　　　　　　　　　　　　　　　　　9

第1章　マクロ経済学の基本モデルにおける諸議論　　　　　11

1.1　はじめに　. . . . .　11

1.2　マクロ経済学の諸基本モデル　. . . . .　15

1.3　おわりに　. . . . .　29

第2章　ポスト・ケインズ派金融不安定性分析の射程と可能性　　33

2.1　はじめに　. . . . .　33

2.2　金融危機と諸学派の考え方　. . . . .　35

2.3　ポスト・ケインズ派金融不安定性分析の新たな展開と可能性 .　42

2.4　おわりに　. . . . .　46

第3章　ポスト・ケインズ派金融不安定性分析の展開と展望　　49

3.1　はじめに　. . . . .　49

3.2　金融の不安定性とポスト・ケインズ派の理論的展開　. . . . .　51

3.3　長期における金融不安定性　. . . . .　66

3.4　おわりに　. . . . .　77

第4章　負債荷重，確信，金融の不安定性，および循環　　79

viii 目次

4.1	はじめに	. . . .	79
4.2	利子率の決定と有利子負債	. . . .	82
4.3	モデル	. . . .	86
4.4	おわりに	. . . .	94

第5章　「長期」と「短期」のマクロ経済モデルと金融の不安定性　99

5.1	はじめに	. . . .	99
5.2	モデル	. . . .	101
5.3	負債効果	. . . .	108
5.4	おわりに	. . . .	113

第II部　応　用　篇　117

第6章　寡占経済における金融の不安定性，循環，および所得分配　119

6.1	はじめに	. . . .	119
6.2	利子率の決定と負債荷重，物価の動態	. . . .	122
6.3	金融の不安定性と循環	. . . .	127
6.4	おわりに	. . . .	136

第7章　Profit Sharing，停滞レジームと金融の不安定性　139

7.1	はじめに	. . . .	139
7.2	モデル	. . . .	141
7.3	Profit Sharing と非 Profit Sharing	. . . .	150
7.4	おわりに	. . . .	154

第8章　負債荷重，金融資産，および金融の不安定性　157

8.1	はじめに	. . . .	157
8.2	家計の金融資産と利子率の決定	. . . .	158
8.3	モデル	. . . .	162
8.4	おわりに	. . . .	166

ix

第 9 章	低インフレ下におけるバブル経済	171
9.1	はじめに	171
9.2	定型化された事実	176
9.3	短期モデル	180
9.4	長期のシステムと安定性	183
9.5	ディスインフレ・バイアス	185
9.6	金融政策	187
9.7	おわりに	191

第 10 章	金融構造, 金融の不安定性, およびインフレ・ターゲット	193
10.1	はじめに	193
10.2	金融政策ルールと名目利子率	195
10.3	金融的循環と金融政策の効果	198
10.4	おわりに	206

第 11 章	ミンスキー的循環, 不安定性, および逆循環的財政政策	209
11.1	はじめに	209
11.2	企業の負債荷重と政府の予算制約	211
11.3	有利子負債の増大と逆循環的財政政策	218
11.4	おわりに	222

第 12 章	金融の不安定性と政策金融の役割	227
12.1	はじめに	227
12.2	基本モデル	229
12.3	有利子負債の累積的拡大と政策金融	238
12.4	おわりに	241

第 13 章	開放体系における金融の不安定性	245
13.1	はじめに	245
13.2	金融不安定性の基本モデル	246
13.3	開放体系	252

13.4	おわりに	....	262

第 14 章　金融危機と金融恐慌：再論　　　　　　　　　　265

14.1	金融危機と金融恐慌のメカニズム	....	265
14.2	財政・金融政策と財政再建	....	266
14.3	金融恐慌を回避するための方策	....	270

参考文献　　　　　　　　　　281

索引　　　　　　　　　　302

序　　章

　マクロ経済学には，大きく分けて，古典派経済学とケインズ経済学という2つの潮流がある。スミス（A. Smith）を始祖とする古典派経済学は，価格は伸縮的で，市場メカニズムがきわめて有効に機能し，諸資源の完全利用と効率的配分が速やかに達成できると考えていた。しかしながら，1930年代の世界大恐慌という現実を前にして，古典派経済学は有効な処方箋を提示することができず，その権威を失墜させた。これに対して，ケインズ（J. M. Keynes）は，そのような市場メカニズムは必ずしも有効に機能せず，完全雇用達成のためには，金融政策，財政政策による総需要管理政策が必要であると主張した。

　ケインズ経済学は，第二次世界大戦後の経済学界の主流派を形成したが，1970年代のオイルショックに端を発したスタグフレーションに対する有効な処方箋を提示することができなかった。それゆえ，ふたたび市場メカニズムを重視する新古典派経済学が台頭してくる。フリードマン（M. Friedman）に代表されるマネタリストは，マネーサプライの成長率を一定率（$k\%$）にすることにより，金融政策に起因する経済の不安定性を除去できると主張して，総需要管理政策を批判した。さらに，ミュース（J. F. Muth）は，人々は利用可能な情報を効率的に利用して期待を形成するという合理的期待仮説を展開した。そして，ルーカス（R. E. Lucas）等の「新しい古典派（New Classical）」は，合理的期待の考え方を導入し，金融政策が効果を持つのは，人々がその予想を誤った場合のみであると主張したのである。

　市場メカニズムを重視するこのような考え方は，「貨幣の中立性」や「古典派の二分法」という言葉が示すように，実体経済と金融との相互関係を軽視，あるいは全くと言っていいほど無視している。キドランド（F. E. Kydland）とプ

レスコット（E. C. Prescott）が提示した実体的景気循環論（Real Business Cycle theory: RBC）も，景気循環の主要因は技術進歩等の生産性ショックであるということを強調している。さらに，新しい古典派は，総需要管理政策を批判するのみならず，ミクロ経済学的基礎づけを持たないケインズ経済学（IS・LMモデル）は理論的に脆弱であるとの批判を展開し，その権威を失墜させた。新しい古典派は，現代経済学の主流派を自認している。

　このような批判に対し，ケインズ経済学の立場に立つ「新しいケインズ派（New Keynesian）」と呼ばれる経済学者は，メニュー・コスト理論や効率賃金仮説等，新しい古典派と同様の手法を用いて価格の硬直性を説明する理論を展開した。新しい古典派と新しいケインズ派は，市場メカニズムに対する考え方の相違はあるものの，ミクロ経済学的基礎づけを重視しているという共通点を持っている。

　ミンスキー（H. P. Minsky）は，ケインズ自身が重視したにもかかわらずその後の研究では軽視されてしまった，実物面と金融面の相互関係を強調し，資本主義経済に内在する複雑な金融構造が経済の不安定性，循環を引き起こすことを強調する金融不安定性仮説を提唱した。キドランドとプレスコットが市場メカニズムの有効性を強調し，金融的要因による経済の不安定性，循環を全く無視しているのとは対照的である。

　ミンスキーは，1919年にシカゴに生まれ，シカゴ大学（数学専攻）を卒業した。その後，ハーバード大学大学院に進学し，1954年に同大学より博士号（Ph.D.）を授与されている。ブラウン大学，カリフォルニア大学（バークレイ）の准教授を務めた後，1965年にワシントン大学経済学部教授に就任し，1996年に没している。ミンスキーは，ケインズ派には属するものの，新しいケインズ派ではなく，ハロッド（R. F. Harrod），カレツキ（M. Kalecki），カルドア（N. Kaldor），グッドウィン（R. M. Goodwin）等に代表される「ポスト・ケインズ派（Post Keynesian）」の系譜に属する異端の経済学者である。

　先にも述べたように，ミンスキーは，ケインズ自身が重視したにもかかわらずその後の理論的発展の中で忘れ去られてしまった金融的側面を再評価し，独自の理論体系を構築している。ケインズが重視したものの一つとして，資本主義経済の本質が，各経済主体の諸期待としての貨幣的現象に集約されて出現す

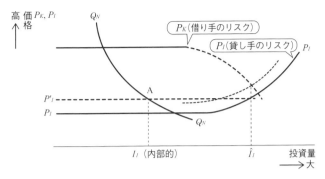

図 ミンスキーの投資決定理論

(出典) Minsky(1986) 邦訳 235 ページ

るということが挙げられる。ケインズの後を受けたミンスキーの主張は，自由放任的経済においては金融過熱とその崩壊は不可避であるということである。

まず，ミンスキー理論における投資決定と債務関係について説明しよう(図)。ミンスキーによれば，実物投資が実行されるのは，資本の需要価格 P_K が資本の供給価格 P_I を上回る場合である。そして，その資本の需要価格は，実物資本の3つの属性，1) 資本の期待収益：q, 2) 資本の保有費用（持越し費用）：c, 3) 実物資本売却による流動性についての投資家の評価：l, を考慮して決定される。つまり，資産をある期間保有することによる期待収益は $q-c+l$ で表わされ，その流列を資本化したものが資本の需要価格である。

$Q_N Q_N$ は，ある企業が内部資金でファイナンスできる投資量とその価格の関係を表しており，$Q_N Q_N$ 以上の投資をおこなおうとすれば外部資金に依存せざるをえないことを示している。そして，外部資金への依存が高まれば，企業側に「借り手のリスク」が発生する。ゆえに，企業の投資財に対する資本の需要価格は，その市場価格を上限とし，投資の増加に従って低下する。さらに，借り手のリスクは，1) 不確実性下での特定の実物資産へのコミットは危険を高めること，2) 利子費用の比率の増大，等の理由により上昇する。

他方，資本の供給価格 P_I は，「貸し手のリスク」，つまり，企業の債務返済能力の信頼性に依存する。ゆえに，貸し手のリスク曲線（P_I 曲線）は，企業の負債比率の増加に伴って上昇することになる。投資量は，P_K 曲線と P_I 曲線

の交点 $\hat{I}_I$ で決定される。投資水準を規定する P_K 曲線，P_I 曲線は，借り手，貸し手の主観的判断にも大きく依存しているので，投資の決定はきわめて安定性を欠いたものになる。例えば，楽観的期待が高まる時には，資本の需要価格は上昇する。これは，借り手のリスク曲線（P_K 曲線）の傾きが緩やかになることを意味するので，投資が増加する。

次に，金融システムの脆弱性について説明しよう。ミンスキーは，投資の決定において，期待粗利潤と毎期の返済額の関係により，3つの債務契約のタイプを定義している。それは，1) ヘッジ金融，2) 投機的金融，3) ポンツィ金融，である。ここで，ヘッジ金融とは，その主体の現金受け取りが，全ての期間において契約上の債務返済の額を超えている金融取引である。そして，投機的金融とは，近い将来の数期間については，支払債務が粗利潤を上回ることがあるような金融取引である。粗利潤が返済額より小さい期間が長くなるほど，また，債務の利子率が高くなるほど，債務残高が上昇する。さらに，ポンツィ金融とは，投資期間のほぼ最終期においてのみ，粗利潤が返済額を上回るような金融取引である。要するに，リスクが低い順に並べれば，ヘッジ金融，投機的金融，ポンツィ金融の順になるということである。ミンスキーは，経済の安定性がヘッジ金融，投機的金融，ポンツィ金融の構成に依存すると考えている。言い換えれば，債務契約の比重が金融システムの頑健性，脆弱性を規定し，それが経済の安定性にも影響するということである。

以上の議論を基礎にして，ミンスキーは，投資ブームから金融危機，金融恐慌へと至る過程を，以下のように説明している。ここで，経済は好況局面にあると想定しよう。この時，企業の予想収益 q は上昇するので，資本の需要価格が上昇する。他方，好況期においては，貸し手のリスクも低下しているので，資本の供給価格は短期的に安定している。資本の需要価格はその供給価格を上回って上昇するので，投資は増加する。さらに，投資の増大は総需要を拡大して，企業の利潤をさらに上昇させる。そして，企業の利潤上昇は，企業，市中銀行の長期期待を高める。このような過程のくり返しにより，資本の需要価格の上昇，投資の累積的拡大が発生し，多幸症的経済状態（euphoria），投資ブームが出現する。

しかしながら，好況期における新投資の拡大は，貸し手のリスクと借り手の

リスクを過小評価するので，企業は負債比率をさらに高めてしまう。そして，既存の負債構造も再金融によって，それに足並みを揃えるように調整される。そのため，利潤や資本ストックの増加速度は負債の増加速度を下回り，投機的金融の状態に移行する。そして，もし資金の供給が十分におこなわれないならば，投資の拡大は利子率の上昇を招き，より高い負債比率に基づく投資拡大と利潤獲得の期待は失われてしまう。その結果，投資家の長期期待は悲観的になり，株価も下落しはじめる。さらに，収益率の低下，利子率の高騰，株価の下落等は，投機的金融をポンツィ金融の状態へと移行させる。そのため，企業や金融機関は資産の売却によって資金を調達せざるをえなくなる。

　このような状態が継続すれば，資産価格は急落する。そして，資産売却による債務返済も厳しくなり，債務不履行の可能性が高くなる。これは，貸し手，借り手の双方のリスクを上昇させ，投資家は流動性選好を増大させる。その結果，金融市場は逼迫して，資本の需要価格を下落させ，企業は投資を抑制して総需要を低下させ，企業収益のさらなる悪化を招くことになる。金融危機，金融恐慌の出現である。ミンスキーは，このような下方累積過程を抑止するためには，中央銀行の「最後の貸し手」としての役割が必要不可欠であると主張している。

　ミンスキーの金融不安定性仮説は，非新古典派の経済学者に多大な影響を与えており，様々な観点から理論的展開がおこなわれている。例えば，第3章で概観する Taylor and O'Connell(1985) は，難解なミンスキーの理論を単純な数理モデルに展開している。また，最近の研究では，ミンスキーが重視した負債荷重を導入し，非線形経済動学の手法を用いて，経済の循環，不安定性が検討されている[1]。また，その考え方は，ポスト・ケインズ派のみならず，Greenwald and Stiglitz(1993) 等，市場の不完全性を強調する経済学者にも，少なからず影響を与えている。

　以上がミンスキーの金融不安定性仮説の概要であるが，次に，実際の経済に目を転じてみよう。周知のように，世界の経済の流れは，市場経済を志向する

---

[1] 本書もその試みの一つである。この他の諸研究については，二宮 (2006a)，本書第3章等を参照。

方向に進んでいることに疑いの余地はない。ケインズ経済学の権威の失墜と時を同じくして，小さな政府を志向するイギリスのサッチャー首相や，アメリカのレーガン大統領が登場する。わが国においても，中曽根行革によって国鉄がJR に，電電公社が NTT に，専売公社が JT になり，民営化が断行された。

この時，イギリスやアメリカでは，金融証券市場の大改革，いわゆる金融ビッグバンがおこなわれ，金融証券市場における様々な規制が撤廃された。しかしながら，わが国においては，護送船団方式と呼ばれる金融システムが残り，イギリスやアメリカに約 10 年遅れて日本版金融ビッグバンがおこなわれることになる。

オイルショック，スタグフレーションは，日本経済を困難な状況に陥れたが，技術革新と輸出によってそれを乗り越え，その影響は他の先進諸国と比べれば軽微なものであった。それゆえ，むしろ欧米諸国との間に深刻な貿易摩擦が発生し，1985 年のプラザ合意に至る。プラザ合意が日本経済にとって重大な転換点となったことは明白であろう。円高誘導によって一時的な不況に陥るが，政府の内需拡大政策と相まって，株価，地価の空前の高騰を伴ったバブル経済を迎えたことは周知の通りである。この時期，邦銀は世界のトップ 10 バンクに名を連ね，アメリカをも席巻した。メインバンク・システムといった日本の金融システムのすばらしさを強調する者は多かったが，護送船団方式に警鐘を鳴らした者はおそらく少なかったであろう。しかしながら，その多幸症的経済状態は，1990 年のバブル経済崩壊とともに一転する。経済は長期にわたって低迷し，景気は回復しつつあるとは言われているものの一般的な勤労者には全くその実感がない状況である。さらには，年金問題，格差拡大といった負の側面がクローズアップされ，ギリシャ危機やイギリスのユーロ離脱決定等と相まって，先行きに対する不透明感，閉塞感は解消されるどころか高まっているように思われる。

バブル経済崩壊後の日本経済が辿った道は，「構造改革」という言葉が示すように，市場経済化を志向したものであった。そして，批判の矢面に立たされたのは，旧大蔵省を頂点とした護送船団方式であった。金融機関が困難に陥っても，最後には大蔵省が助けてくれる。それゆえ，担保さえあれば十分な審査もせずに貸付を拡大し，それが膨大な不良債権となってしまった。あるいは，

市場規律にさらされていない銀行経営者が，自らの保身のために，債務不履行の可能性の高い借り手への融資を拡大させてしまった。また，預金金利はどこの銀行でも同じであり，預金も保護されるため，預金者も銀行の経営状態に全く関心を持たない。これらのモラル・ハザードを解消するためには，市場による規律づけが不可欠であるとして，金融の自由化の必要性が声高に叫ばれた。

この時期，わが国においても，バブル経済の形成と崩壊を説明する理論として，ミンスキーの金融不安定性仮説が非新古典派の経済学者の注目を集めた。しかしながら，先にも述べたように，金融不安定性仮説は，資本主義経済に内在する複雑な金融構造が経済の不安定性を引き起こすことを強調している。経済の実体面と金融面との関係を軽視し，市場メカニズムに高い信頼を置く現在の主流派経済学とは，基本的に異なる立場にある。きわめて好調なアメリカ経済，絶大な影響力を持つ主流派経済学の前に，ポスト・ケインズ派であるミンスキーの金融不安定性仮説は，日本のバブル経済，アジアの通貨危機等，金融危機がくり返し発生したにもかかわらず，軽視されつづけた異端の学説であった。

それが最初に注目を浴びたのが，学界ではなくウォール街だったのは皮肉なことである（Lahart(2007)）。それは，好調なアメリカ経済がサブプライム問題によってつまずき，危機の影が自身に及ぶに至り，その繁栄が実はミンスキーの言う多幸症的経済状態にすぎないのではないか，あるいはバブルなのではないかという，アメリカの不安感の裏返しのようでもあった。金融市場の混乱は，均衡を速やかに達成するという市場メカニズムに対する信頼が多少なりとも揺らいでいることを暗示しているようである。

金融の自由化が最も進んでいると思われるアメリカにおいて，もし人々が市場メカニズムに対して高い信頼を置いているならば，そんなに心配はしないはずである。それは市場の調整過程であり，速やかに均衡を達成するので，金融危機や金融恐慌は起こるはずもないからである。そして，もしそうならば，中央銀行は何もする必要がないはずである。しかしながら，連邦準備制度理事会（FRB）は，サブプライム問題に端を発した金融市場の混乱（サブプライム危機）を沈静化させるために大幅な利下げを断行し，日本銀行も利上げを見送った。そのような対応にもかかわらず，アメリカの混乱は全世界に波及し，実体経済

にも多大な悪影響を及ぼした世界的な金融危機が発生した。

　サブプライム危機から数年を経た現在においても，世界経済の不透明感は払拭できていない。学界においても，クルグマン（P. Krugman）がミンスキーの金融不安定性仮説を賞賛し（Krugman(2012)），わが国においても日本銀行の『金融研究』に金融不安定性仮説を肯定的に評価する論考（White(2010)）が掲載される等，隔世の感がある[*2]。資本主義経済は内在的に不安定であり，その不安定性を回避するためには，やはり何がしかの制度的枠組み，政策が必要不可欠であるということを，ミンスキーは示唆していたと思われる。

[*2] わが国では，吉川 (2012) が『日本経済新聞』に「ミンスキー」の連載をしている。櫻川 (2013) もまたミンスキーを称賛している。

第Ⅰ部

基礎理論篇

第1章

マクロ経済学の基本モデルに
おける諸議論

1.1 はじめに

　序章でも述べたように，マクロ経済学には，その市場観に基づき，古典派経済学とケインズ経済学の2つの潮流が存在する。そして，2つの学派の経済モデルは，その異なる市場観により，全く異なったものとなっている。その両派を統一的な枠組みで議論しようとする，初期における代表的な試みは，おそらく1960年代のサミュエルソン（P. A. Samuelson）等による新古典派総合であろう。つまり，ケインズ経済学に基づく財政・金融政策により完全雇用を達成した後に，古典派経済学に基づく希少資源の効率的配分をおこなうというものである。

　しかしながら，1970年代のスタグフレーションは，総需要管理政策に基づくケインズ経済学（新古典派総合）の権威を失墜させ，市場メカニズムの有効性を強調するフリードマンに代表されるマネタリズムや新しい古典派の台頭を許すことになる。さらに，新しい古典派は，ケインズ経済学の総需要管理政策を批判するのみならず，ミクロ経済学的基礎づけを持たないその枠組みさえも否定する議論を展開する。これに対して，新しいケインズ派（ニュー・ケインジアン）は，メニュー・コスト理論等，新しい古典派と同様の手法で価格の硬直性

等を説明する理論を展開した。

この対立は，「ルール」対「裁量」という図式を生み出すことになるが，同時に，両学派がそれぞれの枠組みで理論的な展開をおこなうという分裂状況を生み出すことになる。このような状況の中で，マクロ経済学の導入教育において「ルール」対「裁量」が主要なトピックスになる一方，ケインズ経済学に基づく $AD \cdot AS$ モデル（$IS \cdot LM$ モデル）は，導入教育においても講義する必要はないという見解が，Barro(1994) により示されるに至る[*1]。また，わが国においても，岩本・大竹・齊藤・二神 (1999) により $IS \cdot LM$ モデルの限界が指摘され，ケインズ経済学を動学化したハロッド・ドーマーの不安定性理論は日本のマクロ経済学の教科書からも消滅するであろうとの見解が示される。それは，ハロッド・ドーマー・モデルの主張する不安定な成長経路が実際には観察されなかったという理由からである[*2]。

比較的多くの導入教育の教科書では，古典派経済学とケインズ経済学は異なる市場観を持つ独立した経済モデルとして説明されるが[*3]，1990 年代に入

[*1] Dutt and Skott(1996) は，Barro(1994) に対する反論をおこなっている。バロー（R. J. Barro）自身による教科書は Barro(1984) であり，乗数理論等はごく簡単に説明されているにすぎない。

[*2] 浅田 (2007) は，岩本・大竹・齊藤・二神 (1999) に対する反論をおこなっている。Yoshida(1999) は，新技術導入の議論をハロッド・ドーマー・モデルに導入し，Hopf の分岐定理を適用して経済の循環を論じ，その不安定性理論を修正する議論を提出している。Nakatani and Skott(2007) は，ハロッド的なモデルを適用して日本経済を検討している。三野（2013）は，主流派経済学のみならず，ハロッド・ドーマー・モデルやカルドア型循環モデル等にも言及している。

　ホリオカ・伊藤・岩本・大竹・塩路・林 (2007) は，現在の（日本の）マクロ経済学の混沌とした状況を表していると思われる。そして，短期においては価格が硬直的であり，1990 年以降は名目賃金の下方硬直性の重要性が再認識されたと指摘している。また，学部教育のツールとして，$IS \cdot LM$ モデルを肯定的に評価している。

[*3] このようなスタイルを採るものとして，浅子・加納・倉澤 (2009)，足立 (1994)，鴇田・足立・藪下 (1998)，武隈 (1998)，吉川 (2017)，北坂 (2003) 等がある。井堀 (2011) は古典派モデルを明示していないが，両派を対比させる形で近年のマクロ経済学の発展に留意した説明がなされている。

　しかしながら，特に初学者を対象とした教科書では，古典派モデルを明示的に扱っていないものも多い。このような教科書では，$IS \cdot LM$ モデルを説明した後，物価や自然失業率仮説，新古典派成長モデル等を説明する中で古典派の考え方に言及するというスタイルを採っているものが多い。例えば，福田・照山 (2016)，家森 (2015) 等がある。また，Blanchard(1997) は初学者を対象としたものではないが，$IS \cdot LM$ モデル，$AD \cdot AS$ モ

1.1 はじめに

ると，ふたたび 2 つの学派を統合しようとする試みもなされるようになる[*4]。Mankiw(1992) は，「長期」と「短期」という時間的視野を導入し，両派を統一的な枠組みで議論している。つまり，価格が伸縮的な長期においては古典派の考え方を，それが硬直的な短期においてはケインズ派の考え方を適用しようというものである。しかしながら，理論構造の全く異なる 2 つの経済モデルを統一的な枠組みで議論するためには，それぞれのモデルを再解釈する必要がある。Mankiw（1992）(2006) は，IS 曲線を貸付資金説的に，LM 曲線を貨幣数量説的に再解釈し，その融合を図っている。そして，その構成は，「長期」から「短期」へという流れである。

　さらに，Romer(2000), Taylor(2000)(2004), Taylor and Dalziel(2002) 等は，時間的視野という視点は維持しつつも，インフレ調整線（inflation adjustment line）という概念を導入し，LM 曲線を排除した議論を展開している。そのモデルは，1990 年代に入って各国に導入されたインフレ・ターゲットに基づき，貨幣当局が長期的には実質利子率を決定するという構造を持っている。Romer(2000) 等のモデルは，ポスト・ケインズ派等により，ニュー・コンセンサス・マクロ経済学と呼ばれている。$IS \cdot MP$ モデルと呼ばれているものも，これに該当する。

　また，これらの議論とは別に，Bernanke and Blinder(1988) により，「クレジット・ビュー」のマクロ経済モデルが提示されている。クレジット・ビューとは，企業や家計などの負債総額の変化，特に，市中銀行からどの程度融資が受けられるかといったことにより，経済活動が左右されるという考え方である。これに対して，古典派およびケインズ派のモデルは「マネー・ビュー」と呼ばれている[*5]。

　　デルを核としており，「短期」から「長期」へというスタイルを採っている。そして，金融政策は短期と中期に，財政政策は短期と長期に影響するとしている。

[*4] このようなスタイルを採るものとして，Mankiw(1992), Taylor(2004) 等の他に，松尾 (1999), Abel and Bernanke(2005), 宮尾 (2017), 二神 (2006) 等がある。二神 (2006) は，初学者向けの教科書ながら，$IS \cdot LM$ モデルが明示的には扱われていない。ただし，第 2 版から $IS \cdot LM$ モデルの説明が追加されている（最新版は第 3 版，二神 (2017)）。

[*5] Rose(1969), Stein(1969)(1971), 置塩 (1986) 等は，貸付資金説に基づくマクロ経済モデルを提示している。後述するように，Rose(1969) 等の伝統に属するモデルは，ケインズ・ヴィクセル・モデルと呼ばれている。

鴇田・足立・藪下 (1998) が言うように，マクロ経済学は分裂，対立状況の中でそれぞれの学派が興味深い研究を推し進めており，やがては一つの大河を形成することを期待したい。しかしながら，その過渡期の中で，マクロ経済学は，その基本モデルでさえもコンセンサスが得られているとは言いがたい状況にある。むしろ，いっそう多様化が進んでいるというのが現状であろう。

　本章の目的は，上述のようなマクロ経済学のいくつかの基本モデルを概観して，その理論構造を比較検討し，問題点を整理することにある。併せて，マクロ経済学の導入教育に関する若干の展望をおこなう。特に，われわれは，利子率と物価の決定に焦点を当てて検討をおこなう。

　本章の構成は，以下のようなものである。第1.2節では，上述の諸モデルを概観し，その理論構造を整理し，問題点を指摘する。第1.2.1項では古典派モデル，第1.2.2項ではケインズ派モデル（$IS \cdot LM$ モデル），第1.2.3項では両派を時間的視野で統合した Mankiw(1992) のモデル，第1.2.4項ではクレジット・ビュー等の貸付資金説に基づくマクロ経済モデル，第1.2.5項ではニュー・コンセンサス・マクロ経済学を概観する。第1.3節は，まとめと若干の展望をおこなう。

1.2 マクロ経済学の諸基本モデル

1.2.1 古典派モデル

まず，古典派の基本モデルを概観しよう．最も単純な古典派モデルは，以下の方程式体系で構成される．

$$N^D = f(\omega), \quad f' < 0, \tag{1.1}$$

$$N^S = g(\omega), \quad g' > 0, \tag{1.2}$$

$$\omega = \frac{W}{p}, \tag{1.3}$$

$$N^D = N^S = N, \tag{1.4}$$

$$Y = F(N), \quad F' > 0, \quad F'' < 0, \tag{1.5}$$

$$M = kpY, \tag{1.6}$$

$$I(Y, i, \bar{K}) = S(Y, i). \tag{1.7}$$

ここで，N^D：労働需要，N^S：労働供給，ω：実質賃金率，W：名目賃金率，p：物価水準，Y：実質産出量（所得），N：雇用量，M：名目貨幣供給量，I：投資，K：資本ストック，S：貯蓄，である．(1.1) は労働需要が実質賃金率の減少関数であることを，逆に，(1.2) は労働供給がその増加関数であることを示している．(1.3) は，実質賃金率の定義式である．また，(1.4) は労働市場の需給一致を表している．(1.5) は限界生産力逓減の生産関数，(1.6) はケンブリッジの現金残高方程式である．(1.7) の左辺は「資本ストック調整原理」に基づく投資関数，右辺は異時点間の最適消費から導かれる．

労働需要は代表的企業の利潤最大化から，労働供給は代表的個人の効用最大化から導出される．古典派モデルでは市場メカニズムが有効に機能すると考えているので，労働市場の不均衡は速やかに調整され，その需給が一致するところで均衡雇用量 N^* が決定される．この時，労働市場は完全雇用の状態にあり，代表的企業の利潤は最大化され，代表的個人も効用が最大化されている．

均衡雇用量 N^* が労働市場において決定されるので，(1.5) の生産関数で均衡産出量 Y^* が決定される．そして，財の需要量はこの均衡産出量 Y^* に等し

くなるように調整される。言い換えれば，「供給は，それ自らの需要を創造する」というセイ法則が示すように，古典派モデルにおいては経済の活動水準が供給側の要因により決定されている。そして，その調整に重要な役割を果たしているのが利子率 i である。つまり，利子率の変化により，投資（貸付資金の需要）＝貯蓄（貸付資金の供給）となるように調整されるということである（(1.7) 式）。

また，産出量が均衡産出量 Y^* となるので，(1.6) の現金残高方程式は，名目貨幣供給量と物価水準との関係を表していると言うことができる。つまり，古典派モデルでは，物価水準は名目貨幣供給量で決定されているということである。この意味において，古典派モデルは，実物部門と貨幣部門が完全に二分されている（古典派の二分法）。また，名目貨幣供給量 M の変化は，物価水準 p，名目賃金率 W に影響を与えるのみで，雇用量，産出量といった実体変数には何ら影響を及ぼさない（貨幣の中立性）。

1.2.2　ケインズ派モデル（$IS \cdot LM$ モデル）

ケインズ経済学を最も単純化したものとして，いわゆる $IS \cdot LM$ モデルが，様々な批判を受けつつも，マクロ経済学の導入教育では現在もなお広く受け入れられている。$IS \cdot LM$ モデルは，財市場の均衡を表す IS 曲線と，金融市場の均衡を表す LM 曲線，

$$Y = C(Y) + I(i), \quad 0 < C' < 1, \quad I' < 0, \tag{1.8}$$
$$M/p = L(Y, i), \quad L_Y > 0, \quad L_i < 0, \tag{1.9}$$

で構成される。ここで，C：消費関数，L：貨幣需要関数，である。(1.9) の L_Y は貨幣の取引需要に基づく貨幣需要，L_i は投機的動機に基づく貨幣需要を表している。貨幣需要が利子率に依存するという考え方は，古典派モデルでは考慮されていなかったものである。このような考え方は，流動性選好説と呼ばれるケインズ派の利子論を構成する。また，$IS \cdot LM$ モデルは，価格の硬直性が仮定されており，名目貨幣供給量の変化は古典派モデルとは異なり所得 Y を変化させる。また，所得 Y は完全雇用を保証するものではない。

$IS \cdot LM$ モデルにおける均衡点への収束過程，すなわち，所得 Y と利子率

1.2 マクロ経済学の諸基本モデル　　　　　　　　　　　　　　**17**

i の動態は，

$$\dot{Y} = \alpha[C\,(Y) + I(i) - Y], \quad \alpha > 0, \qquad (S_a.1.1)$$

$$\dot{i} = \beta[L(Y, i) - (M/p)], \quad \beta > 0, \qquad (S_a.1.2)$$

と定式化される。ここで，α：財市場の調整パラメーター，β：貨幣市場の調整パラメーター，である。$(S_a.1.2)$ は，利子率が貨幣市場において調整されるということを示している。これは，貨幣市場の均衡＝債券市場の均衡，という資産市場のワルラス法則がその前提となっているという点に注意が必要である。

　古典派とケインズ派の 2 つの学派の相違は，主として価格が硬直的か否かによって議論されることが多い[*6]。しかしながら，この 2 つの学派の今ひとつの決定的な相違は，採用されている利子論であろう。古典派モデルは，(1.7) のように，財市場の需給均衡を達成するように利子率が調整されるという貯蓄・投資説を採っている。つまり，市場メカニズムが有効に機能していると想定されているので，均衡産出量 Y^* に財の需要量が速やかに調整されるのである。また，古典派モデルにおいては，財市場の需給均衡を達成するために，物価水準の動態が何ら役割を果たしていない。

　これに対して，ケインズ派モデル（$IS \cdot LM$ モデル）は，貨幣市場の需給均衡を達成するように利子率が調整されるという流動性選好説を採っている。また，ケインズ派モデルにおいては，物価水準の上昇が貨幣の実質残高を減少させ，右下がりの総需要曲線が導出されている。この総需要曲線の形状は (1.6) と同様のものであるが，全く別のものであることは言うまでもない。$AD \cdot AS$ モデルでは，この需要曲線と供給曲線の交点で物価水準が決定されると定式化されている。

1.2.3　長期と短期のマクロ経済モデル

　構造的に異なる 2 つの学派の統合をめざした初期における代表的なものは，サミュエルソンによる「新古典派総合」であろう。失業が生じている不況期に

[*6] 新しいケインズ派（ニュー・ケインジアン）の経済学者は，メニュー・コスト理論や効率賃金仮説等，価格の硬直性をミクロ経済学的基礎づけを持つモデルで説明した。ケインズ自身の議論が価格の硬直性を前提としていたかについては，足立 (1994)，鍋島 (2001) を参照。

おいてはケインズ経済学が有効であり，総需要管理政策により完全雇用に近づけば古典派経済学の考え方が有効であるというものである。

しかしながら，1970年代に入ると，ケインズ経済学はスタグフレーションを説明できなかったため，その権威を急速に失墜させる。そして，マネタリストや新しい古典派等，総需要管理政策の有効性を否定する学派が台頭し，ふたたび両学派は鋭く対立するようになる。

その分裂状況にあった2つの学派の再統合を試みたのは，Mankiw(1992)の時間的視野に基づくものである[7]。しかしながら，構造的に全く異なる2つのモデルを統一的な枠組みで議論するためには，それぞれのモデルの根幹となっている部分を再解釈する必要がある。Mankiw(1992)は，IS曲線を財市場および貸付資金市場の需給均衡を満たす所得と利子率の組み合わせ，LM曲線を貨幣数量説的に再解釈して，その統合を試みている。

まず，IS曲線は，財市場，あるいは貸付資金市場の均衡を満たす所得Yと利子率iの組み合わせであると解釈される。さらに，貨幣数量説における貨幣の流通速度Vが，利子率iに依存すると考える。例えば，利子率iが上昇した場合，貨幣の保有コストが高くなり，貨幣保有量が減少する。それゆえ，利子率iの上昇により，流通速度Vが上昇するということである[8]。

以上のような解釈により，短期均衡は，$IS \cdot LM$モデルの場合と同様に，

$$Y = C(Y) + I(i), \qquad (1.10)$$
$$MV(i) = pY, \quad V' > 0, \qquad (1.11)$$

で与えられ，(1.10)(1.11)より，右下がりの総需要曲線（AD）が導出される[9]。

---

[7] Stein(1971)も，マネタリストとケインズ経済学の統合を試みたものである。しかしながら，マクロ経済学の導入教育において，こうしたアプローチが扱われることはほとんどなかったと思われる。

[8] フリードマンは，流通速度Vが利子率iに依存することを認めたうえで，新貨幣数量説を提示している。

[9] 物価水準が下落すれば，貨幣の実質残高が増加して，LM曲線が下方シフトする。この時，均衡の所得水準は増加する。所得Yと物価水準pとの関係を図示すれば，右下がりの総需要曲線（AD）が得られる。このような効果は，ケインズ効果と呼ばれている。ピグー（A. C. Pigou）は，物価水準の下落が実質資産残高を増加させて消費を促進するという効果を指摘した。このような効果は，資産効果と呼ばれている。資産効果も，右下がりの総需要曲線を導く。

1.2 マクロ経済学の諸基本モデル 19

そして，名目貨幣供給量 M が増加した場合，LM 曲線は下方シフトし，総需要曲線は右方シフトする。

次に，総供給曲線（AS）を考えよう。長期においては市場メカニズムが有効に機能し，労働の限界生産物が実質賃金率に等しく，資本の限界生産物が資本の実質レンタル価格に等しいところで，雇用量および資本ストックが決定される。そして，雇用量，資本ストックが与えられれば，産出水準 $\bar{Y}$ が決定される。これは，長期の産出水準（自然率）であり，このとき諸資源は完全雇用されている。ゆえに，長期総供給曲線（$LRAS$）は，図 1.1 のように，Y 軸に対して垂直な線として描かれる。これに対して，短期においては価格が硬直的なので，短期総供給曲線（$SRAS$）は Y 軸に対して水平な線として描かれる。

ここで，短期の産出水準が，長期の産出水準 $\bar{Y}$ を下回っていると想定しよう。この場合，図 1.1 のように，短期均衡点は AD 曲線と $SRAS$ 曲線の交点（B 点）で与えられる。また，長期均衡点は AD 曲線と $LRAS$ 曲線の交点（A 点）で与えられる。そして，短期均衡点（B 点）の需要水準は $\bar{Y}$ よりも低い。ゆえに，物価水準は下落（$p_0 \to p_1$）して，LM 曲線は下方にシフトし，経済は長期均衡点（A 点）に収束するということである。

古典派経済学を「長期」に，ケインズ経済学を「短期」にという形で両派を統合する Mankiw(1992) のアイディアは斬新である。しかしながら，所得と利子率がどのように決定されているかが不明確である。それは，LM 曲線を貨幣数量説的に再解釈していることから生じていると思われる。言い方を換えれば，IS 曲線を財市場あるいは貸付資金市場の需給均衡と考えているが，それでは所得と利子率は短期的にどの市場で決定されるのか，ということである。つまり，LM 曲線を貨幣数量説的に再解釈すれば，短期均衡点への収束の問題を考えることができないということである。また，LM 曲線を貨幣数量説的に解釈するということは，貨幣数量説が物価水準の決定式ではなくなるということも意味している。つまり，物価水準は長期産出水準 $\bar{Y}$ と短期産出水準とのギャップにより動くということである[*10]。

[*10] 宮尾 (2017) では，流動性選好説が採用されており，このような矛盾は生じない。宮尾 (2017) は，（短期）総供給曲線が右上がりであると定式化している。つまり，短期においては名目賃金が硬直的であり，物価の上昇が実質利子率を下落させて雇用量（産出量）を

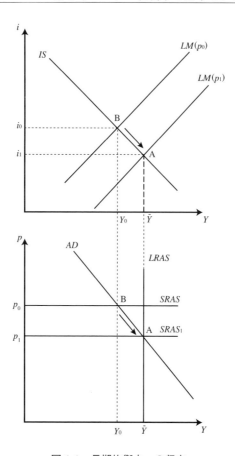

図 1.1　長期均衡点への収束

増加させるということである。そして，物価水準は，$IS \cdot LM$ モデルにより導出された総需要曲線と総供給曲線との交点で決定される。それゆえ，短期においても財政政策，金融政策等により物価水準は変化する。垂直な総供給曲線は，名目賃金が，どのような物価水準であっても完全雇用を実現できるように伸縮的に変化するような場合に得られる。そして，このような場合が古典派経済学の領域であるとされる。ただし，宮尾 (2017) では，Mankiw(1992) のような，時間の経過により経済が長期均衡点に自ずと収束するといった議論はおこなわれていないように思われる。

これに対して，二神 (2017) では，貯蓄・投資説が採用されている。そして，短期においては物価の調整が遅いため，名目利子率も貨幣需要に大きな影響を及ぼし，実質利子率にも影響すると想定している。実質利子率は，家計の消費行動や企業の投資行動に影響を与える。

1.2 マクロ経済学の諸基本モデル

以上の議論は，伸縮的な価格調整が経済を長期均衡点に収束させるということを前提にしている。しかしながら，それは絶対的なものではない。浅田 (1999) は，企業の投資が実質負債にも依存するとし，投資関数を，

$$I = I(i, B/p), \quad I_i < 0, \quad I_{B/p} < 0, \tag{1.12}$$

と定式化した。ここで，B：負債の名目価値，である。この場合，物価水準の下落は企業の実質負債を増加させると考えられるので，投資が抑制されて，IS 曲線が左方シフトする。このような効果（負債効果）がケインズ効果を上回るならば，AD 曲線は右上がりとなる（図 1.2）[11]。

例えば，何らかの供給ショックによって $SRAS$ 曲線が下方にシフトしたと想定しよう（$SRAS \rightarrow SRAS_2$）。この時，短期均衡点は C 点に移行するが，時間の経過とともに元の長期均衡点（A 点）に収束することはない。なぜならば，C 点の産出水準は $\bar{Y}$ を下回っており，さらに物価水準が下落するからである。言い換えれば，この場合には，物価と産出の水準がともに下落しつづけるのである。

以上の議論は，価格の伸縮性にもかかわらず，経済が長期均衡点に収束しないということを示している。非自発的失業は，「流動性の罠」あるいは「硬直的賃金」により説明されることが多い。また，Patinkin(1956) は，$IS \cdot LM$ モデルに資産効果を導入することにより，伸縮的な賃金と価格のもとでは，流動性の罠が完全雇用の障害にならないということを示している。ケインズは，不完全雇用均衡が賃金の硬直性に依存しないと論じているが，上述の議論はその主張と一致している。また，企業の負債荷重の増大とデフレという，バブル経済崩壊後の日本経済の状況をうまく説明していると思われる。

---

[11] このような定式化がマクロ経済学の教科書で扱われることは一般的ではない。負債荷重を重視するこのような考え方は，フィッシャー（I. Fisher）の負債・デフレーション仮説に端を発し，ミンスキーの金融不安定性仮説に継承されている。
　　ただし，(1.12) のような定式化は，負債という金融的要素が利子率に対して影響を及ぼさない。二宮 (2006a)，本書第 3 章では貨幣需要関数，第 4 章では貨幣供給関数に負債荷重を導入した議論を展開し，経済の循環，不安定性を論じている。このような定式化は，ミンスキーの言う「貸し手のリスク」を表していると考えられる。

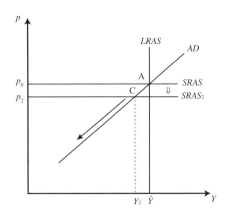

図 1.2　負債効果

1.2.4　貸付資金説に基づくマクロ経済モデル

　以上の議論とは別に，1980 年代後半から注目されるようになったのが，「マネー・ビュー」と「クレジット・ビュー」と呼ばれる 2 つの見解の対立である。この見解の対立は，「貨幣」と「信用」のいずれが経済活動に対してより大きなインパクトを与えるのか，いずれが経済活動と密接で安定的な関係を持っているのかという経済観の相違によるものである。

　ここで，マネー・ビューとは，中央銀行が，企業や家計などが保有する流動資産の総量をコントロールすることにより，経済活動に影響を及ぼすという考え方である。このような考え方からすると，金融政策の効果を伝達するのは貨幣であり，それゆえ金融政策におけるコントロールの対象は貨幣集計量ということになる。このような見解は，古典派経済学とケインズ経済学に共通しているものである。

　これに対して，クレジット・ビューのマクロ経済モデルが，Bernanke and Blinder(1988) により提示されている。クレジット・ビューとは，企業や家計などの負債総額の変化，特に，市中銀行からどの程度融資を受けられるかといったことにより，経済活動が左右されるという考え方である。このような考

1.2 マクロ経済学の諸基本モデル

え方に立つと，金融政策における主たるコントロールの対象は，銀行貸出を含む信用集計量となる。

Bernanke and Blinder(1988) は，銀行貸出と債券の不完全代替を仮定することによって，クレジット・ビューのマクロ経済モデルを構築した。つまり，財市場，銀行貸出市場，債券市場，貨幣（預金）市場の 4 市場のうち，ワルラス法則によって債券市場を除去することにより，銀行貸出（信用）の役割を強調しているのである[*12]。

吉川 (1996) は，$IS \cdot LM$ モデルが貨幣と債券の 2 資産のモデルであるのに対して，クレジット・ビューのモデルはそれに銀行信用を付け加えた 3 資産のモデルであるにすぎず，何ら新しいものではないと結論づけている。しかしながら，債券と銀行信用の不完全代替を想定することにより，銀行信用を正面から検討していることは，明らかに $IS \cdot LM$ モデルとは異なっていると思われる。

貨幣市場ではなく，銀行信用を含む債券市場を正面から検討したものとして，Bernanke and Blinder(1988) の他に，Rose(1969) や置塩 (1986) 等が挙げられる。Rose(1969) は，貸付資金説に基づく利子率決定式を導入した動学モデルで，経済の金融的な不安定性を論じている。Rose(1969) はケインズ・ヴィクセル・モデルの伝統に属するものであるが，ケインズ・ヴィクセル・モデルに見られる特徴は，1) 投資＝貯蓄，ではない，2) 利子論が貸付資金説に基づいている，3) 物価水準が財市場の不均衡で調整される，等である[*13]。

例えば，Rose(1969) は，利子率 r が，

$$I(x,r) - S(x,r) = M(x,r) - L(x,r), \tag{1.13}$$
$$I_x > 0, \quad I_r < 0, \quad S_x > 0, \quad S_r > I_r, \quad L_r < 0, \quad M_r > L_r,$$

で決定されると想定している。ここで，I：投資，S：貯蓄，M：貨幣供給，

[*12] 古川 (1995) は，この点に関する展望論文である。さらに，足立 (2000) は，Bernanke and Blinder(1988) モデルのミクロ経済学的基礎づけを与えている。

[*13] Stein(1969)(1971) もまたこの伝統に属するものである。この他，初期の代表的なものとして Nagatani(1969) 等がある。近年のものでは，Asada(1991) 等がある。ケインズ・ヴィクセル・モデルについては，Chiarella and Flaschel(2000) でも言及されている。また，貸付資金説等の利子論の説明は，藤原・家森 (1998) が詳しい。

L：貨幣需要，x：計画された雇用・資本比率，である。そして，Rose(1969)は，x の上昇が金融経済の確信の状態を高めるとして，$L_x < 0$ となるのが一般的であると論じている。また，確信の状態が高まれば貸付が増加するので，$M_x > 0$ であると説明している。

(1.13) を利子率 r で解けば，

$$\frac{dr}{dx} = \frac{I_x - S_x + L_x - M_x}{S_r - I_r + M_r - L_r} = r'(x), \tag{1.14}$$

が得られる。(1.14) は，$I_x - S_x < M_x - L_x$ ならば，x の上昇にもかかわらず利子率 r が下落することを示している。Rose(1969) は，このことが信用不安定性（Credit Instability）の重要な条件であると論じている。

Rose(1969) は，貸付資金説を適用することによって，経済の金融的な不安定性を説明している。特に，$L_x < 0$ を仮定し，x の上昇にもかかわらず利子率 r が下落することを論じて，その点が経済の金融的な不安定性の発生にとって必要条件となることを論じていることは，特筆すべき点であると考えられる[14]。

また，置塩 (1986) は，債券市場で利子率が決定される $IS \cdot BB$ モデルを提示している。置塩 (1986) は $(S_a.1.2)$ を批判し，利子率の動態を，

$$\dot{i} = F_i(EB), \quad F_i(0) = 0, \quad F_i' < 0, \tag{1.15}$$

と定式化した。ここで，EB：債券市場の超過需要，である。

また，EX：財の超過需要，EM：貨幣の超過需要，とすれば，ワルラス法則は，

$$EX + EB + EM = 0, \tag{1.16}$$

と定式化され，$EX = 0$ でないかぎり，$EB + EM = 0$（債券市場の均衡＝貨幣市場の均衡）を導くことはできないと論じている。つまり，$(S_a.1.2)$ のような定式化は適当ではないということである。

---

[14] 第 3 章で概観するように，Taylor and O'Connell(1985) は同様の想定をし，ミンスキーの金融不安定性仮説を簡単な数理モデルに展開している。足立 (1994) は，Taylor and O'Connell(1985) のミクロ経済学的基礎づけを与えている。二宮 (2006a)，本書第 13 章等では，カルドア型循環モデルに Rose(1969)，Taylor and O'Connell(1985) 等の議論を導入し，経済の循環を論じている。

1.2 マクロ経済学の諸基本モデル **25**

(1.16) より，

$$EB = -(EX + EM) = -[(I - S) + (L - M)] = S - (L - M) - I, \quad (1.17)$$

である。ここで，I：投資，S：貯蓄，L：貨幣需要，M：貨幣供給，である。
(1.17) は，$IS \cdot BB$ モデルの利子論が貸付資金説に基づいていることを示している。つまり，$S - (L - M)$ が貸付資金の供給，I がその需要ということである。また，$EB = 0$，$EX = 0$ ならば，$EM = 0$ であり，$IS \cdot LM$ モデルと $IS \cdot BB$ モデルの短期均衡点は同値であることがわかる。しかしながら，その収束過程は全く異なっている。

「マネー・ビュー」と「クレジット・ビュー」の2つの見解の対立は，古くは「通貨主義」と「銀行主義」の対立にまでさかのぼり，「流動性選好説」と「貸付資金説」の対立とも密接な関係を持っている。また，置塩 (1986) が指摘するように，均衡点への収束を考える場合，流動性選好説に基づく $IS \cdot LM$ モデルは問題点を持っている。しかしながら，これまでクレジット・ビューのモデル，Rose(1969)，Stein(1969)(1971)，置塩 (1986) 等の貸付資金説に基づくマクロ経済モデル等は，少なくともマクロ経済学の導入教育で扱われることは一般的ではなかったと思われる[*15]。

1.2.5 ニュー・コンセンサス・マクロ経済学

Romer(2000)，Taylor(2000)(2004)，Taylor and Dalziel(2002) 等は，時間的視野という視点は維持しつつも，インフレ調整線という概念を導入し，LM 曲線を排除した議論を展開している。つまり，1990 年代に入って各国で導入さ

[*15] クレジット・ビューに言及している数少ないマクロ経済学の教科書として，Stiglitz(1993) がある。金融論の教科書では，藤原・家森 (2002)，家森 (2013) 等がある。また，債券市場を正面から扱ったものとしては，二木 (1992)，中谷・菊本・佐藤・佐藤・塩田 (2009)，松尾 (1999)，三野 (2013) がある。中谷・菊本・佐藤・佐藤・塩田 (2009)，松尾 (1999) は，$IS \cdot BB$ モデルを扱っている例外的な教科書である。松尾 (1999) は，古典派経済学とケインズ経済学の相違は，貨幣需要の利子弾力性の相違であると説明している。つまり，古典派のケースは利子弾力性が小さく，ケインズ派のケースは大きいということである。これは，古典派を長期，ケインズ派を短期と考えれば，二神 (2017) と同様の解釈であると思われる。足立 (1994)，小川・北坂 (1998) では，信用（貸付）市場を考慮した議論が展開されている。

26　　第 1 章　マクロ経済学の基本モデルにおける諸議論

れたインフレ・ターゲットに基づき，貨幣当局が長期的には実質利子率を決定
するという理論構造を持っているのである。ここでは，Taylor(2004)，Taylor
and Dalziel(2002) をもとに概観しよう。

　まず，図 1.3.3 は，金融政策ルールを表している。ここで，π：インフレ率
（期待），ρ：名目利子率，i $(= \rho - \pi)$ ：実質利子率，である。つまり，この金
融政策ルールは，目標とするインフレ率を上回るほど，名目利子率をより高め
に誘導するということを示している[*16]。貨幣当局は，誘導利子率を達成する
ように貨幣供給量 M^s を調整する。

　次に，インフレ調整線（IA）という概念が導入される（図 1.3.4）。これは，
実際の GDP と潜在的 GDP の乖離とインフレ率との関係を示すものであり，
実際の GDP が潜在的 GDP（Y_1）を大きく上回るとインフレ率は上昇する傾
向にあることを示している。図 1.3.2 は，IS 曲線の導出である。

　金融政策ルール①において，インフレ率が π_1，π_2 の場合の所得を導出すれ
ば，AD_1 曲線が導出される（図 1.3.4）。また，目標インフレ率の低下は，金融
政策ルールの①から②へのシフトで表される。

　ここで，経済が初期時点で A 点にあると想定しよう。そして，金融政策ルー
ルが低インフレ率へ変更されたと考えよう（①→②）。その結果，総需要曲
線は AD_2 にシフトし，経済は SR 点に移行する。つまり，一時的な景気の後
退が発生する。しかしながら，金融政策ルールは低インフレ率に変更されてお
り，また，SR 点は潜在的 GDP を下回っている。それゆえ，IA 線は下方シフ
トし，経済は LR 点に移行して，潜在的 GDP は回復する。つまり，低インフ
レ率への金融政策ルールの変更は，短期的には景気の後退を招くが，長期的に
は潜在的 GDP を回復し，インフレ率も抑制されるということである。

　次に，このモデルを使って，金融緩和政策（高インフレ率への金融政策ルールの
変更）の効果を検討しよう（図 1.4）。ここで，初期時点で経済が A 点にあると
想定しよう。金融緩和政策（高インフレ率への金融政策ルールの変更）は AD 曲

[*16] 例えば，Taylor and Dalziel(2002) では，目標インフレ率が 2% の場合，実際のインフレ
　　率と誘導名目利子率の数値例として，0.0 (3)，1.0 (4)，2.0 (6)，3.0 (7)，4.0 (9)，5.0
　　(10)，6.0 (12)，7.0 (13)，8.0 (15)（カッコ内が誘導名目利子率（公定歩合））を挙げて
　　いる。

1.2 マクロ経済学の諸基本モデル

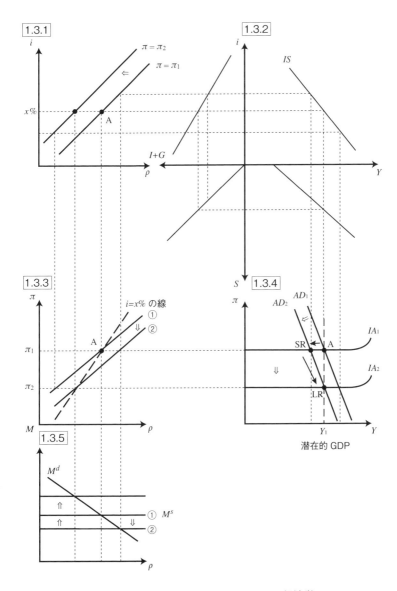

図 1.3 ニュー・コンセンサス・マクロ経済学

(出典) Taylor and Dalziel(2002) をもとに筆者作成

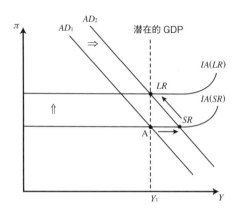

図 1.4　金融緩和政策の効果

線を右方シフトさせ，経済は SR 点に移行する。しかしながら，SR 点は潜在的 GDP を上回っており，また，高インフレ率へ目標が移行している。その結果，IA 線は上方シフトし，経済は LR 点に移行する。つまり，高インフレ率への金融政策ルールの変更は，短期的には景気を刺激するが，長期的にはインフレ率の上昇を招くのみであるということである。

　Dalziel(2002a) は，近年の金融政策から貨幣数量説を批判した議論を展開しているが，このモデルから明らかなように，インフレ・ターゲットの基本モデルの理論構造は，古典派モデルとは異なっている。つまり，Romer(2000) やTaylor(2004) 等の議論は，インフレ・ターゲットが貨幣数量説に基づくものではないことを示しており，この意味において Dalziel(2002a) の議論は説得力を持っていると思われる。また，北坂 (2000) は，インフレ・ターゲットが貨幣数量説に基づくものであるならば，景気の刺激といった短期的な視点は存在しないと論じ，インフレ・ターゲット導入の目的は対外的な信認を得るためであるとしている。しかしながら，Taylor and Dalziel(2002) 等は，高インフレ率への金融政策ルールの変更（金融緩和）が短期的には景気を刺激し，長期的には高インフレを招くのみであると説明している。

　以上のように，Romer(2000)，Taylor(2004)，Taylor and Dalziel(2002) 等の議論は，近年の金融政策をめぐる諸議論を，簡単なマクロ経済モデルで整合

的に説明していると思われる。また，Romer(2000) は，LM 曲線を捨象することが議論を単純化させ，そのことがマクロ経済学の導入教育における利点の一つであると論じている。言い方を換えれば，Romer(2000) 等の議論は，貯蓄・投資説，流動性選好説，貸付資金説等，それぞれのマクロ経済モデルの基礎となっている利子論の相違の問題を捨象しているということである。それにより，「長期」と「短期」のマクロ経済モデルにおける Mankiw(1992) の所得と利子率の決定に関する問題，それらのモデルで採用されている利子論の相違といった問題も，回避していることになる。ただし，ここで強調しておかなければならないことは，Romer(2000)，Taylor(2004) 等のモデルが，インフレ・ターゲットという金融政策を採ることを前提としたものであるということである。

1.3　おわりに

　本章では，1) 古典派モデル，2) ケインズ派モデル（$IS \cdot LM$ モデル），3) 両派を時間的視野（「長期」と「短期」）で統合した Mankiw(1992) のモデル，4) 貸付資金説に基づくマクロ経済モデル，5) ニュー・コンセンサス・マクロ経済学を概観して，その理論構造を整理した。

　周知のように，古典派経済学とケインズ経済学のマクロ経済モデルの理論構造は全く異なっている。特に，利子論について，古典派は貯蓄・投資説を，ケインズ派は流動性選好説を採っている。また，物価水準の決定についても，古典派とケインズ派では大きく異なっている。

　1970 年代以降，両派は鋭く対立してきたが，1990 年代に入り，「長期」と「短期」という時間的視野で 2 つの考え方を統合した議論が提示された。しかしながら，異なる 2 つの考え方を統合し，統一的な枠組みの中で議論しようとする場合，その異なった理論構造を再解釈する必要がある。Mankiw(1992) は，IS 曲線を貸付資金説的に，LM 曲線を貨幣数量説的に再解釈することにより，その統合を図っている。そして，短期の産出水準が長期の産出水準（自然率）を下回る場合には物価水準が下落し，上回る場合には上昇すると定式化している。しかしながら，LM 曲線を貨幣数量説的に解釈することにより，短

期において所得や利子率がどのように決定されるのかという議論が欠如してしまっているように思われる。宮尾 (2017) や二神 (2017) では，そのような問題は生じていないが，宮尾 (2017) では流動性選好説，二神 (2017) では貯蓄・投資説が採られている。

　古典派モデル，ケインズ派モデル（$IS \cdot LM$ モデル）とは別に，Bernanke and Blinder(1988) により，「クレジット・ビュー」のマクロ経済モデルが提示された。古典派，ケインズ派モデルはともに「マネー・ビュー」と呼ばれている。また，クレジット・ビューと同様，銀行貸出，債券市場を強調したものとして，Rose(1969)，置塩 (1986) 等がある。Rose(1969) は貸付資金説に基づいており，ケインズ・ヴィクセル・モデルの伝統に属するものであるが，そのモデルに見られる特徴は，物価水準が財市場の不均衡で調整されるということである。

　他方，Romer(2000)，Taylor(2004)，Taylor and Dalziel(2002) 等は，時間的視野（「長期」と「短期」）という観点は維持しつつも，短期的には名目利子率を，長期的には実質利子率を貨幣当局が決定する（誘導できる）金融政策ルールを導入し，LM 曲線を排除した議論を展開した。そして，その排除により，古典派経済学とケインズ経済学における利子論等の理論構造の相違という問題を回避している。このような定式化は，導入教育における無用な混乱を避ける一つの方法としては，きわめて有効であると思われる。また，インフレ・ターゲットの効果を非常にうまく説明することに成功している。しかしながら，Romer(2000) 等のモデルは，資本主義経済が本来的に持つ構造を説明するものではない。言い換えれば，インフレ・ターゲットという一つの政策を採った場合における議論にすぎないということである。

　以上のように，現状のマクロ経済学の基本モデルは，実に多様である。古典派経済学とケインズ経済学の統合を図ろうとする場合，その理論構造の相違を再解釈することは，避けて通ることのできない点であると思われる。あるいは，統一的な枠組みで議論可能な再定式化が必要である。とりわけ，古典派，ケインズ派の利子論の相違を解消し，統一的な枠組みで定式化することは，きわめて重要である。これらの諸問題を解決する一つの方法として考えられるのは，古典派，ケインズ派いずれの要素をも含む，貸付資金説に基づくマクロ経

1.3 おわりに

済モデルであろう。

例えば，短期の産出水準および利子率が，財市場および債券市場で決定され，その産出水準が潜在的 GDP を下回る場合には物価水準が下落し，上回る場合には上昇するといった定式化である。そして，市場均衡に基づく古典派の議論は，「長期」というよりはむしろ潜在的 GDP の成長，あるいは循環の議論であると解釈するべきであると思われる。「長期」においては，物価水準が動くのみならず，潜在的 GDP も変化（成長）するということである[17]。

同様のアプローチは，すでに Stein(1971) 等により，定式化されている。そして，Bernanke and Blinder(1988) の研究以降，足立 (1994)，小川・北坂(1998) 等，貸付市場等の債券市場を正面から扱った研究は多く存在する。しかしながら，マクロ経済学の導入教育においては軽視されているのが現状であろう。また，Rose(1969)，二宮 (2006a)，本書第 3 章，第 5 章等が示すように，貸付資金説に基づくマクロ経済モデルは，経済の金融的な不安定性の考察にもきわめて有効であると思われる。

さらに，ケインズ自身，あるいはミンスキー等の議論が示すように，長期的にも経済は均衡を達成しない可能性がある。非自発的失業は，「流動性の罠」あるいは「硬直的賃金」により説明されることが多いが，Patinkin(1956) は，伸縮的な賃金と価格のもとでは，流動性の罠は完全雇用の障害とならないことを示している。負債効果を導入した議論は，伸縮的な価格のもとでも長期均衡点に到達しない可能性を，うまく説明している。

以上のような定式化は一つの考え方であるが，このような諸点を考慮したマクロ経済モデルにより，古典派経済学とケインズ経済学の議論を，より整合的に統合することができるのではないかと思われる。10 年後，20 年後のマクロ経済学の基本モデルがどのようになっているかを想像するのは難しいが，いずれにせよ，鴇田・足立・藪下 (1998) が言うように，近い将来にマクロ経済学が，両派の考え方を統合した一つの整合的な体系として再構成されることを期待したい。そして，そのようなマクロ経済モデルが，導入教育においても望ましいことは言うまでもない。

---

[17] 宮尾 (2017) では，総供給曲線の変化による景気，物価の変動が議論されている。

第 2 章

ポスト・ケインズ派金融不安定性
分析の射程と可能性

2.1　はじめに

　2007 年に発生したサブプライム問題に端を発した世界的な金融危機（サブプライム危機）は，現在に至ってもなお，不透明感を払拭することができないでいる。市場メカニズムを重視し，市場経済化，規制緩和，構造改革の理論的支柱となり，経済学界の主流派を形成していた新古典派，新しい古典派は，サブプライム危機を回避することができなかったという意味において，何がしかの問題があったと言わざるをえない。

　これに対して，1991 年のソビエト連邦の崩壊により壊滅的な打撃を受けたマルクス経済学には，復権の兆しが見えはじめている様相である。派遣労働者の厳しい現実がメディアを通じてセンセーショナルに報道され，就職活動の厳しさを目の当たりにすると，大学生も自己責任論を主張することを躊躇する。実際に自分の身に降りかかってみないと，その厳しい現実はなかなか理解できない。競争，競争と言っても，初期条件があまりにも大きく異なっていれば，公平な競争とは言いがたい。

　例えば，家庭が裕福で，何年もかけて難しい試験を受けつづけることができるのと，貧しくて希望する道をあきらめざるをえないのとでは，大きな違いで

ある。それは，本人の責めによるものではない。また，高校や大学を卒業した時が偶然大不況の時期で，やむをえず非正規雇用を選ばざるをえなかったということもあるかもしれない。

　ややもすると，成功者は，その成功が自身の才能と努力のみによって獲得できたものだと思いがちである。もちろん，成功者はその才能もさることながら，人一倍の努力（権謀術数を含め）によってその成功を勝ち取ったのだろうということは，全く否定しない。しかしながら，それだけではなく，その才能を開花させることができる恵まれた環境にあったということもあるかもしれない。また，競争，競争と言っている人が，本当に競争しているのかも疑わしい。他人には非常に厳しく，自分には非常に甘いという人は，少なからず存在する。

　多くの人が厳しい現実に直面すれば，ソ連の崩壊という事実があったにせよ，マルクス経済学の復権は必然なのかもしれない。しかしながら，計画経済の破綻や，公的機関の不祥事の多発を考えれば，大きな政府への回帰が全ての問題を解決するというのも幻想である[*1]。M. フリードマンと R. フリードマンがその共著書『選択の自由』（Friedman and Friedman(1980)）の中で指摘していることは，非常にうなずける面も多いのである。ソ連が崩壊したからマルクス経済学はダメ，サブプライム危機が発生したから新しい古典派はダメ，と否定するのは，いかにも短絡的，感情的である。

　このような中，ポスト・ケインズ派の系譜に属する異端の経済学者，ミンスキーにより提示された金融不安定性仮説が注目を浴びている。そして，金融不安定性仮説は，非新古典派の経済学者に多大な影響を与え，様々なアプローチから議論が展開されている。その一つの流れが，Taylor and O'Connell(1985) を嚆矢とした，数理モデルへの展開である。その他，マルクス（K. Marx）の影響を受けた Wolfson(1994) 等の議論，市場の不完全性を重視する Greenwald and Stiglitz(1993) 等にも影響を与えている。

　本章では，金融危機の頻発という現実を前にして，新古典派経済学，マルク

[*1] 欧州で多発した財政危機や，投機的な資金によると思われる原油，穀物，金等の価格高騰，世界的な金融市場の混乱は，財政政策，金融政策の副作用であると考えることもできる。

ス経済学等の諸学派を検討し，何が不足し何が問題なのか，逆に，評価すべき点や長所はどこにあるのかといったことを，整理，検討する。ただし，多様な学派や論者の全てを検討し，最先端の研究を詳細に理解することは，筆者の能力をはるかに超えている。本章は，筆者の理解できる範囲での，問題点や長所の指摘にとどまっている。そして，そのような制約の中で，ポスト・ケインズ派金融不安定性分析の射程と可能性を論じる[*2]。

2.2 金融危機と諸学派の考え方

2.2.1 新古典派経済学と新しい古典派

ポスト・ケインズ派の対極に位置すると考えられているのは，市場メカニズムを重視する新古典派経済学，新しい古典派と呼ばれる学派である。それらは，現代経済学の主流派を自認しており，均衡マクロ動学と呼ばれている。その定式化には様々なものがあるが，その嚆矢となったのは，ポントリャーギンの最大値原理を適用したラムゼイ・モデル（Ramsey(1928)）であろう。ラムゼイ・モデルは，多くの大学院レベルの教科書で解説されているので，ここではそのフレームワークを簡単に述べるにとどめよう。

まず，生産関数は，
$$Y_t = F(K_t, N_t), \tag{2.1}$$

と定式化される。ここで，Y_t：産出，K_t：資本，N_t：労働，である。産出 Y_t は，消費 C_t と投資 I_t に振り向けられるので，
$$Y_t = C_t - I_t, \tag{2.2}$$

である。(2.2) より，資本 K_t の動態は，
$$\dot{K}_t = I_t = Y_t - C_t, \tag{2.3}$$

と定式化される。

[*2] 本章は，ポスト・ケインズ派金融不安定性分析との関連で検討をおこなうものであり，諸学説の解説ではない。

生産関数は 1 次同次であると仮定すれば,

$$y_t = f(k_t), \quad f'(k) > 0, \ f''(k) < 0, \ f(0) = 0, \ f'(0) = \infty, \ f'(\infty) = 0, \tag{2.4}$$

と書き換えられる。ここで, $y_t \equiv Y_t/N_t$, $k_t \equiv K_t/N_t$ である。(2,3) を N_t で割って整理すれば,

$$\dot{k}_t = f(k_t) - c_t - nk_t, \tag{2.5}$$

が得られる。ここで, $c_t \equiv C_t/N_t$, n は労働 N_t の成長率で一定が仮定される。家計の効用は,

$$U = \int_0^\infty u(c_t) \exp(-\rho t) \, dt, \quad u(c_t) > 0, \ u'(c_t) > 0, \ u''(c_t) < 0, \tag{2.6}$$

と定式化される。ここで, u は一人当たりの消費 c_t に対する効用, ρ は時間選好率（主観的割引率）である。ラムゼイ・モデルは, (2.5) の制約のもと, (2.6) を最大化するように最大値原理を適用して解かれる。これは, 動学的最適化問題と呼ばれている。

(2.6) を見ればわかるように, ラムゼイ・モデルは代表的個人（家計）の無限期間の効用を最大化すると定式化されている。そして, (2.3) および (2.4) を見ればわかるように, 財市場は常に均衡しているので, その制約のもと各時点で最適な消費と資本蓄積（貯蓄）を選択しているということである。さらに, 最適条件の 1 つに, 横断条件と呼ばれる以下の条件がある。

$$\lim_{t \to \infty} k_t u'(c_t) \exp(-\rho t) = 0. \tag{2.7}$$

これは, 終末時点で資本ストックを保有していない（資本ストックから効用を得られない）ということを意味している。

ラムゼイ・モデルは, 新古典派経済学, 新しい古典派の諸モデルの源流とも言えるものであるが, これらのモデルに共通する特徴は, 経済主体の動学的最適化から導かれているということにある。この点が, ミクロ経済学的基礎づけを持たない $IS \cdot LM$ モデルに代表されるケインズ経済学（オールド・ケインジアン）批判の金科玉条となっている。

また, 新古典派経済学, 新しい古典派からは, ケインズ経済学に対して「ルーカス批判」と呼ばれる批判が展開された。それは, 政策が変更されれば, 経済

主体はその変更を織り込んで行動するので，その政策は最適なものでなくなってしまうというものである。

　さらに，ラムゼイ・モデルでは，基本的な古典派モデルが想定しているのと同様に，金融的側面が実体経済に全く影響を与えていない。そのような特徴は，多くの新古典派経済学，新しい古典派のモデルに共通しているものである[*3]。実体的景気循環論 (RBC 理論) を提唱した Kydland and Prescott(1982) は，景気の循環は実物的なショックにより発生すると論じている。日本経済の長期低迷が生産性の低下によるものであるという主張は，このような考え方に基づくものが多い。また，古典派モデルでは金融的側面が実体経済に影響を与えないので，このような主張は当然であると言える。

2.2.2　新しいケインズ派（ニュー・ケインジアン）

　サブプライム危機により，ケインズ経済学に復権の兆しが見えはじめている。危機の直後に，グリーン・ニューディール政策という，新自由主義とは一線を画する政策を掲げるオバマ政権が誕生したことは，そのことを象徴する出来事であろう[*4]。ケインズ経済学には，大きく分けて，新しいケインズ派（ニュー・ケインジアン）とポスト・ケインズ派（ポスト・ケインジアン）の2つの流れが存在する。両者とも，財政政策や金融政策といった総需要管理政策の有効性に肯定的であり，金融的側面が実体経済に影響を及ぼすと考えている。しかしながら，その方法論は大きく異なっている。

　新しいケインズ派は，オールド・ケインジアンに対する不満として，1) 家計や企業が，現在観察される変数に対して条件反射的に反応するとされている，2) 人々が将来に対する予想，特に政策に対する予想を織り込んで行動することが考慮されていない，といったことを指摘している[*5]。このような指摘は，

[*3] 小野 (1992) 等は，効用関数に貨幣を導入することにより，動学的最適化の手法を適用してケインズ的な議論を展開している。また，Kamihigashi(2011) は，横断条件に着目してバブル的現象を説明している。これらの論考は非常に興味深いが，後述するマルクス経済学やポスト・ケインズ派が重視する視点とは異なっている。

[*4] 佐藤 (2009) を参照。

[*5] 塩路 (2010) を参照。塩路 (2010) では，オールド・ケインジアンに対する不満とともに，

新古典派経済学や新しい古典派がオールド・ケインジアンを批判するのと同様のものである。

新しいケインズ派は，新古典派や新しい古典派の分析手法を取り入れ，ミクロ経済学的基礎づけを重視した議論を展開している。新しいケインズ派の中には，Greenwald and Stiglitz(1993) 等，ポスト・ケインズ派の系譜に属するミンスキーの金融不安定性仮説の影響を受けたものも存在する。また，Bernanke and Blinder(1988) の研究を嚆矢としたクレジット・ビューに基づくマクロ経済学は，その後，金融政策の波及経路において「貨幣」と「信用」のいずれが重要な役割を果たしているのかを検討した多くの実証研究を生み出している[6]。また，Bernanke and Gertler(1989) 等は，金融資産が景気の加速度因子として働くことを強調するファイナンシャル・アクセラレーター (financial accelerator) 仮説を提示している[7]。

新しいケインズ派の金融危機分析は，情報の非対称性等，市場の不完全性を主たる検討の対象としているものが多い。その意味で，市場自体の不安定性を強調するポスト・ケインズ派金融不安定性分析とは若干異なっている[8]。また，新しいケインズ派は，長期においては潜在的 GDP に到達するということを容認している。新しいケインズ派のモデルは平時のモデルであり，金融危機等の非常時には役に立たないのではないか，という塩路 (2010) の指摘は，非常に興味深いものがある。

また，White(2010) は，新古典派と新しいケインズ派が依拠する動学的確率的一般均衡モデル (Dynamic Stochastic General Equilibrium model: DSGE) では，ショックに対して自律的な均衡復元力を有することが基本的な仮定になっていることを指摘し，それは深刻な不況という状況を排除したものであると論じている。宮尾 (2011) もまた，同様の点を指摘している。しかしながら，宮尾 (2011) は，「伝統的な短期の需要分析だけに議論を限定すれば，需要低迷の

　　　ニュー・ケインジアン（オープンマクロ）モデルの限界が述べられており，非常に興味深い。

[6] マネー・ビューとクレジット・ビューの対立，実証研究の優れたサーベイとして，古川 (1995) がある。

[7] ファイナンシャル・アクセラレーター仮説の考え方を金融不安定性仮説に取り入れた研究として，植田 (2006)，本書第 8 章等がある。

[8] Kregel(1997)，クレーゲル (2013) を参照。

2.2 金融危機と諸学派の考え方 39

主因は財政支出や金融緩和の不足という単線的な結論に陥りがちとなり，中長期的な経済の効率性や構造的な視点が抜け落ちてしまうおそれもある」（39ページ）として，経済の供給面と需要面を包括的に議論し，供給面の果たす役割の重要性を実証面から示唆している。

2.2.3 マルクス経済学

マルクス経済学は，サブプライム危機を契機に活気を取り戻しつつある。周知のように，マルクス経済学が，ソ連の崩壊により壊滅的な打撃を受けたことは疑いようのない事実である[9]。ところが，バブル経済崩壊後の日本経済の長期低迷による雇用・失業問題に加え，新自由主義の総本山であるアメリカがサブプライム危機の発火点となったことから，一般向けのマルクス経済学の解説書が出版されるなど，ふたたび注目されはじめているようである。サブプライム危機以前にも，日本のバブル経済，アジアの通貨危機等，金融危機的な状況は世界中で頻発していた。それにもかかわらず，絶好調のアメリカ経済という現実を前に，マルクス経済学は全く無視された存在になっていたと言っても過言ではない[10]。

サブプライム危機により，マルクス経済学にも復権の兆しが見えはじめているが，特に信用の役割を重視した宇野派の活躍は目覚ましいものがある。宇野弘蔵の『恐慌論』（宇野 (1953)）が，伊藤誠の解説付きで岩波文庫として 2010年に復刊されたのは，象徴的な出来事であろう。マルクス経済学は，まさに非常時の経済学であるという勢いのように思える。

特に，宇野 (1953) は，「利潤率の低落する場合に利子率が騰貴し，利潤率が

---

[9] その一例として，著名な数理マルクス経済学者である置塩信雄の経済学の盛衰を辿った森岡 (2010) は，非常に興味深い。

[10] 「はしがき」でも述べたように，マルクス派等の異端派経済学の主要学会である経済理論学会では，2001 年の共通論題「アメリカの『繁栄』を問う」で，ミンスキーの金融不安定性仮説が取り上げられ，アメリカ経済の繁栄に警鐘を鳴らしている。このことは同学会の先見性を示すものであり，評価されるべきである。しかしながら，当時，その声は全くと言っていいほど社会に対して影響を与えることはなかった。それどころか，嘲笑の対象となっていたとも言えるであろう。

40　　第2章　ポスト・ケインズ派金融不安定性分析の射程と可能性

上昇しつつあるときに利子率の低落を見る」（111 ページ）[11]ということを指摘し，そのことが金融恐慌へ至る重要な要素であると論じている。これは，Rose(1969) の信用不安定性や，Taylor and O'Connell(1985) の金融不安定性のマクロ経済モデルにおける重要な想定と一致している。

宇野 (1953) は，景気循環は，好況，恐慌，不況の各段階が前段階の結果として発生すると論じている。そして，好況（第1章），恐慌（第2章），不況（第3章）の各段階を詳細に検討し，独自の恐慌論を提示している。ここでは，恐慌へ至るメカニズムを簡潔に概観しよう。

宇野 (1953) は，資本蓄積には2つの側面があると考える。すなわち，「資本の構成の変化を伴うことなく，同じ構成をもって単に量的に増大するという面と，資本量の増大がその構成をも変化せしめるものとして行われるという面」（96 ページ）である。量的に増大するものは，雇用を拡大し，好況期におこなわれるものである。それに対して，構成を変化させるものは，雇用を拡大するとは限らず，不況期におこなわれるものである。

好況期における資本の蓄積は，利潤からおこなわれる。商品生産物の販売によって得られた貨幣（97 ページ）は，

　商品生産物の販売によって得られた貨幣
　＝（流動不変資本（原料その他）＋可変資本部分（賃金））＋固定資本償却分
　　＋（資本家の個人消費＋資本家の蓄積）

である。資本の蓄積は，生産手段の需要を増加させ，生産手段および一般的物価水準が上昇する。そして，資金需要の増加に対応して銀行が貸付を増加させれば，インフレが加速する。インフレの進行は，賃金の上昇を招き，利潤率を圧縮する。一般的物価水準の上昇は供給の増加により抑制されるが，労働力の供給には限界があるため，賃金は高騰する可能性がある[12]。物価高騰による利潤率の維持は一時的なものであり，実質賃金の高騰を相殺する価格を維持することはできないということである。

---

[11] ページ番号は，岩波文庫版のものである。

[12] 宇野 (1953) は，労働力という，元来商品として生産されたものでないものの商品化が根本的基礎となっている点に，資本主義社会の根本的弱点があるということを強調している（93 ページ）。

2.2 金融危機と諸学派の考え方 **41**

好況期には，資金需要の増加が資金供給を上回り，利子率は上昇する。賃金の上昇により利潤率は低下するが，利子率が高騰したとしても，個々の資本は競争に直面しているために，その利潤率を維持しようとする。しかしながら，利潤率の低下は利潤量の低下を招き，信用の拡張を困難にする。その結果，利潤率の上昇が利子率の高騰を招くという状況から，利潤率の低下が利子率の高騰を招くという状況に変化する。利潤は剰余価値を資本に対して直接的に分配する（一定の実質的配分基準を持つ）が，利子は産業資本の運動とは関係なく分与を受け取るものである（外的な配分基準）。したがって，利子率の高騰は，借入金のみならず利子の返済さえ困難な状況を招き，借入による利子の返済，さらなる利子率の上昇を引き起こして，借入そのものも困難となる。また，商品の売却による支払は，物価を反動的に急落させて，利潤率は極度に低下してしまう。その結果，多くの資本を生産手段（あるいは商品）として保有していながら，支払不能に陥り，資本の運転が継続不能となる恐慌に陥ってしまうということである。

マルクス経済学の恐慌論は，サブプライム危機に対しても示唆を与えるものであると思われる。とりわけ，Rose(1969)，Minsky(1986)，Taylor and O'Connell(1985)，Wolfson(1994) 等に先駆けて，利潤率の低下にもかかわらず利子率が高騰するという点を金融恐慌へと至る重要な要素であると論じている宇野の『恐慌論』は再評価される必要があるであろう。また，宇野理論の継承者である伊藤 (2009) は，新古典派経済学に対する厳しい批判をおこなっているが，その批判に対しても耳を傾ける必要があるであろう[13]。

しかしながら，宇野派の限界は，その議論がほとんど数理モデルとして展開されていないことにあると思われる。数理的アプローチを採用したマルクス経済学は，数理マルクス経済学と呼ばれ，森嶋通夫や置塩信雄を嚆矢として，現在でも活発な研究がおこなわれているのは特筆すべきことである（松尾 (2007) 等）。まさに，非新古典派の経済学者が新古典派経済学，新しい古典派に対して持つべき不満は，新しい古典派の分析手法ではなく，その定式化から導き出

---

[13] 伊藤 (2009) は，ミンスキーの金融不安定性仮説に一定の評価を与えながらも，その問題点を指摘し，マルクス経済学の可能性を強調している。

される市場原理主義に基づく政策的主張であろう。松尾 (2010b) が指摘するように，本来マルクス経済学者が最も関心を持つべき格差や雇用不安の問題は，非マルクス経済学者により数理的，計量経済学的分析がおこなわれているのが現状であろう[*14]。

しかしながら，現実の経済は非常に複雑であり，様々な要素を数理モデルに組み入れることは非常に困難である。White(2010) は，「経済に働く相互影響力の複雑さは，厳密な数学的証明には決して馴染まないように思われる。多くのエコノミストがそうありたいと考えているかは別として，マクロ経済学は科学ではない」（邦訳 60 ページ）と述べている。数理的，計量経済学的手法に基づかない研究を軽視することは，慎まなければならない。

2.3　ポスト・ケインズ派金融不安定性分析の新たな展開と可能性

ポスト・ケインズ派に属するミンスキーによる金融不安定性仮説は，サブプライム危機により，注目を浴びている[*15]。ミンスキーの主張は，複雑な金融システムを持つ現代資本主義は，内在的に不安定であり，自由放任的な経済においては金融過熱とその崩壊が不可避であるということである。

ミンスキーの金融不安定性仮説は，多くの非新古典派の経済学者に影響を与え，Taylor and O'Connell(1985) を嚆矢として，数理モデルにも展開されている。金融不安定性仮説が金融的な内生的景気循環論であることから，Kaldor(1940) や Goodwin(1967) 等の非線形経済動学を適用した研究が提示されている。特に，ミンスキーの重視した負債の動態をマクロ動学モデルに導入しているものが多く見られる（Asada, Chiarella, Flaschel and Franke(2003), Asada(2006a), 二宮 (2006a) 等）。それらは高次元動学的ケインジアン・モデル

[*14] 非マルクス経済学者である橘木俊詔の論考（橘木 (2006)）は，サブプライム危機発生以前からこのような問題を指摘し，極端な市場経済化の流れに警鐘を鳴らしている。また，Dalziel(2002b) は，オーストラリアとの比較から，市場経済化を断行したニュージーランドのパフォーマンスが良くないということを指摘している。

[*15] ミンスキーの金融不安定性仮説については，本書序章，二宮 (2006a) を参照。

2.3 ポスト・ケインズ派金融不安定性分析の新たな展開と可能性　**43**

(high-dimensional dynamic Keynesian model) と呼ばれ，Hopf の分岐定理を適用した閉軌道（循環）の存在証明，動学体系の安定性が検討されている[*16]。

最も単純なカルドア型循環モデルは，

$$\dot{Y} = \alpha \left[C(Y) + I(Y, K, i(Y)) - Y \right], \qquad (S.2.1)$$

$$\dot{K} = I(Y, K, i(Y)) - \sigma K, \qquad (S.2.2)$$

と定式化される。ここで，Y：所得，C：消費，I：投資，i：利子率，K：資本ストック，σ：資本減耗率，α：財市場の調整パラメーター，である。ここで，以下の仮定，

$$I_Y + I_i i_Y - (1 - c) > 0 \qquad (A.2.1)$$

が置かれる。この仮定 (A.2.1) は，通常のカルドア型循環モデルに置かれている仮定であり，所得 Y の変化による直接的，間接的な投資への影響が，限界貯蓄性向を上回るということを示している。言い換えれば，財市場は不安定的に作用しているということである。

先にも述べたように，ラムゼイ・モデルでは，貯蓄＝投資（財市場の均衡）が想定されており，その投資によって次期の生産がおこなわれ，最適な消費と貯蓄（投資）が選択される。これに対して，カルドア型循環モデル等のケインジアンのマクロ動学モデルは，不安定的な財市場が想定され，経済の循環や不安定性が論じられているものが多い。

新古典派とは異なり，ポスト・ケインズ派金融不安定性分析の特徴は，市場それ自体の不安定性を強調していることである。例えば，浅田 (2000) は，価格の伸縮性が，潜在的 GDP からの乖離をもたらす可能性を示している[*17]。そのため，ミクロ経済学的基礎づけが明示的に考慮されていないものが多い。ま

[*16] 金融不安定性仮説は，数理的な展開のみならず，様々なアプローチから議論が展開されている。例えば，Wolfson(1994) は，よりマルクスの影響を受けた金融恐慌論を展開している。Kregel(2000)(2008)，クレーゲル (2013) は，金融不安定性仮説をもとに，非数理的なアプローチによりアジアの通貨危機やサブプライム危機を検討している。石倉 (2012) は，マルクス，ケインズの視点から，貨幣経済の特徴を把握し，様々な観点から検討をおこなっている。

[*17] ポスト・ケインズ派の立場から，日本経済を念頭に置いて検討したものとして，Nakatani and Skott(2007)，Asada(2006a) 等がある。

た，ミクロ経済学的基礎づけの議論がされているものも，企業行動の最適化や単純な最適化である[18]。そもそも，資本主義経済の不安定性を主張するポスト・ケインズ派の分析に，ラムゼイ・モデルのような動学的最適化による定式化は馴染まないのである。また，ポスト・ケインズ派金融不安定性分析には，負債や有利子負債，金融資産のストックが考慮されているものが多い。ラムゼイ・モデルでは，その定式化からも明らかなように，そのような側面は無視，あるいは非常に軽視されている。

さらに，期待の定式化についても，ポスト・ケインズ派金融不安定性分析は，経済の「確信の状態」（confidence）としてアドホックな想定が置かれている。マルクス経済学と同様，ポスト・ケインズ派金融不安定性分析に不足しているのは，計量経済学的手法に基づく実証分析であろう[19]。この不足が，ミクロ経済学的基礎づけの不足（アドホックな想定）と相まって，その評価を著しく低めている一つの要因であると思われる。

二宮・得田 (2011) では，「確信の不安定性」という概念を導入してそれを定量化し，構造 VAR モデルを適用して金融の不安定性を検討している[20]。そこでは，借入金利水準と企業の資金繰り判断 DI の従来のパターンからの「ズレ」を確信の不安定性と定義し，その高まりが経済の金融的な不安定性を導く可能性を，実証分析により示している。

また，先にも述べたように，カルドア型循環モデルでは，財市場が不安定的

---

[18] 他方，例えば，Asada and Semmler(1995) や Nakamura(2002) 等は，ミクロ経済学的基礎づけを持つモデルにおいて，ミンスキーの金融不安定性仮説や，カレツキの危険逓増原理を定式化している。ただし，Asada and Semmler(1995) 等では，新古典派が依拠するラムゼイ・モデルではなく，企業行動の動学的最適化により定式化されている。足立 (1994) は，企業，銀行等のミクロ経済学的基礎づけの議論をおこない，金融の不安定性を論じている。

[19] その少ない例として，石倉 (2002)，西 (2011) 等がある。カレツキアンの実証分析として，畔津・小葉・中谷 (2010)，西 (2010) がある。金融化の実証分析として，嶋野 (2015) 等があり，ポスト・ケインズ派の実証分析はわが国においても活発になりつつある。

[20] Ninomiya and Tokuda(2012) は，同様の視点から韓国経済を検討したものである。サブプライム危機に対して，韓国経済は相対的に頑健であったように思われる。Ninomiya and Tokuda(2012) は，韓国経済の安定的な金融構造がその一つの要因であることを理論的，実証的に示している。二宮 (2006a)，本書第 13 章等は，安定的な金融構造の重要性を論じている。

2.3 ポスト・ケインズ派金融不安定性分析の新たな展開と可能性　　**45**

に作用している場合にのみ循環が発生する。つまり，ケインジアンの安定条件が満たされていない。それに対して，二宮・得田 (2011)，本書第 4 章等で提示されている循環は，財市場自体が安定的に作用している，つまり，ケインジアンの安定条件が満たされている場合においても発生しているものである。このことは，金融的な要因が景気循環において主要な役割を果たしていることを意味している。また，二宮・得田 (2011) では，景気循環のピークにおいて，所得の下落にもかかわらず利子率が上昇する局面が存在することを，数値シミュレーションにより示している。この点は，利潤率の低下にもかかわらず利子率が高騰することを金融恐慌へと至る重要な要素であると論じている宇野 (1953) の議論とも一致している。

　さらに，近年，金融化の進展と相まって，ポスト・ケインズ派内部で注目をされ，精力的な研究がされているのが，ストック・フロー・コンシステント・モデル（SFC モデル）と呼ばれるものである[*21]。SFC モデルは，家計，企業，銀行，政府等の経済主体の実物的，金融的取引を明示し，利払いや配当のみならず，金融資産のストック等が経済主体の行動に影響を及ぼすということを考慮している。それに対して，ラムゼイ・モデル等では，このような視点は捨象されている。また，SFC モデルでは，新古典派，新しい古典派が重視している経済主体の最適化という点は考慮されていないものの，数値シミュレーションにより，動学的，長期的な視点が考慮されている。

　SFC モデルは近年注目を集めているが，ストックとフローの関係を明示的に考慮するという方法は，置塩 (1986) や Skott(1989) 等により検討されている。置塩 (1986) は，各経済主体の予算制約式からワルラス法則を導出し，債券市場で利子率が決定されると定式化した $IS \cdot BB$ モデルを提示している。足立 (1994) は，企業や銀行の簡単なミクロ経済学的基礎づけを検討し，貸付資金市場を明示的に考慮した金融不安定性の議論を展開している。それらの議論と SFC モデルを統合する試みは，ポスト・ケインズ派金融不安定性分析の可能性を広げるものであると期待される。また，ポスト・ケインズ派では所得

[*21] 大野・西 (2011) は，SFC モデルに関するサーベイ論文である。ここでの説明も基本的に大野・西 (2011) に依る。Godley and Lavoie(2007) は，SFC モデルの方法を解説したものである。

分配の問題が重視されているが，金融化の進展とともにその重要性はさらに増してくると思われる[22]。

さらに，宮尾 (2011) の供給から需要へという視点はきわめて重要である。ポスト・ケインズ派は，新古典派への対抗意識からか，（意図的に）供給面を軽視している感は否めない。金融不安定性分析の枠組みの中で，供給面の役割を検討することは，分析の幅を広げるものであると推察される。

2.4　おわりに

経済学（マクロ経済学）は，マルクス経済学も含めて百家争鳴の状況にある。それぞれの学派が互いにその有効性を主張しているが，世界的な金融危機に対して有効な処方箋を提示できていない状況にある。このような状況が続けば，経済理論そのものに対する信頼性が大きく損なわれてしまうという危惧さえ感じる。

確かに，橘木 (2006) が指摘するように，ソ連の崩壊によるマルクス経済学の退潮に歩調を合わせるようにその良い面が失われ，新古典派経済学，新しい古典派には勝者のおごりが見受けられる。それは，市場原理主義，新自由主義の隆盛のみならず[23]，動学的最適化等のミクロ経済学的基礎づけや計量経済学的手法を用いない研究を，その点だけで軽視する態度がしばしば見受けられることである。しかしながら，主流派経済学がサブプライム危機を回避することができなかったという事実は，厳然として存在する。

伊藤 (2009) は，「サブプライム恐慌を試金石として，あらためてアメリカの主流派経済学の狭い枠組みの圧倒的支配の傾向を脱却し，広く多様な経済学の接近の可能性を尊重しあい，それらの競合による相互批判や緊張関係による

---

[22] 第 7 章では，Profit Sharing を金融不安定性のマクロ動学モデルに導入した議論を展開している。また，混合寡占の枠組みを適用した金融不安定性の検討は，郵政民営化の問題（政策金融）に何がしかの示唆を与えることが可能であると期待される。Takami and Nakamura(2013)，Nakamura and Takami(2015) は，比較的単純なモデルで最適民営化比率を導出している。

[23] ただし，新古典派経済学者＝市場原理主義者，というわけではなく，多様なアプローチを尊重する良識ある新古典派経済学者は少なからず存在する。

研究の発展・深化を望みたい時代をわれわれは迎えているのではなかろうか」（106ページ）と述べている[*24]。また，三野 (2013) は，「将来マクロ経済学がいかに進歩したとしても，何かひとつの統一された理論，すなわち唯一の "ザ・モデル" によってあらゆるマクロ的問題を分析できるようになると考えるのは幻想であろう。それは，全ての病に効く万能薬を見つけることが不可能なのと同様である。病気の種類に応じて薬や治療方法が異なるように，異なる種類のマクロ的経済問題に対してそれぞれ有効な分析方法が開発され，それらが積み重なってマクロ経済学全体が進歩をする。これまでのマクロ経済学は，このようなかたちで発展してきた。今後のマクロ経済学も，同じ方向で進化していくに違いない」（306ページ）と述べている。

このような中，サブプライム危機により，ミンスキーの金融不安定性仮説は注目を浴びている。ポスト・ケインズ派の実証研究は，十分とは言えない状況にあるが，着実に進みつつある。また，SFC モデル等，新古典派経済学に対抗を試みる理論的枠組みも登場してきている。実証分析の積み重ね，SFC モデルの精緻化，供給面と需要面との関係の検討等は，ポスト・ケインズ派金融不安定性分析の可能性を広げることが期待される。

しかしながら，ソ連の崩壊がマルクス経済学の敗北ではないのと同様に，サブプライム危機は非新古典派の勝利ではない。伊藤 (2009) が言うように，多様な経済学の接近の可能性を尊重することが重要である。そして，三野 (2013) が指摘するように，唯一の "ザ・モデル" によってあらゆるマクロ的問題を分析できるようになると考えるのは幻想である。それぞれの学派の接近方法で真摯に研究を積み重ねて公表し，分析的視角の良い点を相互に吸収することによって補完し合い，直面している深刻な経済問題に対する処方箋を提示していく必要があると思われる。

[*24] 確か置塩信雄ゼミ最後の先輩方の送別会のことだったと思うが，置塩先生が，学説の正しさは別として，M. フリードマンは評価すべきであるというようなことを言われたように記憶している。25年以上も前のことで，筆者が博士前期課程1年生（M1）の時である。筆者自身，非常に驚いたので，今でも記憶の中にある。

第 3 章

ポスト・ケインズ派金融不安定性分析の展開と展望

3.1　はじめに

　サブプライム危機により，ミンスキーの金融不安定性仮説は注目を浴びている。それ以前から，金融不安定性仮説は，ポスト・ケインズ派やマルクス経済学等，非主流派からは注目されていた。Greenwald and Stiglitz(1993) 等の新しいケインズ派（ニュー・ケインジアン）の経済学者にも少なからず影響を与えているが，市場メカニズムを重視し，実物面と金融面の相互依存関係を軽視する新古典派経済学，新しい古典派からは，全くと言っていいほど軽視された異端の学説であった。

　しかしながら，市場メカニズムを重視する新古典派経済学，新しい古典派がサブプライム危機を回避できなかったという事実は，厳然として存在する。また，バブル経済崩壊後の「失われた 20 年」と言われる景気の長期低迷に対して，市場経済化を志向した構造改革が所期の成果を挙げることができず，異次元の金融緩和，機動的財政支出，成長戦略を 3 本の矢とする「アベノミクス」と呼ばれる経済政策が採用されるに至っている。アベノミクスに対する評価を下すには時期尚早であるが，賛否両論であるというのが現状であろう。また，ブラインダー (2012) は，日本のバブル経済やサブプライム危機はケインズ型

50　　　第3章　ポスト・ケインズ派金融不安定性分析の展開と展望

景気後退ではなく，「ラインハート＝ロゴフ＝ミンスキー型（RRM型）」景気後退であることを指摘している。そして，RRM型はケインズ型よりも深刻化（長期化）しがちで，標準的な景気対策が使えなくなると論じている。

　他方，日本経済の長期低迷については，様々な見解が示されてきた。新古典派，新しい古典派の立場からは生産性の低下が，ケインズ経済学の立場からは労働供給の制約や不適切なポリシー・ミックス等が指摘されている。いずれの立場を採るにしても，このような景気の長期低迷はこれまでに経験したことのない状態であり，何がしかの政策，対策が必要不可欠である。多くのマクロ経済学の教科書では，長期においては市場メカニズムが有効に機能するので新古典派経済学を，短期においては価格が硬直的なのでケインズ経済学をといった折衷的なアプローチが採られている（Mankiw(1992)等）。しかしながら，長期的には潜在的GDPを回復するという議論は，金融危機や景気の長期低迷といった非常時には役に立たないのではないかという指摘もある[1]。

　これに対して，ポスト・ケインズ派は，財政政策，金融政策等の総需要管理政策が，長期においても影響することを主張している。また，金融不安定性仮説は，複雑な金融システムを持つ資本主義経済は内在的に不安定であることを主張している。ミンスキーの金融不安定性仮説は金融的な内生的景気循環論であることから，ミンスキーが重視した負債をKaldor(1940)やGoodwin(1967)等の非線形経済動学モデルに導入した研究が多くおこなわれた。その関心は短期的な金融的循環の解明に向けられていた感があるが，近年，負債等の金融的要素を導入したカレツキアン・モデルや，企業，家計等のバランス・シートを明示し，利払い，配当等を考慮したストック・フロー・コンシステント・モデル（SFCモデル）等が積極的に展開されている。カレツキアン・モデルやSFCモデルは長期的視点を持っており，景気の長期低迷といった問題に一つの視座を与えるものであると思われる。

　それゆえ，本章では，長期という視点とともに，利子率の決定や物価の調整の定式化等についても着目し，ポスト・ケインズ派金融不安定性分析の理論的展開を展望する。第3.2節では，金融不安定性理論の基本モデルであるTaylor

---

[1] 塩路(2010)，White(2010)等を参照。

and O'Connell モデル，カレツキアン・モデルや SFC モデル，ポスト・ケインズ派によるニュー・コンセンサス・マクロ経済学の検討等の諸研究を概観し，それぞれのモデルの長期の概念等を明らかにし，それらの比較検討をおこなう。第 3.3 節では，カレツキアン・モデルやハロッディアン・モデル，SFCモデルに金融的側面を導入した諸研究を概観し，長期の視点等に着目したポスト・ケインズ派金融不安定性分析の理論的展開を展望する。第 3.4 節は，まとめである。

3.2 金融の不安定性とポスト・ケインズ派の理論的展開

3.2.1 金融不安定性仮説の理論的展開

ミンスキーの金融不安定性仮説については，序章や他の多くの文献でも紹介されているので，ここでは深く立ち入らない。簡潔にその特徴を述べれば，債務契約の質をヘッジ金融，投機的金融，ポンツィ金融に分類し，景気の過熱に伴ってより脆弱なポンツィ金融へと移行すると考えている点にある。ミンスキーの金融不安定性仮説を数理モデルに展開した諸研究では，この金融構造の脆弱化を，負債（比率）の増大と捉えている。本節では，金融不安定性仮説の理論的展開について簡潔に概観する。

負債は考慮されていないが，金融不安定性仮説を最初に数理モデルに展開したものは，Taylor and O'Connell(1985) である。Taylor and O'Connell(1985) は，資本ストック K 当たりの投資 I，貯蓄 S をそれぞれ，

$$\frac{I}{K} = g_0 + h(r + \rho - i), \tag{3.1}$$

$$\frac{S}{K} = sr, \tag{3.2}$$

と定式化する。ここで，g_0：独立投資，h：反応係数，r：利潤率，ρ：経済に対する確信の状態，i：利子率，である。(3.2) は，賃金は全て消費され，利潤の一定割合 s が貯蓄されるということを示している。財市場の均衡により，

$$g_0 + h(r + \rho - i) - sr = 0 \tag{3.3}$$

が得られる。

金融市場は，資産 W が株式 E，債券 B，貨幣 M に配分されると想定される。つまり，

$$p_e E = \varepsilon(i, r + \rho)W, \quad \varepsilon_i < 0, \quad \varepsilon_{r+\rho} > 0, \tag{3.4}$$

$$M = \mu(i, r + \rho)W, \quad \mu_i < 0, \quad \mu_{r+\rho} < 0, \tag{3.5}$$

$$B = \beta(i, r + \rho)W, \quad \beta_i > 0, \quad \beta_{r+\rho} < 0, \tag{3.6}$$

$$\varepsilon + \mu + \beta = 1,$$

$$W = p_e E + M + B = p_e E + F,$$

で表わされる。ここで，p_e は株価である。Taylor and O'Connell(1985) の特徴は，通常の LM 方程式とは異なり，貨幣需要を期待利潤率 $(r + \rho)$ の減少関数であると定式化していることにある。つまり，期待利潤率が上昇（下落）すれば，資産保有者は貨幣需要を減少（増加）させ，株式需要を増加（減少）させるということである。(3.4)(3.5)(3.6) を整理すれば，金融市場の均衡式，

$$\mu(i, r + \rho) = \alpha[1 - \varepsilon(i, r + \rho)], \quad \alpha = M/F, \tag{3.7}$$

が得られる。

(3.3)(3.7) より，株式と貨幣の代替性が高い等の条件を満たす場合，以下の短期均衡解，

$$r = r(\rho, \alpha), \quad r_\rho > 0, \quad r_\alpha > 0, \tag{3.8}$$

$$i = i(\rho, \alpha), \quad i_\rho < 0, \quad i_\alpha < 0, \tag{3.9}$$

が得られる。ここで，$i_\rho < 0$ が導かれていることが非常に重要である。これは，経済に対する確信の状態 ρ が高まれば，利子率 i が下落することを示している。

長期では，確信の状態 ρ の動態が，

$$\dot{\rho} = -\beta(i - \bar{i}), \tag{3.10}$$

と定式化される。これは，利子率 i が長期正常利子率 $\bar{i}$ を超える場合，確信の状態が低下するということを意味している。さらに，貨幣・負債比率は，

$$\alpha = \frac{M}{F} = \frac{M}{pK}\frac{pK}{F} = \frac{M}{pK}\frac{1}{f}$$

であり[*2],

$$\hat{\alpha} = \hat{M} - g, \tag{3.11}$$

が得られる。ここで，$g = I/K$ であり，$\hat{M}$ は一定であると仮定される。

(3.3) を利潤率 r で解けば，

$$r = [h(i - \rho) - g_0]/(h - s), \tag{3.12}$$

である。これを (3.1) に代入すれば，

$$g^* \left(= \frac{I}{K} \right) = \frac{s[g_0 + h(\rho - i)]}{s - h} = g(\rho, i), \tag{3.13}$$

が得られる。

(3.1)(3.8)(3.9)(3.10)(3.11) より ρ と α の動学体系が得られ，その安定性は $-\beta i_\rho - g_i i_\alpha$ の符号に依存することが導出される。つまり，$i_\rho < 0$ かつその絶対値が大きい場合，$-\beta i_\rho - g_i i_\alpha > 0$ となり，体系は不安定となる。この時，産出と投資が下落しつづける状態，ミンスキー・クライシス (Minsky crisis) が発生する。Taylor and O'Connell(1985) における長期は，財市場が均衡しており，経済に対する確信の状態の動態が考慮されているというところにある。また，利子率は貨幣市場の需給で決定され，物価水準は一定である。

Taylor and O'Connell(1985) を発展させ，負債比率を導入したものに，足立 (1994) がある。足立 (1994) は，基本的に置塩 (1986) の提示した $IS \cdot BB$ モデルに基づいている。第 1 章でも述べたように，置塩 (1986) は，企業，家計等の経済主体のバランス・シート（予算制約式）から，

$$EX + EB + EM = 0, \tag{3.14}$$

というワルラス法則を導出している。ここで，EX は財の超過需要，EB は債券の超過需要，EM は貨幣の超過需要，である。

置塩 (1986) は，利子率 i の動態を，

$$\dot{i} = F_i(EB), \quad F_i(0) = 0, \quad F_i' < 0, \tag{3.15}$$

[*2] f $(= F/pK)$ は一定であると仮定される。

と定式化している。つまり、債券市場の均衡（$EB = -(EX + EM) = 0$）で利子率 i が決定されていると考えているということである。(3.14) を見ればわかるように、$EX = 0$ の時、$EM = 0$ となるので、均衡点は $IS \cdot LM$ モデルと $IS \cdot BB$ モデルで同じである。また (3.15) は、利子率 i の決定が貸付資金説に基づいているということを示している。

　足立 (1994) もまた、債券（貸付）市場の均衡を満たす所得 Y と利子率 i の組み合わせを LE 曲線とし、経済に対する確信の状態、負債比率を導入して、金融の不安定性を論じている。足立 (1994) の特徴は、企業、銀行等のバランス・シート（予算制約式）を考慮し、簡単なミクロ経済学的基礎づけの議論を展開しているところにある。後述するストック・フロー・コンシステント・モデル（SFC モデル）は、企業、家計等のバランス・シートを明示し、利払いや配当等が考慮されている。置塩 (1986) や足立 (1994) の議論は、それに先駆けたものであり、再評価する必要があると思われる。

　Taylor and O'Connell(1985) や足立 (1994) は経済の循環を論じていないが、その後のポスト・ケインズ派金融不安定性分析の理論的展開では、金融的循環の解明に多くの関心が向けられたように思われる。ポスト・ケインズ派において経済の循環を論じたベンチマーク・モデルは、Kaldor(1940) と Goodwin(1967) であろう。Kaldor(1940) は S 字型投資関数を想定することにより、Goodwin(1967) はロトカ＝ヴォルテラ型微分方程式を適用することにより、経済の循環を論じている。

　第 2 章でも述べたように、カルドア型循環モデルでは、

$$I_Y + I_i i_Y > 1 - C_Y, \tag{3.16}$$

が仮定されている。この仮定は、所得 Y の投資 I に対する直接的効果（I_Y）に利子率 i を通じた間接的効果（$I_i i_Y$）を加えたものが、限界貯蓄性向（$1 - C_Y$）を上回ることを示している（ここで、C は消費）。つまり、財市場は不安定であるということである。

　この仮定のもと、財市場の調整速度 α を分岐パラメーターとして Hopf の分岐定理を適用して、閉軌道の存在が証明される。その循環のメカニズムは、所得 Y の増加が資本ストック K を増加させ、その増加が投資 I を抑制すること

3.2 金融の不安定性とポスト・ケインズ派の理論的展開 55

によって景気が反転するというものである。他方, Goodwin(1967) では, 独立の投資関数を持たず財市場の均衡が仮定されて, 雇用率と労働シェアの循環が示されている。つまり, 雇用率の上昇が賃金の上昇を招き, 貯蓄の減少を通じて投資を抑制するというメカニズムである。ケインズ・グッドウィン・モデル（KG モデル）には, 貯蓄とは独立な投資関数が導入されている。

ミンスキーの金融不安定性仮説が金融的な内生的景気循環論であることから, カルドア型循環モデルやグッドウィン・モデルに金融的側面を導入した議論が多く展開されている。筆者自身の試みとしては, 第 6 章や二宮(2001b)(2006a) がある。二宮 (2001b)(2006a) は, 消費関数 C, 投資関数 I, 貨幣需要関数 M^d, 貨幣供給関数 M をそれぞれ,

$$C = c\left(\frac{1+\delta\tau}{1+\tau}\right)Y + C_0, \quad 0 < c < 1, \quad C_0 > 0, \tag{3.17}$$

$$I = I(Y, B, i), \quad I_Y > 0, \quad I_B < 0, \quad I_i < 0, \tag{3.18}$$

$$M^d = L(Y, B, i), \quad L_Y \gtreqless 0, \quad L_B > 0, \quad L_i < 0, \tag{3.19}$$

$$M = M(Y, i), \quad M_Y > 0, \quad M_i > 0, \tag{3.20}$$

と想定している。ここで, c：限界消費性向, τ：マーク・アップ率, δ：利潤のうち資産家家計に配分される割合, C_0：基礎消費, B：企業の負債, である。$L_Y < 0$ は (3.5) と類似しており[*3], $M_Y > 0$ は Rose(1969) に従い所得の増

[*3] 貨幣は安全資産, 債券は危険資産である。債券の期待収益率は $r_B(= i - \nu f(Y))$, その標準偏差は σ_B と定義される。ここで, $f' < 0$ である。これは, 所得 Y の上昇が企業の倒産リスクを低下させるので, r_B が上昇するということである。ν は倒産のリスクの程度を表すパラメーターである。貨幣の期待収益率 r_A, 標準偏差 σ_A はともにゼロである。それゆえ, 債券と貨幣を保有することによる期待収益率 r と標準偏差 σ は, それぞれ,

$$r = (1-\varepsilon)r_B$$
$$\sigma = (1-\varepsilon)\sigma_B$$

である。ここで, ε：貨幣保有比率, である。さらに, 効用関数を,

$$U = r - \rho\sigma^2$$

と仮定する。ここで, ρ はリスク回避の程度を表している。以上から, 最適なポートフォリオ ε^* を導出すれば,

$$\varepsilon^* = \frac{\nu f(Y) - i}{2\rho\sigma_B^2} + 1 = \varepsilon(Y, i), \quad \varepsilon_Y < 0, \quad \varepsilon_i < 0$$

加により貨幣供給が増加するということを示している。$I_B < 0$ は，負債 B の増加が投資 I を抑制することを，$L_B > 0$ は，負債 B の増加により貨幣需要が増加することを意味している。

(3.17)〜(3.20) を (3.14) に代入して利子率 i で解けば，

$$i = i(Y, B), \tag{3.21}$$
$$i_Y = -\frac{I_Y - s + L_Y - M_Y}{I_i + L_i - M_i} \gtreqless 0,$$
$$i_B = -\frac{I_B + L_B}{I_i + L_i - M_i}$$

が得られる。第 1 章でも述べたように，この利子率の決定は貸付資金説に基づいている。I_Y はケインズの言う「アニマル・スピリッツ」を表していると考えられる。また，I_B はミンスキーの言う「借り手のリスク」を，M_Y，L_B は「貸し手のリスク」を表していると考えられる。通常，L_Y は取引動機に基づく貨幣需要を表しているが，$L_Y < 0$ の場合，「貸し手のリスク」を表している。(3.14) は，貸し手と借り手の関係から利子率が決定されており，特に借り手のリスクを考慮できることから，金融の不安定性を検討する枠組みとして優れていると考えられる。

また，(3.21) を見ればわかるように，利子率 i は所得 Y の減少関数となる可能性がある。つまり，所得 Y の増加にもかかわらず利子率 i が下落し，投資 I がさらに促進されるということである。このことは，カルドア型循環モデルで通常仮定されている (3.16) 式が，金融的側面（$i_Y < 0$ でその絶対値が大きい）によっても満たされる可能性があるということである。第 13 章では，このような側面を閉鎖体系，開放体系のカルドア型循環モデルに導入し，金融の不安定性を検討している。

二宮 (2001b)(2006a) は，(3.17)(3.18)(3.21)，負債 B の動態を考慮した以下

が得られる。これは，$L_Y < 0$ の仮定と整合的である。また，この仮定は，Rose(1969) や Taylor and O'Connell(1985) と類似している。

3.2 金融の不安定性とポスト・ケインズ派の理論的展開　　**57**

の動学体系 $(S_a.3)$,

$$\dot{Y} = \alpha \left[c \left(\frac{1 + \delta\tau}{1 + \tau} \right) Y + C_0 + I(Y, B, i(Y, \bar{K}, B)) - Y \right] \qquad (S_a.3.1)$$

$$\dot{B} = I(Y, \bar{K}, B, i(Y, \bar{K}, B)) - \frac{(1 - \delta)\tau}{1 + \tau} Y \qquad\qquad (S_a.3.2)$$

を検討している。$(S_a.3.2)$ は，負債 B の増加が，投資から内部留保 $((1-\delta)\tau/(1+\tau))$ を差し引いたものであることを示している。また，二宮 (2001b)(2006a) は，カルドア型循環モデルと同様に，財市場の不安定を仮定している。そして，その循環のメカニズムは，所得 Y の増加が負債 B を増加させ，その増加が投資 I を抑制することによって景気が反転するというものである。第 6 章では，独立の投資関数を持ち，マーク・アップ原理に基づく物価の変動（フィリップス曲線）を許容したモデルを提示して，経済の金融的な循環を論じている。第 6 章のモデルにおいても，財市場の不安定を仮定している。

以上のように，Taylor and O'Connell(1985) や足立 (1994) では，財市場が均衡しており，経済に対する確信の状態（長期期待）を導入することによって，長期的な金融の不安定性を検討している。また，経済の金融的な循環を論じている諸研究では，資本ストックの動態等が考慮されているものの，カルドア型循環モデルと同様に財市場の不安定が仮定されているものが多い。

3.2.2　カレツキアン・モデルとハロッディアン・モデル

■カレツキアン・モデル

Lavoie(1992)，佐々木 (2011a) 等によれば，カレツキアン・モデルは，1) 寡占市場におけるマーク・アップ原理，2) 完全稼働までは限界費用が一定，3) 稼働率が 1 以下，4) 独立の投資関数，の 4 つの特徴を持っている。そして，カレツキアン・モデルの性質は，節約の逆説，停滞論，賃金主導型成長といったものである。しかしながら，上記の 4 つの特徴を満たすポスト・ケインズ派のモデルは他にも存在する。

例えば，Asada(1989)，Franke and Asada(1994)，Asada(2006b) 等が定式化したケインズ・グッドウィン・モデルがそれである。ケインズ・グッドウィン・モデルは，Goodwin(1967) とは異なり，貯蓄とは独立な投資関数が導入

されている。価格設定も寡占市場におけるマーク・アップ原理が採用され，物価の変動を許容した議論が展開されている。しかしながら，ケインズ・グッドウィン・モデルは，Goodwin(1967) と同様に，経済の循環に主たる関心が向けられており，Hopf の分岐定理を適用した閉軌道の存在証明に主眼が置かれているように思われる。ただし，カレツキアン・モデルにおける気鋭の論客である佐々木 (2011b) は，Asada(2006b) をカレツキアン・モデルと位置づけていることから，広義にはケインズ・グッドウィン・モデルは，カレツキアン・モデルに内包されるという見方もできる[*4]。

とは言え，筆者の理解では，カレツキアン・モデルは，上記の 4 つの特徴に加え，所得分配と経済成長との関係に主たる関心が向けられている点に特徴があるように思われる。つまり，利潤シェアが稼働率や資本蓄積率に与える影響，利潤主導型経済か賃金主導型経済かといったことが検討されているということである。そして，景気循環よりは経済成長の検討に重点が置かれている。

カレツキアン・モデルにおける短期，中期，長期は，佐々木 (2011a) により詳細に解説されているので，それに基づいて概観しよう。佐々木 (2011a) によれば，カレツキアン・モデルの短期バージョン 1 は，価格，資本ストックが一定であり，財市場の調整は稼働率（生産量）の調整によりおこなわれているものである。資本ストック一定のもとで生産量が調整されるので，雇用率が調整されるということを意味する。短期バージョン 2 は，物価の変動が許容され，所得分配（賃金シェア，利潤シェア）が内生的に決定されている。中期は資本ストックが可変であるが，その場合には雇用率を内生化する必要があり，モデルの複雑さから中期のカレツキアン・モデルは多くないとされている。長期は，短期，中期でパラメーターとされていた変数の変化を許容するものである。

[*4] Taylor and O'Connell(1985) も，マーク・アップ原理に基づく価格設定，独立の投資関数を持っており，広義にはカレツキアン・モデルに位置づけることができるであろう。

3.2 金融の不安定性とポスト・ケインズ派の理論的展開　　59

稼働率が調整される短期のカレツキアン・モデルは,

$$r = mu, \tag{3.22}$$

$$p = (1 + \mu)\frac{w}{a}, \quad 0 < \mu < 1, \tag{3.23}$$

$$g_s = sr, \quad 0 < s < 1, \tag{3.24}$$

$$g_d = \gamma + \varepsilon(u - u_n), \quad \gamma > 0, \quad 0 < \varepsilon < 1, \quad \gamma - \varepsilon u_n > 0, \tag{3.25}$$

$$\dot{u} = \alpha(g_d - g_s), \quad \alpha > 0, \tag{3.26}$$

で構成される。ここで, r：利潤率, m：利潤シェア, $u \; (= Y/K)$：産出 (Y) ・資本 (K) 比率, p：物価, μ：マーク・アップ率, w：名目賃金率, a：労働生産性, である。g_s は資本ストック当たりの貯蓄であり, 利潤の一定割合 s が貯蓄される。g_d は資本ストック当たりの投資 (蓄積率) であり, 現実の稼働率 u と標準稼働率 u_n との差に依存すると仮定される。ε はその感応度を表すパラメーター, γ は企業の期待成長率を表すパラメーターである。(3.26) は稼働率の調整方程式であり, α はその調整パラメーターである。

短期均衡値は $\dot{u} = 0$ を満たす稼働率, 資本蓄積率であり,

$$u^* = \frac{\gamma - \varepsilon u_n}{sm - \varepsilon}, \tag{3.27}$$

$$g^* = \frac{s(\gamma - \varepsilon u_n)m}{sm - \varepsilon}, \tag{3.28}$$

となる。貯蓄率 s の増加は, 稼働率と資本蓄積率をともに低下させ (節約の逆説), 利潤シェア m の増加は稼働率を低下させる (停滞レジーム)。また, 利潤シェア m の増加は, 資本蓄積率を低下させる (賃金主導型成長)。これらは, カレツキアン・モデルから導き出される特徴である。Cassetti(2003) はコンフリクト理論を適用し, 利潤シェア m の動学方程式を導入して, 同様の特徴を得ている。説明は省略するが, 中期では雇用率 e の動態が導入される。

長期では, $\dot{u} = 0, \dot{m} = 0, \dot{e} = 0$ が常に成立し, 短期, 中期の均衡は安定であることが仮定される。つまり, 財市場は安定である。そのうえで, 標準稼働率 u_n, 期待成長率 γ の動態が,

$$\dot{u}_n = \phi(u^{**} - u_n), \quad \phi > 0, \tag{3.29}$$

$$\dot{\gamma} = \eta(g^{**} - \gamma), \quad \eta > 0, \tag{3.30}$$

と定式化される[*5]。ここで，u^{**}，g^{**} は，それぞれ中期均衡の稼働率，蓄積率である[*6]。(3.25) に中期均衡の稼働率を代入すれば，$g^{**} = \gamma + \varepsilon(u^{**} - u_n)$ が得られ，これを (3.30) に代入すれば，

$$\dot{\gamma} = \eta\varepsilon(u^{**} - u_n), \tag{3.31}$$

が得られる。当然のことながら，金融的側面を考慮していないカレツキアン・モデルでは，期待の動態が Taylor and O'Connell(1985) とは異なっている。

長期の動学体系は (3.29)(3.31) で構成される。長期均衡は，$\dot{u}_n = \dot{\gamma} = 0$ を満たす状態であり，(3.29)(3.31) の両方から $u^{**} = u_n$ が得られる。具体的には，

$$\gamma = \frac{s(A - n)u_n}{1 - su_n}, \tag{3.32}$$

である。また，(3.29)(3.31) より，$\dot{\gamma} = (\eta\varepsilon/\phi)\dot{u}_n$ が得られ，標準稼働率と期待成長率は常に一定の比率を保つ。また，任意の初期値の組み合わせ $(u_n(0), \gamma(0))$ が与えられれば，期待成長率は，

$$\gamma(t) = \frac{\eta\varepsilon}{\phi}u_n(t) + \gamma(0) - \frac{\eta\varepsilon}{\phi}u_n(0), \tag{3.33}$$

となる。(3.32) と (3.33) の交点が長期均衡である。長期においてもカレツキアン・モデルの特徴が導き出されているが，必ずしも長期均衡には収束しないことが導き出されている。

中谷 (2014) も指摘しているように，カレツキアン・モデルでは，有効需要が短期のみならず長期においても産出量や成長率に影響するということが主張されている。つまり，カレツキアン・モデルの長期は，需要面により決定されているということである。中谷 (2014) は，このような特徴を持つカレツキアン・

[*5] 中谷 (2014) によれば，標準的カレツキアン・モデルには以下の 2 つの批判（弱点）がある。すなわち，1) 投資関数の稼働率に対する反応係数 ε は，短期のケインジアンの安定条件を満たさない，2) 成長率が自然成長率から乖離する等，長期均衡の条件を満たさない，というものである。例えば，第 1 の批判に対して Lavoie(2010) は，標準稼働率，正常利潤率がともに実際の稼働率と標準稼働率との差に依存すると定式化している。

[*6] 中期の均衡稼働率は，$u^{**} = u^{**}(u_n, \gamma)$ である。その導出については，佐々木 (2011a) を参照。

3.2 金融の不安定性とポスト・ケインズ派の理論的展開   **61**

モデルを評価しながらも，置塩 (1967) と対比する形で，資本の生産能力増大効果が考慮されていない長期概念を批判している。

ポスト・ケインズ派の経済学者は，新古典派経済学とマルクス経済学はともに長期では労働市場が均衡しており，ポスト・ケインズ派とは異なる，と論じている。それに対して，中谷 (2014) は，ポスト・ケインズ派とマルクス経済学（置塩 (1967)）の長期概念は，短期の需要が長期にも影響を及ぼすという点で共通しており，新古典派経済学の長期概念とは異なると論じている。

■ハロッディアン・モデル

Nakatani and Skott(2007) は，1960 年代の日本経済の高度成長と 1990 年以降の景気の長期低迷を検討している。その議論のベンチマークとなっているハロッディアン・モデルは，以下のようなものである[7]。

まず，資本蓄積率 $\hat{K}$ は，実際の産出（Y）・資本（K）比率 σ（$= Y/K$）と，要求産出・資本比率 σ^* の差で変化すると想定される。つまり，

$$\frac{d}{dt}\hat{K} = \lambda(\sigma - \sigma^*), \quad \lambda > 0, \tag{3.34}$$

である。さらに，利潤分配率（利潤シェア）π，貯蓄 S，投資 I，財市場の均衡式は，それぞれ，

$$\pi = \frac{\Pi}{Y} = \mu, \tag{3.35}$$

$$S = s\Pi, \tag{3.36}$$

$$I = \frac{dK}{dt} + \delta K, \tag{3.37}$$

$$S = I, \tag{3.38}$$

である。ここで，Π は粗利潤であり，(3.35) は，π が一定（μ）であることを示している。(3.35)(3.36)(3.37) を (3.38) に代入して整理すれば，

$$\sigma = \frac{\hat{K} + \delta}{s\mu}, \tag{3.39}$$

---

[7] Skott(2010) は，ハロッディアン・モデルがカレツキアン・モデルの弱点を克服するものであると論じている。

が得られ，(3.38) を (3.34) に代入すれば，

$$\frac{d}{dt}\hat{K} = \lambda \left(\frac{\hat{K} + \delta}{s\mu} - \sigma^* \right), \tag{3.40}$$

が得られる。(3.40) より，定常解は，

$$\hat{K}^* = s\mu\sigma^* - \delta = g_w, \tag{3.41}$$

であり，保証成長率を表している。

利潤分配率 π が可変であるとすれば，

$$\pi = \frac{\hat{K} + \delta}{s\sigma}, \tag{3.42}$$

であり，定常状態の蓄積率，

$$\hat{K} = s\pi\sigma^* - \delta, \tag{3.43}$$

が得られる。また，産出・拡張関数 (output expansion function) が利潤分配率 π の増加関数であると想定され，

$$\hat{Y} = h(\pi, e), \quad h_\pi > 0, \quad h_e < 0, \tag{3.44}$$

と定式化されている。ここで，e は雇用率である。このような定式化は，Skott(1989)(2010) 等でも採用されているものである。

成長率は，$g = \hat{Y} = \hat{K}$ を満たさなければならないので，

$$g = h(\pi, e) = s\pi\sigma^* - \delta, \tag{3.45}$$

である。Nakatani and Skott(2007) では，(3.44) が利潤分配率 π に関して S 字型であることが想定され，複数均衡が存在することが指摘されている。

カルドアは S 字型投資関数を導入して経済の循環を論じたが，Nakatani and Skott(2007) はそれと類似の方法で，1960 年代の日本経済の高度成長と 1990 年代以降の景気の長期低迷を，長期的な経済の循環（長期波動）と捉えている。Nakatani and Skott(2007) の特徴は，単に成長率（資本蓄積率）の安定性のみならず，その循環（長期波動）を論じていることにある。そして，その循環に重要な役割を果たしているのは，S 字型産出・拡張関数と雇用率（労働供給制約）である。

3.2.3 ストック・フロー・コンシステント・モデル

ストック・フロー・コンシステント・モデル (SFC モデル) は，新古典派経済学，新しい古典派に対する代替モデルとして，Godley and Lavoie(2007)，Dos Santos and Zezza(2008) 等により定式化されたものである。新古典派，新しい古典派の源流となっているラムゼイ・モデルは，現在，将来といった動学的視点はあるものの，財市場の均衡（貯蓄＝投資）が仮定され，そのもとで最適な貯蓄（＝投資）と消費が選択されている。そこには，利払いや配当といった金融的側面は存在しないし，企業のバランス・シート等も考慮されていない。

それに対して，SFC モデルは，最適化という視点はないものの，利払いや配当，企業や家計といった経済主体のバランス・シートが考慮され，利潤主導型経済，賃金主導型経済といった点が検討されている。さらに，利払いや配当といった金融的側面を考慮することによって，負債主導型経済，負債荷重型経済といった観点からも検討されている。大野・西 (2011) によれば，SFC モデルは，カレツキアン・モデルとミンスキアン・モデルを統合したものと位置づけることができるということである。SFC モデルでは，確かにラムゼイ・モデルのような（無限期間の）最適化という視点は考慮されていないが，現在，将来といった動学的な観点は考慮されている。

また，SFC モデルの分析方法は，1) 経済主体のバランス・シートの作成，2) 実物取引と金融資産収入を統一的に記述する取引マトリックスの作成，3) 取引マトリックスをもとに金融資産貸借を記述する定義式を導出，4) 任意のパラメーターによる数値シミュレーションから考察をおこなう，といったものである。それは，利払いや配当，金融資産等の金融的な要因が長期においても影響するということを意味している。また，SFC モデルは，利払いや配当，企業，家計などの経済主体のバランス・シートから動学的視点が考慮されているものの，分析手法の性質から，利子率等は所与である。そして，利子率等のパラメーターを変化させることにより，様々なレジームを描写することが可能となっている[8]。それゆえ，貸し手や借り手の行動が利子率に影響を与えると

---

[8] パラメーターの値により，様々なレジームの可能性を描写することができることから，実証

いったことを検討することはできない。

3.2.4 ニュー・コンセンサス・マクロ経済学とポスト・ケインズ派の議論

　主流派経済学において，長期と短期という時間的視野で古典派経済学とケインズ経済学の統合を最初に試みたものは，おそらく Mankiw(1992) であろう。Mankiw(1992) は，IS 曲線を財市場および貸付資金市場の均衡を満たす所得 Y と利子率 i の組み合わせ，LM 曲線を貨幣数量説的に再解釈して，両派の統合を試みている。そして，物価は短期的には硬直的であるが，長期的には伸縮的であり長期産出水準を回復すると考えている。つまり，物価は実際の産出水準と長期産出水準との乖離によって変動するということである。古典派モデルでは物価水準は貨幣数量説で決定されるが，Mankiw(1992) はヴィクセル的な見方（ヴィクセル的物価調整）をしている。

　ニュー・コンセンサス・マクロ経済学（NC マクロ経済学）は，Romer(2000)，Taylor(2004) 等によって定式化されたマクロ経済学の基本モデルであり，LM 曲線を排除し金融政策ルールを導入しているものである。この金融政策ルールはテイラー・ルールと呼ばれており，名目利子率をインフレ率や実際の GDP と潜在的 GDP との乖離に応じて中央銀行が誘導するというものである。Taylor(2004) 等の教科書では，インフレ率に応じて名目利子率が誘導されると定式化されている。NC マクロ経済学の長期概念は，新古典派や Mankiw(1992) と同様のものであり，物価の伸縮的な調整が潜在的 GDP を回復すると考えている。つまり，財政拡大政策や金融緩和政策といった総需要管理政策は，短期的には景気を刺激するが，長期的には供給的側面が経済の活動水準を決定するということである。

　これに対して，鍋島 (2012) も指摘するように，Lavoie(2006a) 等のポスト・ケインズ派は，長期的にも財政政策，金融政策等の総需要管理政策は効果を持

　　　分析に展開することも可能ではないかと思われる。それゆえ，理論的分析の可能性もさることながら，実証的分析の可能性も小さくないと推察される。

3.2 金融の不安定性とポスト・ケインズ派の理論的展開 65

つと考えている。Lavoie(2006a) は，自然成長率 g_n の動態を，

$$\dot{g}_n = \phi(g - g_n) + \varepsilon, \quad \phi > 0, \quad \varepsilon > 0, \tag{3.46}$$

と想定している。ここで，g：需要の成長率，ε：一時的なショックを表すパラメーター，ϕ：調整パラメーター，である。つまり，需要の成長率が上昇（低下）すれば，自然成長率 g_n が上昇（低下）するということである。ここで，財政拡大政策が採られた場合，需要の成長率は上昇する。その結果，自然成長率も上昇するので，財政政策が長期的にも効果を持つということである。Lavoie(2006a) では特に言及されているわけではないが，投資の増加は資本蓄積率 g を増加させるので，自然成長率 g_n が上昇するということである。また，インフレ・ターゲットによる金融引き締め政策は，需要の成長率 g を低下させるので，自然成長率 g_n もまた低下する。つまり，インフレ・ターゲットにより目標のインフレ率は達成できるものの，自然成長率は元の水準よりも低くなるということである。

ケインズ・グッドウィン・モデルのように，ポスト・ケインズ派では物価水準がマーク・アップ原理で決定され，フィリップス曲線によりインフレ率が定式化されているものが多い。財市場の不均衡を調整するのは，所得や稼働率であり，物価や利子率ではない。多くの諸研究で，水平主義（内生的貨幣供給理論）に基づき利子率は一定であると想定されており，自然利子率というヴィクセル的な概念そのものを否定しているものが多い[9]。カレツキアン・モデルでは，その定式化からも明らかなように，長期的にも経済の活動水準は需要面が決定している。Lavoie(2006a) 等は，需要の成長率が自然成長率に影響すると想定しているが，NC マクロ経済学と同様に，インフレ率が需要の成長率と自然成長率とのギャップで変動する。その意味では，Lavoie(2006a) は，ヴィクセル的概念を一部受け入れていると考えることもできる。

NC マクロ経済学が登場する以前から，Asada(1991) 等では物価の調整が，財市場の需給でおこなわれるものと，マーク・アップ原理により導出されたフィリップス曲線によりおこなわれるものの加重平均として定式化されてい

---

[9] Lavoie(2006b)，鍋島 (2012) 等を参照。

る。このような特徴を持つモデルは，ケインズ・ヴィクセル・モデルと呼ばれている。ただし，NC マクロ経済学が LM 曲線を排除して金融政策ルールを導入しているのに対して，Asada(1991) 等のケインズ・ヴィクセル・モデルは，金融部門として通常の LM 方程式が導入されている。本書第 10 章は，ケインズ・ヴィクセル・モデルにおいて金融の不安定性を検討した一つの試みである。ケインズ・ヴィクセル・モデルは多くの関心を集めたとは言いがたいが，ヴィクセル的なアプローチは，主流派経済学でも近年多くの関心を集めている[*10]。

3.3 長期における金融不安定性

3.3.1 確信の状態と金融不安定性分析

　ミンスキーは，景気の過熱により経済は多幸症的経済状態（euphoria）となり，ヘッジ金融，投機的金融，ポンツィ金融へと金融構造が脆弱化すると論じている。先にも述べたように，Taylor and O'Connell(1985) は，確信の状態を導入して短期均衡解を導出し，確信の状態の動態を導入して金融の不安定性を検討している。それゆえ，Taylor and O'Connell(1985) は，長期的な金融不安定性を描写していると考えられる。これに対して，不安定な財市場を想定して金融的循環を検討した諸研究は，それよりは短期的な金融の不安定性，循環であると考えることもできる。

　Taylor and O'Connell(1985) では経済の循環は検討されていないが，二宮・得田 (2011)，Ninomiya and Tokuda(2012) では，「確信の不安定性」という概念を導入することで，経済の構造と循環を検討している。また，確信の不安定性を定量化し，構造 VAR モデルを適用することで，経済の構造変化を実証的に示している。二宮・得田 (2011) で提示された基本モデルは，以下のよう

[*10] 詳細は，鍋島 (2012) を参照。

3.3 長期における金融不安定性 67

なものである。まず，(3.17)〜(3.20) が，

$$C = cY + C_0, \quad 0 < c < 1, \quad C_0 > 0, \tag{3.17$'$}$$

$$I = I(Y, i, \rho) + I_0, \quad I_Y > 0, \quad I_i < 0, \quad I_\rho > 0, \tag{3.18$'$}$$

$$M^d = L(Y, i), \quad L_Y > 0, \quad L_i < 0, \tag{3.19$'$}$$

$$M = \mu(i, \rho)H, \quad \mu_i > 0, \quad \mu_\rho > 0, \tag{3.20$'$}$$

のように修正される。ここで，ρ：経済に対する確信の状態，μ：貨幣乗数，である。他の記号は，(3.17)〜(3.20) と同じである。(3.17$'$)〜(3.20$'$) を (3.14) に代入して利子率 i で解けば，

$$i = i(Y, \rho), \tag{3.47}$$

$$i_Y = -\frac{I_Y - s + L_Y}{I_i + L_i - \mu_i H} \gtreqless 0, \quad i_\rho = -\frac{I_\rho - \mu_\rho H}{I_i + L_i - \mu_i H} \gtreqless 0,$$

が得られる。つまり，利子率は債券市場で決定されると考えている。(3.47) は，確信の状態 ρ が高まる時，利子率 i が下落する可能性があることを示している。これは，経済の金融構造を表している。(3.47) を考慮すれば，所得 Y と確信の状態 ρ の動態は，

$$\dot{Y} = \alpha \left[cY + C_0 + I(Y, \rho, i(Y, \rho)) - Y \right], \tag{S_b.3.1}$$

$$\dot{\rho} = \beta[v(Y, i(Y, \rho)) - \bar{v}], \quad v_Y > 0, \quad v_i < 0, \tag{S_b.3.2}$$

と定式化される。ここで，v は経済の状態を表す変数であり，$\bar{v}$ は平均的な経済の状態を表している。β は確信の不安定性である。つまり，所得 Y の上昇，利子率 i の下落が同時に発生するような多幸症的経済状態においては，経済に対する確信の状態がさらに高まるということである。そして，β が大きければ，その程度がさらに高まるということである。

二宮・得田 (2011) では，動学体系 (S_b.3) において Hopf の分岐定理を適用して経済の循環を論じているが，その特徴は，経済の循環が財市場が安定的である場合に発生し，確信の不安定性を表すパラメーター β が分岐パラメーターである，という点にある。カルドア型循環モデルや，それを適用して金融的循環を論じた諸研究は，財市場が不安定であることを仮定している。つまり，二宮・得田 (2011) の循環は，より長期的な循環を表していると言うことができる。

Ninomiya and Tokuda(2012) では，二宮・得田 (2011) を開放体系に拡張し，韓国経済を対象とした実証分析をおこなっている。また，本書第 4 章では，二宮・得田 (2011) のモデルに有利子負債の動態を導入した議論を展開している。

3.3.2 カレツキアン・モデルと負債

先に概観したように，カレツキアン・モデルは主として所得分配と経済成長との関係に焦点を当てたものであった。しかしながら，ミンスキーの金融不安定性仮説の影響を強く受けて，利払いや不労所得者（rentiers）への所得分配が経済成長に及ぼす関係にも関心が広がり，負債荷重型成長と負債主導型成長の検討へと議論が展開されている。そのベンチマーク・モデルは，Lavoie(1995)や Hein(2007) である。Lavoie(1995) は，企業の内部留保，株主への配当，利払い等を考慮し，外生的に与えられた利子率が利潤率，負債比率に及ぼす影響を検討している。ここでは，Hein(2007) を簡潔に概観しよう。

まず，利潤率 r は，

$$r = \frac{\Pi}{pY} \frac{Y}{Y^*} \frac{Y^*}{K} = hu\frac{1}{v},　\qquad (3.48)$$

である。ここで，Π：利潤，p：物価，K：資本ストック，Y：実質産出，Y^*：潜在的実質産出，$h \, (= \Pi/pK)$：利潤分配率（利潤シェア），$u \, (= Y/Y^*)$：稼働率，$v \, (= K/Y^*)$：資本・潜在的産出比率，である。

Hein(2007) は，資本ストック K 当たりの貯蓄（$\sigma = S/pK$），投資（$g = I/K$）をそれぞれ，

$$\sigma = \frac{S}{pK} = \frac{\Pi - Z + S_Z}{pK} = h\frac{u}{v} - i\lambda(1 - s_Z), \quad 0 < s_Z \leqq 1, \qquad (3.49)$$

$$g = \frac{I}{K} = \alpha + \beta u + \tau h - \theta\lambda i, \quad \alpha, \beta, \tau, \theta > 0, \quad g > 0 \quad \text{for} \quad r - i > 0, \qquad (3.50)$$

と定式化する。ここで，$\lambda \, (= B/pK)$：資本ストック当たりの負債（B），i：利子率，$Z \, (= iB)$：不労所得者の所得，S_Z：利子所得からの貯蓄，s_Z：利払いに対する貯蓄性向，である。(3.49) は，貯蓄 S が内部留保（$\Pi - Z$）に利子所得からの貯蓄（S_Z）を加えたものであることを示している。Hein(2007) で

は，利子率 i は水平主義（内生的貨幣供給理論）に従い所与であると想定されている。また，蓄積率 g は，利潤分配率 h の増加関数，有利子負債 λi の減少関数であると定式化されている。

(3.49)(3.50) より，短期均衡の稼働率 u^*，蓄積率 g^*，

$$u^* = \frac{\lambda i(1 - s_Z - \theta) + \alpha + \tau h}{(h/v) - \beta}, \tag{3.51}$$

$$g^* = \frac{\lambda i[\beta(1 - s_Z) - \theta(h/v)] + (h/v)(\alpha + \tau h)}{(h/v) - \beta}, \tag{3.52}$$

が得られる。

Hein(2007) は，利潤シェア h が利子率 i に依存すると想定している。つまり，

$$h = h(i), \quad h_i \geqq 0, \tag{3.53}$$

である。例えば，利子弾力的マーク・アップ率（$h_i > 0$）のケースは，利子率 i の上昇がマーク・アップ率を上昇，物価を上昇させて，実質賃金が低下する（名目賃金一定）というものである。この条件のもと，利子率の変化は，利潤と賃金の所得分配に影響を与える。この場合，利子率の上昇は，マーク・アップ率の上昇により所得分配を変化させ，稼働率，蓄積率に正のインパクトを与えることが示されている。これは，負債主導型経済と呼ばれている。

長期は，$\lambda = B/pK$（ただし，p は一定）より，

$$\hat{\lambda} = \hat{B} - g, \tag{3.54}$$

であり，負債 B の増加が不労所得者の貯蓄と等しいと考えれば，$\hat{B}$ は，

$$\hat{B} = s_Z i, \tag{3.55}$$

と定式化される。(3.52)(3.54)(3.55) より λ の動態（$\hat{\lambda}$）が得られ，$\hat{\lambda} = 0$ より長期均衡の負債・資本比率 λ^*，

$$\lambda^* = \frac{s_Z i[(h/v) - \beta] - (h/v)(\alpha + \tau h)}{i[\beta(1 - s_Z) - \theta(h/v)]}, \tag{3.56}$$

が得られる。長期均衡は，不労所得者の貯蓄性向が小さい場合，投資決定が負債・資本比率の変化に対して非弾力的である場合，等で安定となる。逆の場合

には不安定となるが，例えば，負債・資本比率の上昇が蓄積率を抑制するため，資本ストックの減少によりさらに負債・資本比率が上昇するというメカニズムである。つまり，負債荷重型経済の場合，長期的に不安定になるということである。

佐々木 (2011b) は，Hein(2007) の (3.53) の定式化について，利潤分配率が外生的に与えられる利子率に依存するということは，所得分配が内生的に決定されるモデルではないと批判している。さらに，長期均衡が安定となるのは，短期均衡が負債主導型の場合のみであるという点も問題視している。佐々木 (2011b) は，インフレーションのコンフリクト理論，雇用率の動態等を導入することで，雇用率 e と負債・資本比率 l の長期の動学体系を検討し，負債荷重型の場合においても長期均衡が安定となりうることを示している。

この他，カレツキアン・モデルの枠組みで金融不安定性を検討しているものとして，Charles(2008)，Lima and Meirelles(2007) 等がある。Charles(2008) は，不労所得者と内部留保の関係から，金融の不安定性を論じている。Charles(2008) では，内部留保率 s_f が内生化され，負債・資本比率 d に依存すると定式化されている。Lima and Meirelles(2007) は，市中銀行のマーク・アップ率 h が稼働率 u に応じて変化すると定式化している。つまり，定式化は異なるものの，Ninomiya(2007) と同様に，金融不安定性の要因として市中銀行の行動を重視している。

以上のように，近年，カレツキアン・モデルに負債等の金融的側面を導入する試みは活発におこなわれている[*11]。先にも述べたように，カレツキアン・モデルは，有効需要が短期的のみならず長期的にも産出量や成長率に影響するということを主張している。負債・資本比率といった金融的側面も，主として貯蓄や投資といった財市場に影響しており，金融市場は考慮されていないものが多い。Hein(2007)，Charles(2008)，佐々木 (2011b) 等，多くのカレツキアン・モデルでは，水平主義（内生的貨幣供給理論）に基づき，利子率を外生としている。他方，Lima and Meirelles(2007) は，市中銀行のマーク・アップ率が経済活動により変化し，名目利子率に影響すると定式化している。大野 (2011)

[*11] この他，Sasaki and Fujita(2012)，Nishi(2012) 等がある。

は，総資本ストックの増加が名目利子率を上昇させると定式化し，利子率が内生化された議論を展開している。ただし，大野 (2011) は金融の不安定性を検討したものではなく，貨幣市場の需給で利子率が決定されている。また，それらのモデルでは，短期および長期においても，循環という視点は重視されていない。

3.3.3 ストック・フロー・コンシステント・モデルと金融の不安定性

SFC モデルは，パラメーターの値によって，負債主導型経済と負債荷重型経済の可能性を示している。その意味でも，SFC モデルはミンスキー的な要素を多く含んでいる。最近，SFC モデルのアイディアを導入した興味深い議論が展開されている。先にも述べたように，Nakatani and Skott(2007) は，産出・拡張関数をハロッディアン・モデルに導入することによって，1960 年代の日本の高度経済成長と 90 年代以降の長期低迷を説明している。Nakatani and Skott(2007) は金融的側面を考慮していないが，Ryoo(2013) は Lima and Meirelles(2007)，SFC モデルのアイディアをハロッディアン・モデルに導入し，長期波動と金融の不安定性，循環の関係を論じている。

Ryoo(2013) は，企業の資本ストック当たりの借入 m $(= M/pK)$ の動態を，

$$\dot{m} = \tau(\theta, \rho^b), \quad \tau_\theta > 0, \quad \tau_{\rho^b} > 0, \tag{3.57}$$

と定式化している。ここで，M：借入（貸付），p：物価，K：資本ストック，である。θ は利払いに対する利潤の比率であり，

$$\theta = \frac{\Pi}{rM} = \frac{\Pi/(pK)}{rM/(pK)} = \frac{\rho^f}{rm} \tag{3.58}$$

である。ここで，Π：企業の利潤，r：貸付利子率，ρ^f：企業の利潤率，である。ρ^b は市中銀行の収益率であり，

$$\rho^b = \frac{rm - r^d d}{\varepsilon} = (r - r^d)\frac{m}{\varepsilon} + r^d, \tag{3.59}$$

である。ここで，r^d は預金利子率，d $(= D/pK)$ は資本ストック当たりの預金 (D) である。ε $(= (M - D)/pK)$ は銀行資本，である。(3.58)(3.59) を (3.57)

に代入すれば,

$$\dot{m} = \tau \left[\frac{\rho^f(m,\varepsilon)}{rm}, (r-r^d)\frac{m}{\varepsilon} + r^d \right], \tag{3.60}$$

が得られる。ε の動態は,市中銀行のバランス・シートより,

$$\dot{\varepsilon} = s^b[(r-r^d)m + r^d\varepsilon] - \bar{g}\varepsilon, \tag{3.61}$$

と定式化される。ここで,s^b は市中銀行の内部留保率,$\bar{g}$ は長期平均蓄積率であり一定が仮定される。短期の動学体系は (3.60)(3.61) で構成され,m と ε の循環運動が発生することが論じられている。

Ryoo(2013) の貢献は,この循環をハロッディアン・モデルに導入して,循環を伴う長期波動を論じている点にある。まず,資本ストック K の動態が,

$$\hat{K} = g = \phi(u), \quad \phi' > 0, \tag{3.62}$$

と仮定される。ここで,u:稼働率,である。また,財市場の均衡により利潤シェア,

$$\pi = \pi(u,m,e), \quad \pi_u > 0, \quad \pi_m > 0, \quad \pi_e < 0, \tag{3.63}$$

が導出される。ここで,e:雇用率,である。(3.62)(3.63) と (3.44) を考慮すれば,稼働率 u と雇用率 e の動学体系 $(S_c.3)$,

$$\dot{u} = u[h(\pi(u,m,e),e) - \phi(u)], \tag{S_c.3.1}$$
$$\dot{e} = e[h(\pi(u,m,e),e) - n], \tag{S_c.3.2}$$

が得られる。ここで,n:自然成長率,である。この動学体系は,長期的な動態を表しており,循環運動が導出されている。つまり,長期的な循環の中に短期的な循環が内包されているということである[*12]。

この他の Ryoo(2013) の特徴として,SFC モデルと同様に企業,市中銀行のバランス・シートが考慮されている点,市中銀行の行動が考慮されており,その短期的な循環が議論されている点,等が挙げられる。しかしながら,金融的側面を導入した多くのカレツキアン・モデルと同様,利子率は所与である。

[*12] 同様の試みとして,Ryoo(2010) がある。

3.3.4 ニュー・コンセンサス・マクロ経済学と金融の不安定性

長期と短期のマクロ経済学に金融不安定性の議論を導入した先駆的研究として，浅田 (1999)(2000) 等が挙げられる。浅田 (1999)(2000) は，投資が実質負債残高の減少関数であると仮定し，物価の伸縮的調整が必ずしも潜在的 GDP を回復しないということを示している。浅田 (1999)(2000) は，投資関数が実質負債残高に依存すると定式化している。つまり，物価の下落は実質負債残高を増加させ，投資を抑制する。他方，物価の下落は実質貨幣残高を増加させる。前者は負債効果，後者はケインズ効果と呼ばれている。前者の効果が後者を上回る場合，右上がりの総需要曲線が導出される。この場合，何らかのショックで物価が下落し，潜在的 GDP から乖離した場合，物価と産出が永続的に下落する状態となる。物価の下落は実質負債残高を増加させ，投資を抑制して産出水準は下落する。その結果，物価はさらに下落して，潜在的 GDP を回復することはない。

第 5 章では，浅田 (1999)(2000) の議論をもとに，(3.14) の利子率の決定式，(3.21) および負債効果を導入した金融不安定性の議論を展開している。まず，物価水準一定のもとで (3.21) のような金融の不安定性が説明される。しかしながら，短期均衡が安定である場合，

$$\dot{p} = \gamma[Y^*(p) - \bar{Y}], \quad Y_p^* < 0, \quad \gamma > 0, \tag{3.64}$$

と想定すれば，物価 p の調整により潜在的 GDP（$\bar{Y}$）を回復する。γ は調整パラメーターである。これはヴィクセル的物価調整式であり，総需要曲線が右下がり（$Y_p^* < 0$）となっていることによる。次に，浅田 (1999)(2000) と同様の負債効果が導入される。投資が実質負債残高に依存するという点に加え，貨幣乗数もまた実質負債残高に依存すると定式化される。つまり，

$$\frac{M}{p} = \mu\left(Y, i, \frac{B}{p}\right)\frac{H}{p}, \quad \mu_Y > 0, \quad \mu_i > 0, \quad \mu_{B/p} < 0, \tag{3.65}$$

である。これは，実質負債残高の増加が銀行等の貸し手の貸付を抑制し，貨幣乗数が低下するということを示している。このような定式化により，浅田

(1999)(2000) と同様の右上がりの総需要曲線が導出され，長期的に潜在的GDP が回復されることはないと論じている。実質負債残高の増加による貸付の減少は，利子率の上昇を招き，投資を抑制する。投資の抑制は産出水準を下落させ，物価はさらに下落するということである[*13]。

3.3.5 諸モデルの整理と展望

以上概観したように，長期の概念には様々なものがあるが，諸モデルをいくつかの特徴で大まかに整理すれば，表 3.1 のようにまとめることができる。

まず，「期待」は，Taylor and O'Connell(1985) (TO モデル) 等で定式化された長期期待が考慮されているかという点である（インフレ期待や合理的期待を考慮しているかではない）。「△」は，一般的な特徴とまでは言えないが，考慮されているものもあるという意味である。次に，「B・S」は，経済主体のバランス・シート（予算制約式）が考慮されているかということである。

「利子率」は，採用されている利子論である。「財」は貯蓄・投資説（財市場の均衡），「貨幣」は流動性選好説（貨幣市場の均衡），「債券」は貸付資金説（債券市場の均衡）で利子率が決定されていることを表している。「外生」は水平主義（内生的貨幣供給理論）等に基づき一定であると想定されていること，「T・R」は金融政策ルール（テイラー・ルール）に基づいていることを示している。

「財市場」は，安定または均衡が仮定されているものが「安定」，不安定が仮定されているものが「不安定」である。「循環」は，経済の循環が検討されているか否かである。「活動」は，（長期的な）経済の活動水準が需要，供給のいずれで決定されているかということである。「物価」は，物価あるいはインフレ率の定式化である。「財」は財市場で調整されることを示している。つまり，ヴィクセル的物価調整メカニズムである。「負債等」は，負債の導入に限らず，ミンスキー的な金融不安定性の要素が導入されているか否かである。

例えば，基本的な古典派モデルでは，確信の状態は考慮されていないが，企業の予算制約式のもとで利潤最大化から労働需要曲線が導出されている。そし

[*13] 第 9 章では，負債を考慮した金融不安定性の長期モデルを提示している。ただし，長期において，標準的モデルと異なった安定条件を導いているわけではない。

3.3 長期における金融不安定性

表 3.1 諸モデルの整理

	期待	B・S	利子率	財市場	循環	活動	物価	負債等
古典派モデル	×	○	財	安定	×	供給	数量説	×
IS・LM モデル	×	×	貨幣	安定	×	需要	一定	×
TO モデル	○	×	貨幣	安定	×	需要	一定	○
IS・BB モデル	×	○	債券	安定	×	需要	一定	○
足立 (1994)	○	○	債券	安定	×	需要	一定	○
カルドア型循環モデル	×	×	貨幣	不安定	○	需要	一定	×
KG モデル	△	×	貨幣	不安定	○	需要	フ曲線	○
二宮 (2006a)	×	○	債券	不安定	○	需要	一定	○
カレツキアン・モデル	△	×	外生	安定	×	需要	*	×
SFC モデル	×	○	外生	安定	×	需要	一定	○
NC マクロ経済学	×	×	T・R	安定	×	供給	財	×
Lavoie(2006a)	×	×	T・R	安定	×	需要	財	○
二宮・得田 (2011) 等	○	○	債券	安定	○	需要	一定	○
Hein(2007) 等	△	×	外生	安定	×	需要	一定	○
Ryoo(2013)	×	○	外生	安定	○	需要	一定	○
本書第 6 章等	×	○	債券	安定	×	需供	財	○

*物価水準一定のものと，物価の変動を許容して所得分配（利潤シェア，賃金シェア）が内生的に決定されるものがある。

て，労働市場の均衡により均衡雇用量，均衡産出量が導出され，その均衡産出量に需要が調整される。その調整に重要な役割を果たしているのが，利子率である。つまり，貯蓄（資金の供給）と投資（資金の需要）が利子率によって速やかに調整されるので財市場は均衡し，経済の活動水準は供給側の要因で決定されている。

当然のことながら，モデル分析の制約上，様々要素を考慮することは非常に困難である。それゆえ，ポスト・ケインズ派金融不安定性分析（「負債等」と記載のもの）でも，それぞれに特徴がある。最も重要な相違は，利子率の決定

であろう。カレツキアン・モデルに金融的側面を導入した諸研究では，水平主義（内生的貨幣供給理論）的な考え方により，利子率を一定（外生）としているものが多い。それは，企業や家計などのバランス・シートを考慮した SFC モデルや Ryoo(2013) 等においてもそうである。バランス・シートを考慮したものでは，置塩 (1986) や足立 (1994) 等が，債券市場で利子率が決定されると想定している。貨幣市場（通常の LM 方程式）で利子率が決定されると想定しているものは，バランス・シートが考慮されていない。しかしながら，債券市場で利子率が決定されると定式化しているものでも，ヴィクセル的物価調整を考慮しているものは非常に少ない。近年，Lavoie(2006a) 等，ヴィクセル的物価調整を部分的には受け入れているものもあるが，ポスト・ケインズ派が概念としての自然利子率の存在を否定している影響があるのかもしれない。

　他方，Mankiw(1992) や NC マクロ経済学では，長期においては供給側の要因が経済の活動水準を決定している。これに対して，カレツキアン・モデルにおける長期は，需要側が決定している。供給側が決定している諸モデルは，物価の調整が財市場，つまり，ヴィクセル的物価調整で定式化されているか，貨幣数量説である。ただし，NC マクロ経済学では，利子率が金融政策ルール（テイラー・ルール）により決定されると定式化されている。これに対して，需要側が決定している諸研究の多くは，マーク・アップ原理による物価決定式で，物価水準一定か，フィリップス曲線によりインフレ率が定式化されている。

　さらに，経済の循環を検討した諸研究は，カルドア型循環モデル，ケインズ・グッドウィン・モデル等，財市場の不安定を仮定したものが多い。これに対して，Ryoo(2013) 等はハロッディアン・モデルを，二宮・得田 (2011)，Ninomiya and Tokuda(2012) 等では確信の状態の動態を導入することにより，財市場が安定である場合に循環が発生することを示している。これらの循環は，より長期的な循環（長期波動）を表している。特に，Ryoo(2013) は，短期的な循環と長期波動を統合し，非常に興味深い議論を展開している。

　以上のような諸点を考慮すれば，長期的な金融不安定性を検討する枠組みとして，利子率や物価の調整等にヴィクセル的な要素を（部分的に）導入することは非常に有益であると思われる。金融部門として金融政策ルール（テイラー・ルール）を導入することは，利子論の相違を回避するという点では有益である

が，あくまでも貨幣当局が金融政策ルールを採るということを前提としている。債券市場で利子率が決定されるという定式化は，SFCモデルやヴィクセル的物価調整との整合性が高いと思われる。それらの定式化は，Lavoie(2006a)等の議論や浅田(1999)，本書第2章の議論とも矛盾しない。つまり，ポスト・ケインズ派金融不安定性分析は，ヴィクセル的な定式化と矛盾しないということである。

　他方，ポスト・ケインズ派により採用されているマーク・アップ原理に基づく価格決定式とインフレ率の定式化は，寡占経済においては妥当であると思われる。そのような定式化とヴィクセル的物価調整は，Asada(1991)等のケインズ・ヴィクセル・モデルにおける競争−寡占混合経済の定式化を適用することによって，統一的な議論を展開することができると考えられる。本書第10章は，その一つの試みである。また，ポスト・ケインズ派金融不安定性分析の枠組みで，古典派的な供給面の役割を検討することも可能であると思われる。

　さらに，Ryoo(2013)は，企業，家計のバランス・シートを考慮した議論を展開しており，債券市場における利子率決定等のヴィクセル的な議論との整合性も高いと推察される。また，二宮・得田(2011)，Ninomiya and Tokuda(2012)の議論等にヴィクセル的物価調整等を導入すること，カレツキアン・モデルに債券市場における利子率決定の議論を導入すること等により，長期的な景気の低迷と金融不安定性との関連の考察にも，新たな視点を提供できると思われる。

3.4　おわりに

　本章では，長期という視点とともに，利子率の決定や物価の調整の定式化等についても着目して，ポスト・ケインズ派金融不安定性分析を概観した。そして，それらの諸モデルを整理し，いくつかの観点からその特徴を明らかにした。

　ポスト・ケインズ派は，新古典派とは異なり，長期においても需要が経済の活動水準に影響すると考えている。それゆえ，財政政策や金融政策が長期的にも影響すると考えている。また，カレツキアン・モデルは，水平主義（内生的貨幣供給理論）に基づき，利子率を所与として定式化している。それは，負債等

の金融的な要素を導入したモデルでも同様である。

　他方，ニュー・コンセンサス・マクロ経済学は，ヴィクセル的物価調整，金融政策ルールを導入して，長期的には潜在的 GDP を回復すると主張している。金融部門として金融政策ルール（テイラー・ルール）を導入することは，古典派とケインズ派の利子論の相違を回避するという点では有益であるが，あくまでも貨幣当局が金融政策ルールを採るということを前提としたものである。債券市場で利子率が決定されるという定式化は，ヴィクセル的物価調整，ポスト・ケインズ派により積極的に展開されている SFC モデルとの整合性も高いと考えられる。ポスト・ケインズ派においても，（部分的にせよ）ヴィクセル的物価調整を許容しているものが存在する。

　さらに，近年，短期的な循環と長期波動を統合した議論が提示されている。これらの議論や，カレツキアン・モデルに債券市場における利子率決定，ヴィクセル的物価調整を導入することは，長期的な金融不安定性の検討に，新たな視点を提示することができるのではないかと考えられる。

　ポスト・ケインズ派は，新古典派経済学への対抗意識からか，経済の供給面の役割を軽視しているように思われる。他方，負債効果は，ヴィクセル的物価調整が必ずしも潜在的 GDP を回復するわけではないということを示している。また，ケインズ・ヴィクセル・モデル等，競争−寡占の混合経済を定式化した枠組みも存在する。ヴィクセル的物価調整，利子率決定と，需要面を重視するポスト・ケインズ派金融不安定性分析は対立するものではないというのが，現時点における筆者の見方である。

第4章

負債荷重，確信，金融の不安定性，および循環

4.1　はじめに

　サブプライム危機は，その後も世界経済に暗い影を落としている。先進諸国は極端な金融緩和をおこない，マネーは世界に溢れている。そのような金融緩和にもかかわらず，世界経済の閉塞感は解消されていないように思われる。むしろ，溢れる大量のマネーが世界経済を席巻し，実体経済にも少なからぬ影響を与えていることには疑いの余地はないであろう。

　そのような中，異端の経済学者ミンスキーの金融不安定性仮説は，Krugman(2012) 等，ポスト・ケインズ派以外の経済学者からもその慧眼を称賛されるようになってきている。ミンスキーのアイディアは，以前から非新古典派の経済学者には高く評価されており，様々なアプローチから議論が展開されている。その一つの試みが，Taylor and O'Connell(1985) を嚆矢としたものである。

　Taylor and O'Connell(1985) は，単純なマクロ動学モデルに「確信の状態」の動態を導入し，ミンスキー的な経済の不安定性を検討している。二宮・得田(2011) は，「確信の不安定性」という概念を導入し，1990 年代半ばに日本経済の構造が脆弱化したことを，構造 VAR モデルを適用して実証的に示唆して

いる。そして，経済の金融構造が脆弱である場合，確信の不安定性の高まりが動学体系を不安定化させることを示している。つまり，確信の不安定性の高まりに対しては，経済の金融構造が安定的であることが重要であるということである。

新古典派経済学，新しい古典派は，市場メカニズムに対して非常に高い信頼を置き，それが規制緩和や構造改革といった新自由主義的考え方の基礎となっていたことには疑いの余地はないであろう。それらのモデルの源流となっているラムゼイ・モデルは，財市場の均衡（貯蓄＝投資）が仮定され，動学的最適化の手法が採用されている。つまり，そこには，二宮・得田 (2011) の言う金融構造の脆弱化といった側面は考慮されていない。さらに，貨幣の中立性という古典派モデルの特徴が示すように，経済の実体面と金融面との相互依存関係はほとんど無視されている[*1]。

われわれは，確信の不安定性の高まりに対しても頑健な金融構造を構築することがきわめて重要であると考えている。それは，必ずしも市場経済化によって達成できるものではなく，何がしかの政策や制度的枠組みが必要であるということである。そして，金融構造が安定的であれば，市場メカニズムもまた有効に機能すると思われる。

Taylor and O'Connell(1985) では負債の動態が考慮されていないが，負債の動態は，ミンスキーの言うヘッジ金融から投機的金融，ポンツィ金融へと至る金融構造の脆弱化を捉えるものとして，その後の理論的研究で重視されている。所得分配の観点から利潤主導型成長と賃金主導型成長を強調するカレツキアン・モデルにおいても，負債を導入した試みがおこなわれるようになってきている[*2]。そして，多くの諸研究で，有利子負債が考慮されている[*3]。

有利子負債は，金融構造の脆弱化にきわめて重要な役割を持つと考えられる。第 3 章で述べたように，ポスト・ケインズ派では，主流派に対する代替

[*1] 第 2 章では，新古典派経済学，新しいケインズ派，マルクス経済学の基本的な考え方を検討し，ポスト・ケインズ派金融不安定性分析の射程と可能性を検討した。

[*2] Hein(2007), Sasaki and Fujita(2012) 等。

[*3] 有利子負債を考慮している最近の研究として，二宮 (2005a)(2006a), Asada(2006b), Charles(2008), Ryoo(2010), Sasaki and Fujita(2012), Nishi(2012), 本書第 11 章，第 12 章等がある。

4.1 はじめに

モデルとして，ストック・フロー・コンシステント・モデル（SFC モデル）が，Godley and Lavoie(2007)，Dos Santos and Zezza(2008) 等により精力的に展開されている。その中では企業の有利子負債等が明示的に考慮され，動学的分析が数値シミュレーション等によりおこなわれている。

大野・西 (2011) が指摘するように，SFC モデルは，需要主導型モデルを提起するカレツキアン・モデルと，貨幣・金融的側面を重視するミンスキアン・モデルを，統一的枠組みで議論しようとする試みである。しかしながら，Godley and Lavoie(2007)，Dos Santos and Zezza(2008) 等の方法は，動学的視点はあるものの，基本的に数値シミュレーションによるものであり，経済の循環という観点からは検討されていない。

Ryoo(2010) は，ミンスキーが重視した負債を考慮し，SFC モデルと整合的なマクロ経済モデルを提示している。また，SFC モデルの枠組みとは別に，二宮 (2005a)(2006a) は有利子負債の累積的拡大による経済の不安定性を検討し，利子率を目標とした金融政策（利子率・ターゲット）が経済を安定化させると論じている。しかしながら，Ryoo(2010)，SFC モデルや二宮 (2005a)(2006a) では，確信の不安定性は考慮されていない。

Ninomiya and Tokuda(2017) は，確信の不安定性と有利子負債を考慮した金融不安定性のマクロ動学モデルを構築し，日本のバブル経済とその崩壊後の景気の長期低迷を，構造 VAR モデルで検討している。彼らは，バブル経済期とその後の長期低迷期を通じて，負債の増加（減少）による利子率の下落（上昇）が発生していることを実証的に示唆している。しかしながら，Ninomiya and Tokuda(2017) のモデルは，2 次元の単純なモデルであり，経済の循環等は検討されていない。

本章では，確信の動態等を考慮した，より一般的な金融不安定性のマクロ動学モデルを構築し，有利子負債を考慮した金融の不安定性，金融的循環を検討する。本章の主たる結論は，経済の不安定化には，1) 有利子負債の累積的拡大，2) 金融構造の脆弱性，3) 確信の不安定性，が重要な役割を果たしているということである。逆に言えば，この 3 つの点を回避することが，経済の安定化にとって重要であるということである。

本章の構成は，以下のようなものである。第 4.2 節では，本章の特徴である

利子率の決定と，有利子負債を考慮した負債の動態を検討する。第 4.3 節で
は，有利子負債を考慮したマクロ動学モデル，さらに確信の動態を加えたマク
ロ動学モデルを検討し，経済の不安定性，循環を検討する。第 4.4 節はまとめ
である。

4.2 利子率の決定と有利子負債

　金融の不安定性を検討するうえで，どのような利子率決定式を採用するか
ということは非常に重要である。通常のポスト・ケインズ派のマクロ動学モデ
ルでは，貨幣市場の均衡で利子率が決定される流動性選好説が採用されてい
る[*4]。しかしながら，二宮 (2006a) が指摘するように，流動性選好説では，借
り手の行動が利子率に影響を与えることを記述することができない。それゆ
え，本章では，二宮 (2006a)，本書第 3 章の議論に従い，債券市場の需給均衡，

$$EB = -(EX + EM)$$
$$= -\{(C + I - Y) + (M^d - M^s)\} = 0, \tag{4.1}$$

で決定されると考える[*5]。ここで，EB：債券市場の超過需要，EX：財市場の
超過需要，EM：貨幣市場の超過需要，C：消費，I：投資，Y：所得，M^d：
貨幣需要，M^s：貨幣供給，である。

　われわれは，寡占経済を想定し，物価 p はマーク・アップ原理で決定される
と考える。つまり，

$$p = \frac{(1+\tau)WN}{Y}, \tag{4.2}$$

[*4] Sasaki and Fujita(2012) では，ポスト・ケインズ派の水平主義（内生的貨幣供給理論）に
　基づき，利子率は一定であると定式化されている。

[*5] 置塩 (1986) は，経済主体の予算制約式から (4.1) のようなワルラス法則を導出し，IS・
　BB モデルを提示している。第 1 章で検討したように，(4.1) は貸付資金説で利子率が決定
　されるということを示している。足立 (1994) は，IS・BB モデルに基づき，簡単なミク
　ロ経済学的基礎づけをおこなって金融不安定性を検討している。足立 (1994) は，SFC モ
　デルに先駆けて，企業，銀行の予算制約式や配当や利払い等を考慮した金融不安定性の議論
　を展開している。このことは，特筆すべき点である。
　　以上の点を鑑みれば，(4.1) を利子率決定式として採用することは，金融不安定性を検討
　する枠組みとして有効であると思われる。

4.2 利子率の決定と有利子負債

である。ここで，τ：マーク・アップ率，W：名目賃金率，N：雇用量，である。実質粗利潤 Π，実質賃金所得 H_w は，

$$\Pi = Y - \frac{W}{p}N = \frac{\tau}{1+\tau}Y = \theta Y, \tag{4.3}$$

$$H_w = \frac{WN}{p} = \frac{1}{1+\tau}Y = (1-\theta)Y, \tag{4.4}$$

である。ここで，θ：利潤分配率であり，一定を仮定する[*6]。利潤 Π は，企業の内部留保になると想定する。

消費関数は，実質賃金所得 H_w に関して線形であると仮定すれば，

$$C = cH_w + C_0 = c(1-\theta)Y + C_0, \tag{4.5}$$
$$0 < c < 1, \quad C_0 > 0,$$

が得られる。ここで，c：限界消費性向，C_0：基礎消費，である。利潤分配率 θ の増加は，消費を抑制するということを示している。

投資関数は，

$$I = I(Y, i, B, \rho) + I_0, \tag{4.6}$$
$$I_Y > 0, \quad I_i < 0, \quad I_B < 0, \quad I_\rho > 0,$$

を仮定する。ここで，B：企業の負債，ρ：確信の状態，である。$I_B < 0$ は，負債の増加によって投資が抑制されることを示しているが，これは「借り手のリスク」を表していると考えられる。$I_\rho > 0$ は，確信の状態の高まりにより投資が増加することを示しているが，これはケインズの言うアニマル・スピリッツを表していると考えることもできる。

貨幣需要関数と貨幣供給関数は，それぞれ，

$$M^d = L(Y, i), \tag{4.7}$$
$$L_Y > 0, \quad L_i < 0,$$
$$M^s = \mu(Y, i, B, \rho)\bar{H}, \tag{4.8}$$
$$\mu_Y > 0, \quad \mu_i > 0, \quad \mu_B < 0, \quad \mu_\rho > 0,$$

[*6] 第 6 章では，利潤分配率の動態を考慮したマクロ動学モデルにおいて，所得分配と金融不安定性の関連を検討している。

を仮定する。ここで，μ：貨幣乗数，H：ハイパワードマネー（一定 $H = \bar{H}$），である。$\mu_Y > 0$, $\mu_\rho > 0$ は，それぞれ所得 Y の上昇，確信の状態 ρ が高まることにより市中銀行の貸付が積極化し，貨幣乗数が大きくなることを表している。$\mu_B < 0$ は，企業の負債の増加により市中銀行が貸付に慎重となり，貨幣乗数が低下することを表している。これは，ミンスキーの言う「貸し手のリスク」を表していると考えることができる。

(4.5)〜(4.8) を (4.1) に代入して，利子率で解けば，

$$i = i(Y, B, \rho), \tag{4.9}$$
$$i_Y = -\frac{I_Y - s + L_Y - \mu_Y H}{I_i + L_i - \mu_i H} \gtreqless 0,$$
$$i_B = -\frac{I_B - \mu_B H}{I_i + L_i - \mu_i H} \gtreqless 0,$$
$$i_\rho = -\frac{I_\rho - \mu_\rho H}{I_i + L_i - \mu_i H} \gtreqless 0,$$

が得られる。ここで，i_Y, i_B, i_ρ の符号は全て不確定である。これらの符号は，主として企業等の借り手と市中銀行等の貸し手の行動に依存する。例えば，i_B, i_ρ の符号は，

$$i_B \gtreqless 0 \Longleftrightarrow |I_B| \lesseqgtr |\mu_B| \bar{H}, \quad i_\rho \gtreqless 0 \Longleftrightarrow I_\rho \gtreqless \mu_\rho \bar{H}, \quad \text{（複号同順）}$$

である。i_B の符号は，企業（借り手）の負債 B に対する，投資 I の反応（I_B）と，市中銀行等（貸し手）の貸付の反応（$\mu_B \bar{H}$）の相対的大きさに依存している。つまり，負債 B の増大によって投資 I が大きく抑制され，市中銀行等の貸付の減少が小さい場合に，$i_B < 0$ となる。このような状況は通常起こりそうにないと思われるが，Ninomiya and Tokuda(2017) では，バブル経済とその崩壊後の景気の低迷期において $i_B < 0$ となっていたことを実証的に示唆している[7]。逆に，市中銀行等の貸付が抑制される場合には $i_B > 0$ となる。また，i_B の値も借り手と貸し手の反応の大きさに依存する。つまり，貸付が大きく抑制される場合には，i_B の値は大きくなる。

---

[7] 通常は，$i_B > 0$ が仮定されている（Asada(2006b) 等）。

4.2 利子率の決定と有利子負債

また，i_ρ の符号は，確信の状態 ρ に対する，投資 I の反応（I_ρ）と市中銀行等の貸付の反応（$\mu_\rho \bar{H}$）の相対的大きさに依存している。つまり，市中銀行等の貸付の反応（μ_ρ）が相対的に大きい場合に $i_\rho < 0$ となる[*8]。一般的に，負債 B が上昇する時には，確信の状態 ρ は低下すると考えられる。この場合，市中銀行等の貸し手は貸付に慎重になる。その結果，i_B，i_ρ の符号はともに正となる。しかしながら，負債 B が上昇したとしても，景気が過熱している状況では，むしろ経済に対する確信の状態は高まると考えられる。この時，市中銀行等の貸付が大きく増加すれば $i_\rho < 0$ となる。第 3 章で概観したように，Taylor and O'Connell(1985) は，$i_\rho < 0$ の場合にミンスキー・クライシスが発生すると論じている[*9]。Taylor and O'Connell(1985) は負債を考慮していないが，確信の状態の高まりによる利子率 i の下落は，投資 I を増加させ（投資ブーム），さらに負債 B を増加させて，金融構造は脆弱化すると考えられる。この意味において，i_ρ の符号は，経済の金融構造を表していると考えられる。

i_Y の符号もまた，金融の不安定性に大きく関係している。例えば，$i_Y < 0$ の場合，所得 Y の増加にもかかわらず利子率 i は低下する。利子率 i の低下は投資 I を促進するので，所得 Y はさらに増加する。$i_Y < 0$ の場合の金融の不安定性については，第 13 章等で詳細に検討しているので，本章では $i_Y > 0$ を仮定する。

有利子負債を考慮した負債 B の動態は，

$$\dot{B} = I - \Pi + iB = I - \theta Y + iB, \tag{4.10}$$

と定式化される。つまり，企業は，内部留保（利潤 Π）を投資に振り向け，不足する分に有利子負債の返済分 iB を加えたものを，負債の増加によってファイナンスすると想定する。負債 B や確信の状態 ρ は，有利子負債を通じて負債 B の動態に影響を与える。

[*8] 二宮・得田 (2011) では，1990 年代半ばに i_ρ の符号がプラスからマイナスに変化（金融構造が脆弱化）したことを示唆している。

[*9] 第 3 章で概観したように，Taylor and O'Connell(1985) は，貨幣需要関数を確信の状態 ρ の減少関数であると想定し，$i_\rho < 0$ となる可能性を論じている。本章では，意図的にそのような想定を置いていないが，(4.7) を修正することにより，同様の議論をすることができる。

所得 Y の動態は,

$$\dot{Y} = \alpha(C + I - Y), \tag{4.11}$$

を仮定する。ここで, α は財市場の調整パラメーターである。

4.3 モデル

4.3.1 基本モデル

まず, 経済に対する確信の状態 ρ が一定のケースを検討しよう。

(4.5)(4.6)(4.9)(4.10)(4.11) を整理すれば, 有利子負債を考慮した動学体系 $(S_a.4)$,

$$\dot{Y} = \alpha[c(1-\theta)Y + C_0 + I(Y, i(Y,B), B) + I_0 - Y] \tag{$S_a.4.1$}$$

$$\dot{B} = I(Y, i(Y,B), B) + I_0 - \theta Y + i(Y,B)B \tag{$S_a.4.2$}$$

が得られる。

動学体系 $(S_a.4)$ のヤコビ行列は,

$$\mathbf{J}_a = \begin{pmatrix} f_{11} & f_{12} \\ f_{21} & f_{22} \end{pmatrix}, \tag{4.12}$$

$$f_{11} = \alpha(I_Y + I_i i_Y - s), \quad f_{12} = \alpha(I_B + I_i i_B),$$
$$f_{21} = I_Y + I_i i_Y - \theta + i_Y B, f_{22} = I_B + I_i i_B + i_B B + i, \ s = 1 - c(1-\theta),$$

である。

動学体系 $(S_a.4)$ の特性方程式は,

$$\lambda^2 + a_1\lambda + a_2 = 0, \tag{4.13}$$

であり,

$$a_1 = -f_{11} - f_{22} = -\alpha(I_Y + I_i i_Y - s) - [I_B + (I_i + B)i_B + i], \tag{4.14}$$

$$a_2 = f_{11}f_{22} - f_{12}f_{21} \tag{4.15}$$
$$= \alpha(\theta - 1)(1 - c)(I_B + I_i i_B) + \alpha(I_Y + I_i i_Y - s)i$$
$$+ \alpha[(I_Y - s)i_B - I_B i_Y],$$

である。

ここで, 以下の仮定,

$$I_Y + I_i i_Y - s > 0, \tag{A.4.1}$$

$$-\alpha(I_Y + I_i i_Y - s) - (I_B + i) > 0, \tag{A.4.2}$$

を置く。

仮定 (A.4.1) は, カルドア型循環モデルに通常置かれている仮定である。この仮定は, 所得 Y の変化が投資 I に及ぼす直接効果 (I_Y) と間接効果 ($I_i i_Y$), つまり限界投資性向が, 限界貯蓄性向 (s) を上回るということを意味している。また, 財市場が不安定であることも意味している。本章では, $i_Y > 0$ を仮定しているので, $I_Y - s > 0$ である。$i_Y > 0$ は, 間接効果 ($I_i i_Y$) が財市場を安定化させていることを意味している。つまり, $I_Y - s > 0$ は, 経済の実物的側面が財市場を不安定化させているということである。

仮定 (A.4.2) は, i_B ($i_B < 0$ の場合は, その絶対値) が十分小さい場合には, $a_1 > 0$ となることを意味している[10]。また, $i_B > 0$, あるいは, $i_B < 0$ でその絶対値が十分小さい場合, 仮定 (A.4.1), および $I_Y - s > 0$ より, $a_2 > 0$ である。ゆえに, i_B ($i_B < 0$ の場合は, その絶対値) が十分小さい場合には, 動学体系 ($S_a.4$) は安定となるということである。

われわれは, 1)$i_B > 0$ のケースを中心に検討し, 2)$i_B < 0$ のケースにも若干ふれる。1)$i_B > 0$ の場合には, 以下の命題 4.1 が得られる。

命題 4.1: $i_B > 0$ かつ十分大きい場合, $I_i + B > 0$ ならば動学体系 ($S_a.4$) は局所的に不安定, $I_i + B < 0$ ならば動学体系 ($S_a.4$) は局所的に安定である。

証明: $I_i + B > 0$ ならば, $a_1 < 0$ となる。$i_B > 0$ の場合, $a_2 > 0$ が得られる。ゆえに, この場合, Routh-Hurwitz の条件が満たされない。逆に, $I_i + B < 0$ ならば, $a_1 > 0$ となり, Routh-Hurwitz の条件は満たされる。Q.E.D.

---

[10] 有利子負債を考慮していないカルドア型循環モデルや二宮 (2006a) では, (A.4.1) のみが仮定されている。そして, 財市場の調整パラメーター α を分岐パラメーターとし, Hopf の分岐定理を適用することによって経済の循環を論じている。その循環のメカニズムは, 資本ストックや負債 B が増加することによって投資が抑制され ($I_B < 0$), 景気が反転するというものである。仮定 (A.4.2) は, そのような循環を排除している。

命題 4.1 は，$i_B > 0$ の場合には，動学体系の安定性は $I_i + B$ の符号に依存しているということを示している。ここで，負債 B が増加している局面にあると考えよう。この時，利子率 i は上昇し，有利子負債の荷重は増加して，負債はさらに増加する。負債の増加は利子率を上昇させるので，投資は抑制される。しかしながら，有利子負債の荷重が投資の減少を上回るので，負債はさらに増加することになる。逆に，利子率上昇による投資の減少が有利子負債の増加を上回る場合には，負債は減少するということである。

$$B\uparrow \Rightarrow i\uparrow \Rightarrow iB\uparrow,\ I\downarrow (\Rightarrow Y\downarrow) \Rightarrow I\downarrow < iB\uparrow \Rightarrow B\uparrow\ (不安定)$$
$$B\uparrow \Rightarrow i\uparrow \Rightarrow iB\uparrow,\ I\downarrow (\Rightarrow Y\downarrow) \Rightarrow I\downarrow > iB\uparrow \Rightarrow B\downarrow\ (安定)$$

次に，$i_B > 0$ の場合，α を分岐パラメーターとして，以下の命題 4.2 を証明することができる。

命題 4.2： $I_B + (I_i + B)i_B + i < 0,\quad (I_i + B < 0,\ i_B > 0)$ とする。この時，Hopf 分岐が発生する α の値 α_0 が少なくとも 1 つ存在し，α_0 の近傍のある範囲において，動学体系 $(S_a.4)$ の非定常的な周期解が存在する[11]。

証明： Appendix 4.1

命題 4.2 では，通常のカルドア型循環モデルと同様に，財市場の調整パラメーター α を分岐パラメーターとし，Hopf の分岐定理を適用して，動学体系 $(S_a.4)$ に閉軌道が存在することを示している。この循環の反転のメカニズムは，命題 4.1 の安定化メカニズムと同様のものであり，有利子負債が重要な役割を果たしていると考えられる。

次に，2)$i_B < 0$ の場合を簡潔に検討しよう。先にも述べたように，$i_B < 0$ は，負債の上昇にもかかわらず利子率は下落し，負債の減少にもかかわらず利子率が上昇することを示している。$i_B < 0$ のケースは，Ninomiya and Tokuda(2017) において検討されているが，ここでも不安定の場合について簡潔に概観しよう。

---

[11] Hopf の分岐定理については，Gandolfo(1997) 等，様々な文献で解説されている。Asada(1991)，二宮 (2006a) 等には，その定理についての記述がある。

4.3 モデル **89**

ここで所得 Y が上昇していると想定しよう。この時，利子率 i は上昇するので，有利子負債の荷重は増大し，負債 B はさらに増加する。しかしながら，この場合には利子率 i が下落するので，投資 I はさらに促進され，所得 Y はさらに増加する。

$$Y\uparrow \Rightarrow i\uparrow \Rightarrow iB\uparrow \Rightarrow B\uparrow \Rightarrow i\downarrow \Rightarrow I\uparrow \Rightarrow Y\uparrow（不安定）$$

このようなケースは，負債 B の増加にもかかわらず景気が過熱した，日本のバブル経済期に該当すると考えることもできる。

4.3.2 確信の不安定性と経済の構造

次に，確信の状態 ρ の動態を考慮したモデルを構築しよう。経済の状態を表す変数を ε とし，

$$\varepsilon = \varepsilon(Y, B, i), \quad \varepsilon_Y > 0, \quad \varepsilon_B < 0, \quad \varepsilon_i < 0, \tag{4.16}$$

を想定する。経済の状態を表す変数 ε は，所得 Y の上昇，負債 B の低下，利子率 i の下落により上昇すると考える。

確信の状態 ρ の動態は，

$$\dot{\rho} = \beta[\varepsilon(Y, B, i) - \bar{\varepsilon}], \quad \beta > 0, \tag{4.17}$$

を仮定する[*12]。$\bar{\varepsilon}$ は平均的な経済の状態を表している。(4.17) は，この水準よりも所得 Y が上昇，利子率 i が下落すると，経済に対する確信の状態が高まることを意味している。β は「確信の不安定性」を表すパラメーターであり，確信の状態 ρ がどの程度高まるかを示している。例えば，多幸症的経済状態においては，β が大きくなると考えられる。逆に，経済に対して非常に悲観的になっている場合もまた，β は大きくなる[*13]。

[*12] Taylor and O'Connell(1985) は，確信の状態 ρ の動態を，$\dot{\rho} = -\beta(i - \bar{i})$，と定式化している。ここで，$\bar{i}$ は長期正常利子率，β は調整パラメーター，である。

[*13] 二宮・得田 (2011)，Ninomiya and Tokuda(2017) では，確信の不安定性の定量化を試みているが，それは経済の状況に応じて大きく変化している。

$(4.5)(4.6)(4.9)(4.10)(4.11)(4.17)$ を考慮すれば，所得 Y，負債 B，確信の状態 ρ の動態を考慮した動学体系 $(S_b.4)$，

$$\dot{Y} = \alpha[c(1-\theta)Y + C_0 + I(Y, B, \rho, i(Y, B, \rho)) + I_0 - Y], \quad \alpha > 0, \tag{$S_b.4.1$}$$

$$\dot{B} = I(Y, B, \rho, i(Y, B, \rho)) + I_0 - \theta Y + i(Y, B, \rho)B, \tag{$S_b.4.2$}$$

$$\dot{\rho} = \beta[\varepsilon(Y, B, i(Y, B, \rho)) - \bar{\varepsilon}], \quad \beta > 0, \tag{$S_b.4.3$}$$

が得られる。有利子負債（$i(Y, B, \rho)B$）による負債の変化に焦点を当てるため，われわれはより単純化した以下の動学体系 $(S_c.4)$，

$$\dot{Y} = \alpha[c(1-\theta)Y + C_0 + I(Y, B) + I_0 - Y], \quad \alpha > 0, \tag{$S_c.4.1$}$$

$$\dot{B} = I(Y, B) + I_0 - \theta Y + i(Y, B, \rho)B, \tag{$S_c.4.2$}$$

$$\dot{\rho} = \beta[\varepsilon(Y, B) - \bar{\varepsilon}], \quad \varepsilon_Y > 0, \quad \varepsilon_B < 0, \quad \beta > 0, \tag{$S_c.4.3$}$$

を検討する。動学体系 $(S_b.4)$ と $(S_c.4)$ の相違点は，利子率 i の投資 I，経済の状態を表す変数 ε に対する効果が，動学体系 $(S_c.4)$ では捨象されているということである[14]。

動学体系 $(S_c.4)$ のヤコビ行列は，

$$\mathbf{J}_c = \begin{pmatrix} g_{11} & g_{12} & 0 \\ g_{21} & g_{22} & g_{23} \\ g_{31} & g_{32} & 0 \end{pmatrix}, \tag{4.18}$$

---

[14] 動学体系 $(S_a.4)$ でも検討したように，利子率の変化が投資を通じて直接的に負債に影響する効果は重要である。しかしながら，利子率の変化が投資に影響する効果は，財市場にも直接的に影響するので，分析を複雑化する。動学体系 $(S_c.4)$ の定式化は，有利子負債の変化が負債（残高）に影響し，負債の変化を通じて投資に影響する。つまり，利子率の変化は，間接的に投資に影響するということである。この間接的効果は，企業の財務構造が投資に影響するということに焦点を当てている。

先にも述べたように，負債荷重は，ミンスキーの言うヘッジ金融，投機的金融，ポンツィ金融という金融構造の脆弱化の過程を捉えるものとして定式化されている。しかしながら，多くの研究では，有利子負債が考慮されていない。Nishi(2012) は有利子負債と金融構造との関係を検討した議論を展開しているが，筆者もまた有利子負債と金融不安定性との関連を重視している。動学体系 $(S_c.4)$ の定式化は，有利子負債による効果のみを抽出し，その効果を明確にすることができると思われる。

4.3 モデル

$$g_{11} = \alpha(I_Y - s), \quad g_{12} = \alpha I_B,$$
$$g_{21} = I_Y - \theta, \quad g_{22} = I_B + i_B B + i = I_B + i(\eta + 1), \quad g_{23} = i_\rho B,$$
$$g_{31} = \beta\varepsilon_Y, \quad g_{32} = \beta\varepsilon_B,$$

である。ここで，

$$\eta = \frac{\partial i}{\partial B}\frac{B}{i} \tag{4.19}$$

である。η は負債 B の変化による利子率 i の弾力性（利子率の負債弾力性）を表しており，$i_B \equiv (\partial i/\partial B)$ に一義的に対応している。

さらに，以下の仮定，

$$I_Y - s > 0 \tag{A.4.3}$$
$$-\alpha(I_Y + I_i i_Y - s) - (I_B + i) > 0 \tag{A.4.4}$$

を置く。仮定 (A.4.3) は，先にも述べたように経済の実物的側面が財市場を不安定化させているということを意味している。仮定 (A.4.4) は仮定 (A.4.2) と同様のものであり，η が十分小さい場合，または $\eta < 0$ の場合，動学体系 $(S_c.4)$ は安定となることを意味している。

動学体系 $(S_c.4)$ の特性方程式は，

$$\lambda^3 + b_1\lambda^2 + b_2\lambda + b_3 = 0 \tag{4.20}$$

である。ここで，

$$b_1 = -g_{11} - g_{22} \tag{4.21}$$
$$= -\alpha(I_Y - s) - \{I_B + i(\eta + 1)\},$$

$$b_2 = \begin{vmatrix} g_{22} & g_{23} \\ g_{32} & 0 \end{vmatrix} + \begin{vmatrix} g_{11} & g_{12} \\ g_{21} & g_{22} \end{vmatrix} \tag{4.22}$$
$$= \alpha(-s + \theta)I_B - i_\rho B\beta\varepsilon_B + \alpha(I_Y - s)i(\eta + 1),$$

$$b_3 = -\det \mathbf{J}_c = i_\rho B\alpha\beta[(I_Y - s)\varepsilon_B - I_B\varepsilon_Y], \tag{4.23}$$

が得られる。b_1 は，η が十分小さい場合，仮定より $b_1 > 0$ となる。また，$\eta < 0$ の場合でも，$b_1 > 0$ が得られる。逆に，η が十分大きい場合には $b_1 < 0$ が得られる。ゆえに，利子率の負債弾力性が大きい場合には，経済は不安定になるということである。それゆえ，以下では $\eta > 0$ を仮定し，η が十分小さい場合と大きい場合を検討する。

■ $i_\rho > 0$ かつ β が十分小さい場合

経済の金融構造が安定的（$i_\rho > 0$）で，確信の不安定性 β が十分小さい場合には，以下の命題 4.3 が得られる。

命題 4.3： β, ε_Y が十分小さく，$i_\rho > 0$ の場合，η が十分小さいならば，動学体系 $(S_c.4)$ は局所的に安定である。η が十分大きいならば，体系は不安定である。

証明： β と η がともに小さく，$i_\rho > 0$ の場合，

$$b_2 = \alpha(-s + \theta)I_B + \alpha(I_Y - s)i > 0$$

である。また，

$$b_1 b_2 - b_3 = [-\alpha(I_Y - s) - \{I_B + i(\eta + 1)\}]$$
$$[\alpha(-s + \theta)I_B + \alpha(I_Y - s)i(\eta + 1)] > 0$$

である。β, η が十分小さい場合，$b_2 > 0$, $b_1 b_2 - b_3 > 0$ である。ε_Y が小さく，$i_\rho > 0$ の場合，$b_3 > 0$ である。η が十分小さい場合，$b_1 > 0$ なので，Routh-Hurwitz の条件が満たされる。逆に，η が十分大きい場合，$b_1 < 0$ となり，Routh-Hurwitz の条件は満たされない。Q.E.D.

命題 4.3 は，経済の金融構造が安定的で，確信の不安定性が十分小さい場合，有利子負債の累積的拡大が小さいならば，動学体系 $(S_c.4)$ は安定となることを示している。逆に，有利子負債の累積的拡大が大きいならば，動学体系 $(S_c.4)$ は不安定となる。この不安定化のメカニズムは，基本的に命題 4.1 と同様である。

■ $i_\rho > 0$ かつ β が十分大きい場合

経済の金融構造が安定的（$i_\rho > 0$）で，確信の不安定性 β が大きい場合には，以下の命題 4.4 が得られる。

命題 4.4： $i_\rho > 0$ で，η が十分小さい場合でも，β が十分大きいならば，動学体系 $(S_c.4)$ は不安定となる可能性がある。

証明： $b_1b_2 - b_3$ は，

$$b_1b_2 - b_3 = [(I_B + i)\varepsilon_B + \alpha I_B\varepsilon_Y]i_\rho B\beta + \cdots,$$

である。$i_\rho > 0$，$(I_B + i)\varepsilon_B + \alpha I_B\varepsilon_Y < 0$ の場合，β が十分大きいならば，$b_1b_2 - b_3 < 0$ となる。ゆえに，この場合，Routh-Hurwitz の条件は満たされない。Q.E.D.

命題 4.4 は，経済の金融構造が安定的で，有利子負債の累積的拡大が小さい場合でも，確信の不安定性が大きい時に，動学体系 $(S_c.4)$ は不安定となる可能性があることを示している。例えば，これは ε_B が相対的に小さい場合に発生する。景気の拡大は確信の状態 ρ を上昇させ，利子率 i もまた上昇する。この時，負債 B は増加するが，それにもかかわらず確信の状態 ρ はあまり低下しない。むしろ，景気の拡大により確信の状態 ρ が上昇し，負債 B が増加しつづける状態が発生するかもしれない。

■ $i_\rho < 0$ の場合

経済の金融構造が不安定的 $(i_\rho < 0)$ である場合，以下の命題 4.5 が得られる。

命題 4.5： ε_Y が小さく，$i_\rho < 0$ の場合，β の大きさに関係なく，動学体系 $(S_c.4)$ は不安定である。

証明： ε_Y が小さく，$i_\rho < 0$ の場合，$b_3 < 0$ となり，Routh-Hurwitz の条件は満たされない。Q.E.D.

先にも述べたように，$i_\rho < 0$ は経済の金融構造が脆弱であることを示している。この場合には，経済の確信の不安定性の程度に関係なく，動学体系 $(S_c.4)$ は不安定となることを，命題 4.5 は示している。そのメカニズムは，以下のようなものである。ここで，所得 Y が上昇している局面を考えよう。この時，確信の状態は上昇する。経済の金融構造が脆弱なので，利子率 i は下落し，有利子負債 iB は低下する。その結果，負債 B は低下，投資 I は増加して，経済はさらに過熱するということである。

$$Y\uparrow \Rightarrow \rho\uparrow \Rightarrow i\downarrow \Rightarrow iB\downarrow \Rightarrow B\downarrow \Rightarrow I\uparrow \Rightarrow Y\uparrow \quad (不安定)$$

■経済の循環

さらに，Hopf の分岐定理を適用して，以下の命題 4.6 を証明することができる。

命題 4.6： $i_\rho > 0$，$\{I_B + i(\eta + 1)\}\varepsilon_B + \alpha I_B \varepsilon_Y < 0$ で，η は十分小さいとする。この時，Hopf 分岐が発生する β の値 β_0 が少なくとも 1 つ存在し，β_0 の近傍のある範囲において，動学体系 $(S_c.4)$ の非定常的な周期解が存在する。

証明： Appendix 4.2

命題 4.6 は，一つの金融的循環を示している。この循環のメカニズムは，以下のようなものである。ここで，経済は景気の上昇局面にあると想定しよう。この時，経済の確信の状態 ρ は高まり，利子率 i は上昇する。有利子負債 iB は増加，負債 B は増加し，その結果，投資 I は抑制されて景気は反転するということである。

$$Y \uparrow \Rightarrow \rho \uparrow \Rightarrow i \uparrow \Rightarrow iB \uparrow \Rightarrow B \uparrow \Rightarrow I \downarrow \Rightarrow Y \downarrow$$

この循環は，経済の金融構造が安定的（$i_\rho > 0$）である場合に発生している。この循環の過程で金融構造が変化した場合（$i_\rho < 0$），命題 4.5 が示すように，経済は不安定化すると考えられる。

4.4　おわりに

本章では，確信の動態等を考慮した，より一般的な金融不安定性のマクロ動学モデルを構築し，有利子負債を考慮した金融の不安定性，金融的循環を検討した。その主たる結論は，以下のようなものである。

有利子負債を考慮した基本動学体系 $(S_a.4)$ において，

1. $i_B > 0$ の場合には，動学体系 $(S_a.4)$ の安定性は $I_i + B$ の符号に依存する。$i_B < 0$ の場合にも，不安定となる可能性がある。

4.4 おわりに

2. $i_B > 0$ の場合，通常のカルドア型循環モデルと同様に，財市場の調整パラメーター α を分岐パラメーターとして閉軌道が存在する（ただし，この景気の反転には，有利子負債が重要な役割を果たしている）。

確信の状態の動態を考慮した動学体系 $(S_c.4)$ において，

1. 経済の金融構造が安定的（$i_\rho > 0$）で，確信の不安定性が十分小さい場合，有利子負債の累積的拡大が小さいならば，動学体系 $(S_c.4)$ は安定となる。逆に，有利子負債の累積的拡大が大きいならば，動学体系 $(S_c.4)$ は不安定となる。

2. 経済の金融構造が安定的（$i_\rho > 0$）で，有利子負債の累積的拡大が小さい場合でも，確信の不安定性が大きいならば，動学体系 $(S_c.4)$ は不安定となる可能性がある。

3. 経済の金融構造が脆弱である場合（$i_\rho < 0$）には，経済の確信の不安定性の程度に関係なく，動学体系 $(S_c.4)$ は不安定となる。

4. 経済の金融構造が安定的（$i_\rho > 0$）である場合，確信の不安定性を表すパラメーター β を分岐パラメーターとして閉軌道が存在する。

本章で得られた結論は，経済の不安定化には，1) 有利子負債の累積的拡大，2) 金融構造の脆弱性，3) 確信の不安定性，が重要な役割を果たしていることを示唆している。逆に言えば，この3つの点を回避することが，経済の安定化にとって重要であるということである。また，経済の循環には，有利子負債や確信の不安定性が重要な役割を果たしている。

もちろん，経済の安定化は市場経済化によって達成できるものではなく，何がしかの政策，制度的枠組みが必要である。ミンスキーは，金融不安定性を回避するために，中央銀行の「最後の貸し手」としての役割を重視している。確かに，金融の不安定性が発生してしまった場合には，中央銀行の最後の貸し手としての役割や国際協調は必要不可欠なものであろう。しかしながら他方で，過度の金融緩和や財政支出の拡大等が，重篤な副作用をもたらす可能性も否定しがたい。吉川 (2012) が指摘するように，シュムペーター（J. A. Schumpeter）は，金融市場の安定を維持するための制度を構築することを強調

している（Schumpeter(1939)）[15]。

最後に，今後の検討課題を述べる。近年のカレツキアン・モデルでは，ミンスキーが重視する負債の動態が考慮され，利潤主導型経済，賃金主導型経済といった所得分配の観点が検討されている。本章で検討した確信の不安定性，経済の金融構造等をカレツキアン・モデルに導入する試みは，興味深い拡張である。また，ポスト・ケインズ派で積極的に検討がおこなわれている金融化に関連し，金融資産の蓄積を考慮することも重要である。さらに，経済の金融的な不安定化を回避するための政策，制度的な枠組みを検討することも，必要不可欠である。

Appendix 4.1 命題 4.2 の証明

2 変数の特性方程式 $\lambda^2 + a_1\lambda + a_2 = 0$ が，1 組の純虚根 $\pm hi$（ここの i は $i = \sqrt{-1}$，$h \neq 0$）を持つための必要十分条件は，$a_1 = 0$，$a_2 > 0$ が同時に成立することである。この時，特性根は，λ_1，$\lambda_2 = \pm\sqrt{a_2}i$ である。ゆえに，Hopf の分岐定理の一つの条件は，$a_1 = 0$，$a_2 > 0$ と同値である。

動学体系 $(S_a.4)$ の特性方程式 (4.13) は，$\alpha = \alpha_0$ の時，$a_1(= -\mathrm{trace}\,\mathbf{J}_a) = 0$ である。この時，$a_1 = 0$，$a_2 > 0$ を同時に満たし，1 組の純虚根を持つことが言える。

さらに，特性根が複素数になる α の範囲では，$\mathrm{Re}\lambda(\alpha) = \mathrm{trace}\,\mathbf{J}_a/2$ である。$\mathrm{Re}\lambda(\alpha)$ は $\lambda(\alpha)$ の実数部分である。(4.14) より，

$$\left.\frac{d(\mathrm{Re}\lambda(\alpha))}{d\alpha}\right|_{\alpha=\alpha_0} = \frac{I_Y + I_i i_Y - s}{2} \neq 0$$

---

[15] 何がしかの政策，制度的枠組みが必要であることは，サブプライム危機の発生が証明していると考えることもできる。

例えば，利子率を目標とした金融政策（利子率・ターゲット）は，金融不安定性を回避するのに有効であろう（二宮 (2005a)(2006a)）。第 10 章で示すように，インフレ・ターゲットも有効な金融政策であると思われる。また，現行の預金保険制度は有効な制度的枠組みであると思われるが，政策金融の役割もまた重要であろう。例えば，郵貯資金を民間市場へ還流させる制度的枠組みは，金融仲介機関の機能不全を補完することができるかもしれない（第 12 章を参照）。

である。ゆえに，$\alpha = \alpha_0$ の時，Hopf の分岐定理を適用するための全ての条件
が満たされている。Q.E.D.

Appendix 4.2　命題 4.6 の証明

$i_\rho > 0$, $\{I_B + i(\eta + 1)\}\varepsilon_B + \alpha I_B \varepsilon_Y < 0$ で，η が十分小さいとする。命題
4.4 の証明により，$i_\rho > 0$, $(I_B + i)\varepsilon_B + \alpha I_B \varepsilon_Y < 0$ の場合，β が十分大きい
ならば，$b_1 b_2 - b_3 < 0$ となる。また，命題 4.3 の証明により，β が十分小さい
場合，$b_1 b_2 - b_3 > 0$ である。

ゆえに，β が十分大きくなれば（$\beta \to \infty$），$b_1 b_2 - b_3 < 0$ となり，逆に，十
分小さくなれば（$\beta \to 0$），$b_1 b_2 - b_3 > 0$ となる。$b_1 b_2 - b_3$ は β の滑らかな
連続関数だから，$b_1 b_2 - b_3 = 0$, かつ $\partial(b_1 b_2 - b_3)/\partial\beta|_{\beta=\beta_0} \neq 0$ となるような
β の値 β_0 が，少なくとも 1 つ存在する。また，$i_\rho > 0$ の場合，$b_2 > 0$ である。

3 変数の特性方程式 $\lambda^3 + b_1\lambda^2 + b_2\lambda + b_3 = 0$ が 1 組の純虚根 $\pm hi$ ($i = \sqrt{-1}$,
$h \neq 0$) を持つための必要十分条件は，$b_2 > 0$, および $b_1 b_2 - b_3 = 0$ が同時に
成立することである。この時，特性根 λ は具体的に，$\lambda = -b_1$, $\pm\sqrt{b_2}i$ と表
される。ゆえに，Hopf の分岐定理の一つの条件は，$b_2 > 0$, $b_1 b_2 - b_3 = 0$ が
同時に成立することと同値である[16]。そして，動学体系 ($S_c.4$) の特性方程式
(4.20) は，$\beta = \beta_0$ で 1 組の純虚根 $\lambda_1 = \sqrt{b_2}i$, $\lambda_2 = -\sqrt{b_2}i$ を持つ。

Orlando の公式より，

$$b_1 b_2 - b_3 = -(\lambda_1 + \lambda_2)(\lambda_2 + \lambda_3)(\lambda_3 + \lambda_1) = -2h_1(\lambda_3^2 + 2h_1\lambda_3 + h_1^2 + h_2^2)$$

である。ここで，h_1 は複素根 λ の実部，h_2 は虚部の絶対値である。これを β
で微分すれば，

$$
\frac{\partial(b_1 b_2 - b_3)}{\partial\beta} = -2\left[\frac{\partial h_1}{\partial\beta}(\lambda_3^2 + 2h_1\lambda_3 + h_1^2 + h_2^2) \right.
$$
$$
\left. + h_1\frac{\partial(\lambda_3^2 + 2h_1\lambda_3 + h_1^2 + h_2^2)}{\partial\beta}\right]
$$

---

[16] 証明は Asada(1995) を参照。

となる。これに，$h_1 = 0$，$h_2 = h$ を代入すれば，

$$\left.\frac{\partial(b_1 b_2 - b_3)}{\partial \beta}\right|_{\beta=\beta_0} = -2(\lambda_3^2 + h^2)\left[\left.\frac{\partial h_1}{\partial \beta}\right|_{\beta=\beta_0}\right]$$

が得られる。ゆえに，

$$\left.\frac{\partial(b_1 b_2 - b_3)}{\partial \beta}\right|_{\beta=\beta_0} \neq 0$$

ならば，

$$\left.\frac{\partial h_1}{\partial \beta}\right|_{\beta=\beta_0} \neq 0$$

である。よって，$\beta = \beta_0$ で，Hopf の分岐定理を適用するための全ての条件が満たされている。Q.E.D.

第 5 章

「長期」と「短期」のマクロ経済モデルと金融の不安定性

5.1 はじめに

　マクロ経済学には，その市場観に基づき，古典派経済学とケインズ経済学の2つの潮流が存在する。その2つの学派は 1970 年代以降鋭く対立するようになり，新古典派経済学は，財政政策，金融政策といった総需要管理政策の有効性を否定するのみならず，ミクロ経済学的基礎づけを持たない $IS \cdot LM$ モデルに象徴されるケインズ経済学の理論的枠組みさえも否定する議論を展開する。

　このような中，ポスト・ケインズ派の系譜に属するミンスキーは，ケインズ理論を再評価し，資本主義経済に内在する複雑な金融構造が経済の循環，不安定性を引き起こすことを強調する金融不安定性仮説を提唱した。金融不安定性仮説は，非新古典派の経済学者に多大な影響を与え，様々な形で議論が展開されている[1]。しかしながら，ミンスキーの金融不安定性仮説とそれを受けた諸研究は，日本のバブル経済，アジアの通貨危機等，金融的要因によると思われる経済の不安定性が頻発したにもかかわらず，軽視されつづけた異端の学説で

---

[1] 二宮 (2006a)，本書第 3 章を参照。

100 第5章 「長期」と「短期」のマクロ経済モデルと金融の不安定性

あった[*2]。

これとは別に，2つの学派を統合しようとする試みが，Mankiw(1992) により提示される。つまり，価格が硬直的な「短期」ではケインズ経済学を，伸縮的な「長期」では新古典派経済学の議論を適用しようというものである。また，Romer(2000)，Taylor(2004)，Taylor and Dalziel(2002) 等は，時間的視野という観点は維持しつつ，1990年以降，ニュージーランド等の諸国で採用されているインフレ・ターゲットに基づくマクロ経済モデルを提示している[*3]。

構造的に異なる2つの学派を統一的な枠組みの中で議論するためには，それぞれモデルを再解釈する必要がある。市場メカニズムに対する信頼性の相違ということ以外にも，古典派は貯蓄・投資説，ケインズ派は流動性選好説というように，両派は異なった利子論を採用している。Mankiw(1992) は，IS 曲線を貸付資金説的に，LM 曲線を貨幣数量説的に再解釈することによって両派の融合を図っている。また，Romer(2000)，Taylor(2004) 等は，LM 曲線を排除し，貨幣当局が長期的には実質利子率を決定するというモデルを提示して，古典派とケインズ派の利子論の相違という問題を捨象した議論を展開している[*4]。

他方，Rose(1969)，置塩 (1986) 等は貸付資金説に基づくマクロ経済モデルを提示し，Bernanke and Blinder(1988) は，銀行信用を重視したクレジット・ビューに基づくマクロ経済モデルを提示している[*5]。そして，本書第13

[*2] サブプライム危機に直面し，ミンスキーの金融不安定性仮説はウォール街においても注目を浴びている。この点については，序章を参照。

[*3] Malinvaud(1985) 等は，短期においては価格や賃金が固定的であり，財市場や労働市場では供給と需要の小さいほうで取引がなされるというショートサイド原則による不均衡マクロモデルを提示している。足立 (1994) は，Malinvaud(1985) 等のアプローチに基づき，一部の例外を除きワルラス的均衡が長期においても達成されないことを示している。しかしながら，足立 (1994) 等では金融的側面が全く考慮されていない。

[*4] LM 曲線を排除したモデルは，2つの学派の間に横たわる利子論の相違という問題を棚上げにし，Romer(2000) が指摘するように，導入教育における無用な混乱を回避するという意味においてはきわめて有効であると考えられる。Romer(2000) 等は，金融政策ルール，インフレ調整線という概念を導入し，単純なマクロ経済モデルにおいてインフレ・ターゲットの効果を簡明に説明している。しかしながら，そのモデルはインフレ・ターゲットという金融政策が採られることが前提となっており，資本主義経済本来の性質を説明するものではない。この点に関する詳細な議論は，本書第1章を参照。

[*5] 古典派モデルと $IS \cdot LM$ モデルは，ともにマネー・ビューと呼ばれている。古川 (1995)

章等では，貸付資金説に基づくマクロ動学モデルにおいて，金融の不安定性を検討している。しかしながら，第13章のモデルでは，Mankiw(1992) やRomer(2000) 等のような，「長期」と「短期」といった時間的視野は考えられていない。これに対して，Asada(2008) は，古典派的な性質を持つ物価の変動を許容したケインジアンのマクロ動学モデルを提示している。しかしながら，Asada(2008) では，金融の不安定性に関する議論は展開されていない[6]。また，本書第9章では，物価の動態とミンスキーが重視した負債は考慮されているが，長期に焦点が当てられており，長期均衡への収束という点は十分に検討されていない。

本章の主たる目的は，「長期」と「短期」という時間的視野の枠組みは維持しつつ，その枠組みの中で金融の不安定性の議論を展開することにある。そして，その中で，ポスト・ケインズ派の金融の不安定性，金融危機分析の評価をおこなうとともに，新古典派経済学を含むマクロ経済学の中にその議論を位置づけることにある。

本章の構成は，以下のようなものである。第5.2節では，「長期」と「短期」といった時間的視野を考慮した単純な貸付資金説のマクロ動学モデルを構築し，金融の不安定性を議論する。第5.3節では，ミンスキーが重視した負債効果を導入した議論を展開する。第5.4節はまとめである。

5.2 モデル

本節では，「長期」と「短期」といった時間的視野を考慮した単純な貸付資金説のマクロ動学モデルを構築し，金融の不安定性を検討する。まず，短期均衡について検討しよう。短期においては，価格は硬直的であるため，財市場にお

は，クレジット・ビューに関する展望論文である。また，足立(2000) はBernanke and Blinder モデルのミクロ経済学的基礎づけを与える議論を展開している。また，小川・北坂(1998) は，同様のモデルによってバブル経済期の日本経済を分析している。

[6] Asada(2008) では，林(2003) 等に対する反論がおこなわれている。Stein(1971) は，貸付資金説に基づくマクロ経済モデルに基づき，マネタリストとケインズ経済学の統合を試みている。Stein(1971) 等のアプローチは，Asada(1991) 等において，ケインズ・ヴィクセル・モデルとして展開されている。

102 第 5 章 「長期」と「短期」のマクロ経済モデルと金融の不安定性

ける不均衡の調整は数量調整がおこなわれると考える。また，利子率は貸付資金説に基づき，債券市場において調整されると想定する。

EX：財市場の超過需要，EB：債券市場の超過需要，EM：貨幣市場の超過需要，とすれば，ワルラス法則は，

$$EX + EB + EM = 0, \tag{5.1}$$

と定式化される。ゆえに，

$$EB = -(EX + EM) = -[(C + I + G - Y) + \{L - (M/p)\}], \tag{5.2}$$

である。ここで，C：消費，I：投資，G：政府支出，Y：産出，L：貨幣需要，M：名目貨幣供給，p：物価，である。

以上の想定により，産出，および利子率の動態は，

$$\dot{Y} = \alpha(EX) = \alpha(C + I + G - Y), \quad \alpha > 0, \tag{5.3}$$

$$\dot{i} = \beta(-EB) = \beta[I - \{Y - C - G - L + (M/p)\}], \quad \beta > 0, \tag{5.4}$$

と定式化される[*7]。α，β は，それぞれの調整パラメーターである。

ここで，消費関数，投資関数をそれぞれ，

$$C = C(Y, i), \quad 0 < C_Y < 1, \quad C_i < 0, \tag{5.5}$$

$$I = I(Y, i, K), \quad I_Y > 0, \quad I_i < 0, \quad I_K < 0, \tag{5.6}$$

と仮定する。このような消費関数は異時点間の最適消費から，また投資関数は例えば古典派の投資関数である資本ストック調整原理からも導出することができる。簡単化のため，$|C_i|$，I_Y は十分小さいと仮定し，I_K を無視すれば，

$$C = C(Y), \quad 0 < C_Y < 1, \tag{5.5'}$$

$$I = I(i), \quad I_i < 0, \tag{5.6'}$$

が得られる。

[*7] このような利子率の運動に関する詳細な議論は，置塩 (1986)，本書第 3 章を参照。

さらに，貨幣需要関数，貨幣供給関数をそれぞれ，

$$L = L(Y, i), \quad L_Y \gtreqless 0, \quad L_i < 0, \tag{5.7}$$

$$\frac{M}{p} = \mu(Y, i)\frac{H}{p}, \quad \mu_Y > 0, \quad \mu_i > 0, \tag{5.8}$$

と仮定する。ここで，H：ハイパワードマネー（一定），である。通常の LM 方程式では，$L_Y > 0$ が仮定されている。$L_Y < 0$ となるのは，例えば，産出の下落によりミンスキーの言う「貸し手のリスク」が高まり，貨幣需要が増加するという効果が強い場合である。また，$\mu_Y > 0$ の仮定は，例えば，産出の下落により，市中銀行の貸付が低下し，貨幣乗数が小さくなるということを示している。$L_Y < 0$ の想定は Taylor and O'Connell(1985) に，$\mu_Y > 0$ の仮定は Rose(1969) に類似している[*8]。

$(5.5')(5.6')(5.7)(5.8)$ を $(5.3)(5.4)$ に代入すれば，動学体系 $(S_a.5)$,

$$\dot{Y} = \alpha[C(Y) + I(i) + G - Y], \tag{S_a.5.1}$$

$$\dot{i} = \beta[I(i) - \{Y - C(Y) - G - L(Y, i) + \mu(Y, i)H/\bar{p}\}] \tag{S_a.5.2}$$

が得られる[*9]。物価 p は，短期においては一定である（$p = \bar{p}$）。

動学体系 $(S_a.5)$ のヤコビ行列は，

$$\mathbf{J}_a = \left(\begin{array}{cc} f_{11} & f_{12} \\ f_{21} & f_{22} \end{array} \right), \tag{5.9}$$

$$f_{11} = \alpha[-(1 - C_Y)] = -\alpha S_Y, \quad f_{12} = \alpha I_i,$$
$$f_{21} = \beta[-(1 - C_Y) + (L_Y - \mu_Y H/\bar{p})] = \beta(-S_Y + m_Y),$$
$$f_{22} = \beta[I_i + \{L_i - \mu_i H/\bar{p}\}] = \beta(I_i + m_i) < 0,$$

[*8] この点についての詳細な議論は，二宮（2006a），本書第 13 章を参照。

[*9] 置塩 (1986) は，債券市場で利子率が決定されるマクロ経済モデルを $IS \cdot BB$ モデルと呼んでいる。資本ストック K 等を考慮し，債券市場の調整が速いと考えれば，動学体系，

$$\dot{Y} = \alpha[C(Y) + I(Y, i(Y), K) - Y],$$
$$\dot{K} = I(Y, i(Y), K) - \sigma K,$$

が得られる。ここで，σ：資本減耗率，である。このような動学体系において Hopf の分岐定理を適用して経済の循環を論じ，金融の不安定性を検討したものに，二宮 (2006a) がある。

104　第 5 章　「長期」と「短期」のマクロ経済モデルと金融の不安定性

である。ここで，

$$m_Y = L_Y - \mu_Y H/\bar{p} \gtreqless 0, \tag{5.10}$$

$$m_i = L_i - \mu_i H/\bar{p} < 0, \tag{5.11}$$

である。(5.10)(5.11) は経済の金融的側面を表しているが，例えば，$m_Y < 0$ となるのは，産出 Y の下落により「貸し手のリスク」が高まり，家計が貨幣需要を増加させ，市中銀行が貸付を慎重化させる効果が強い場合である。

動学体系 $(S_a.5)$ の特性方程式は，

$$\lambda^2 + a_1 \lambda + a_2 = 0 \tag{5.12}$$

であり，

$$a_1(= -f_{11} - f_{22}) = \alpha S_Y - \beta(I_i + m_i) > 0, \tag{5.13}$$

$$a_2(= f_{11}f_{22} - f_{12}f_{21}) \tag{5.14}$$

$$= -\alpha S_Y \beta(I_i + m_i) - \alpha(I_i)\beta(-S_Y + m_Y)$$

$$= \alpha\beta(-S_Y m_i - I_i m_Y)$$

である。ゆえに，動学体系の安定性は，a_2 の符号に依存する。ここで，$m_Y > 0$ ならば，$a_1 > 0$，$a_2 > 0$ が得られ，Routh-Hurwitz の条件が満たされている。つまり，動学体系 $(S_a.5)$ は安定となる。しかしながら，$m_Y < 0$ かつその絶対値が大きく，$|I_i|$ が大きいならば，$a_2 < 0$ となり，条件が満たされなくなる。つまり，動学体系は不安定となる。例えば，不況局面において「貸し手のリスク」が高まり，市中銀行の貸付が慎重になれば，産出の低下にもかかわらず利子率が上昇し，投資がさらに抑制される。つまり，経済は不安定化するということである[10]。この場合の経済の不安定性は，短期均衡の不安定性である。

金融不安定性のマクロ経済モデルにおける重要な貢献の一つは，$m_Y < 0$ となる可能性を定式化している点にあると思われる。特に，Taylor and

---

[10] 二宮 (2005b)(2006a) は，このような局面において利子率を目標とした金融政策（利子率・ターゲット）が有効であると論じている。本書第 13 章は，このような観点を開放体系のカルドア型循環モデルに導入して，アジアの通貨危機等の国際的な金融危機に関する若干の考察をおこなったものである。

O'Connell(1985) に先駆けて信用不安定性を論じている Rose(1969) の貢献は
高く評価されるべきであろう。

さらに，短期均衡産出水準 Y^* を導出し，価格の伸縮性が経済を長期産出水
準 $\bar{Y}$（潜在的 GDP）に収束させるか否かを検討しよう。短期均衡解は $\dot{Y} = 0$,
$\dot{i} = 0$ を満たす産出 Y，利子率 i だから，$(S_a.5.1)(S_a.5.2)$ より，

$$Y^* = C(Y^*) + I(i^*) + G, \tag{5.15}$$

$$\mu(Y^*, i^*)\frac{H}{\bar{p}} = L(Y^*, i^*), \tag{5.16}$$

である。(5.15) は IS 曲線，(5.16) は LM 曲線である。そして，(5.15)(5.16)
より，短期均衡産出水準 Y^*,

$$Y^* = Y^*(p, G, H), \quad Y_p^* < 0, \quad Y_G^* > 0, \quad Y_H^* > 0, \tag{5.17}$$

$$\frac{dY^*}{dp} = \frac{1}{\Delta}\frac{I_i \mu H}{p^2} < 0, \quad \frac{dY^*}{dG} = -\frac{1}{\Delta}m_i > 0,$$

$$\frac{dY^*}{dH} = -\frac{1}{\Delta}\frac{\mu}{p}I_i > 0, \quad \Delta = (C_Y - 1)m_i - I_i m_Y > 0,$$

が得られる[11]。つまり，政府支出 G の増加，ハイパワードマネー H の増加
が，産出 Y^* を増加させることが導出される。$dY^*/dp < 0$ は，総需要曲線
（AD）の傾きが負となることを示している。

次に，総需要曲線の傾きが負である場合，価格の伸縮性により経済が長期産
出水準 $\bar{Y}$ に収束することを確認しよう。物価 p は，短期均衡の産出水準 Y^*
が長期産出水準 $\bar{Y}$ を下回る場合には下落し，上回る場合には上昇すると想定
しよう。以上の想定により，物価 p の動態は，

$$\dot{p} = \gamma[Y^*(p) - \bar{Y}], \quad Y_p^* < 0, \quad \gamma > 0, \tag{5.18}$$

と定式化される。γ はその調整パラメーターである。ゆえに，この場合，価格
の伸縮性により経済は長期産出水準に収束することがわかる。均衡物価水準
p^* は，総需要曲線 AD と長期産出水準 $\bar{Y}$ の交点で決定される。

---

[11] 短期均衡解は，$IS \cdot LM$ モデルと $IS \cdot BB$ モデルで相違はない。また，短期均衡の安定
を仮定すれば，$\Delta > 0$ が得られる。この点は，(5.31) でも同様である。この時，図 5.1 の
ように LM 曲線の傾きが負の場合，その傾きは IS 曲線のそれよりも緩やかになる。

106　第5章　「長期」と「短期」のマクロ経済モデルと金融の不安定性

ここで，経済が長期均衡点にあると想定しよう。この時，ハイパワードマネー H が増加すれば，短期産出水準 Y^* は増加する。物価が一定の短期であれば，Y^* は長期産出水準 $\bar{Y}$ を上回り，景気の過熱が起こるであろう。しかしながら，物価 p の上昇は Y^* を低下させ，ふたたび経済は長期産出水準 $\bar{Y}$ に収束する。つまり，長期的には，ハイパワードマネー H の上昇は物価水準の上昇のみを招くということである。また，生産性の上昇は，長期産出水準 $\bar{Y}$ を上昇させるであろう。この場合，貨幣当局が何もしなければ，物価は下落する。物価を一定に保つためには，貨幣当局が $\bar{Y}$ の上昇に応じてハイパワードマネー H を増加させる必要があると考えられる。

以上のような，価格の伸縮性が経済を長期産出水準に収束させるという議論は，経済が短期均衡点に収束する，つまり，動学体系 $(S_a.5)$ が安定であることを前提としたものであった。もし，動学体系 $(S_a.5)$ が不安定，例えば，$m_Y < 0$ かつその絶対値が大きい場合，価格の伸縮性は経済を安定化させることができるであろうか。言い換えれば，価格の伸縮性が産出 Y（Y^* ではない）を長期産出水準 $\bar{Y}$ に収束させるか否かということである。このようなケースを検討するには，以下の動学体系 $(S_b.5)$，

$$\dot{Y} = \alpha[C(Y) + I(i) + G - Y] \tag{$S_b.5.1$}$$

$$\dot{i} = \beta[I(i) - \{Y - C(Y) - G - L(Y, i) + \mu(Y, i)H/p\}] \tag{$S_b.5.2$}$$

$$\dot{p} = \delta[Y - \bar{Y}] \tag{$S_b.5.3$}$$

の安定性を検討すればよいと考えられる。つまり，たとえ産出 Y が短期均衡解に収束していない場合でも，ある程度の時間が経てば，物価は変動すると考えるのが妥当であろう。

動学体系 $(S_b.5)$ のヤコビ行列は，

$$\mathbf{J}_b = \begin{pmatrix} g_{11} & g_{12} & 0 \\ g_{21} & g_{22} & g_{23} \\ g_{31} & 0 & 0 \end{pmatrix}, \tag{5.19}$$

5.2 モデル   **107**

$$g_{11} = \alpha[-(1 - C_Y)] = -\alpha S_Y, \quad g_{12} = \alpha I_i,$$
$$g_{21} = \beta[-(1 - C_Y) + (L_Y - \mu_Y H/p)] = \beta(-S_Y + m_Y),$$
$$g_{22} = \beta[I_i + (L_i - \mu_i H/p)] = \beta(I_i + m_i) < 0,$$
$$g_{23} = \mu H/p^2, \quad g_{31} = \delta,$$

である。そして，その特性方程式は，

$$\lambda^3 + b_1 \lambda^2 + b_2 \lambda + b_3 = 0, \tag{5.20}$$

であり，

$$b_1(= -g_{11} - g_{22}) = \alpha S_Y - \beta(I_i + m_i) > 0, \tag{5.21}$$
$$b_2(= g_{11}g_{22} - g_{12}g_{21}) \tag{5.22}$$
$$= -\alpha S_Y \beta(I_i + m_i) - \alpha(I_i)[\beta(-S_Y + m_Y)]$$
$$= \alpha\beta(-S_Y m_i - I_i m_Y)$$
$$b_3 = -\det \mathbf{J}_b = -g_{31}g_{12}g_{23} \tag{5.23}$$
$$= -\delta\alpha I_i(\mu H/p^2) > 0$$

である。$m_Y < 0$ かつその絶対値が大きい場合には，$b_2 < 0$ となる。ゆえに，価格の伸縮性は動学体系 $(S_b.5)$ を安定化させないことがわかる[*12]。

　ここで，産出 Y が下落したと想定しよう。産出 Y の下落は物価 p を下落させ，貨幣の実質残高 $\mu H/p$ を増加させて利子率を低下させる。そして，利子率の低下は投資の増加を通じて産出を増加させる。(5.23) を見ればわかるように $b_3 > 0$ であり，δ の大きさが体系の安定性に影響を与えていない。しかしながら，$m_Y < 0$ かつその絶対値が大きい場合には $b_2 < 0$ となり，動学体系 $(S_a.5)$ と同様のメカニズムで動学体系 $(S_b.5)$ が不安定になるのである。

[*12] 3 変数の Routh-Hurwitz の条件は，$b_1 > 0$, $b_2 > 0$, $b_3 > 0$, $b_1 b_2 - b_3 > 0$ である。また，第 6 章では，フィリップス曲線，負債の動態を導入したモデルにおいて，寡占経済における金融の不安定性，循環を論じている。

$\dot{Y} = 0, \ \dot{i} = 0, \ \dot{p} = 0$ より，動学体系 $(S_b.5)$ の均衡解は，

$$\bar{Y} = C(\bar{Y}) + I(i^*) + G, \tag{5.24}$$

$$\mu(\bar{Y}, i^*)\frac{H}{p^*} = L(\bar{Y}, i^*) \tag{5.25}$$

で決定される。つまり，産出水準は長期産出水準 $\bar{Y}$ であり，(5.24) で利子率 i^* が，(5.25) で物価 p^* が決定されている。長期産出水準に収束した場合，ハイパワードマネー H の増加は，物価 p^* の上昇を招くのみである[13]。

5.3 負債効果

短期均衡が安定である場合，価格の伸縮性が経済を長期均衡点に収束させるという前節の議論は，必ずしも常に満たされるとは限らない。ケインズは，価格が伸縮的である場合でさえ，経済が不均衡になると論じている。また，ミンスキーの金融不安定性仮説を数理モデルに展開した諸研究では，ヘッジ金融，投機的金融，ポンツィ金融へと至る金融脆弱化の過程を捉えるものとして，負債荷重の増大が重視されている[14]。

本節では，まず，負債の実質価値の変化による所得，利子率への影響を検討し，次に価格の伸縮性が経済を長期均衡点に収束させるか否かを検討しよう。ここで，投資関数，貨幣需要関数，貨幣供給関数を，

$$I = I(i, B/p), \quad I_{B/p} < 0, \tag{5.26}$$

$$L = L(Y, i, B/p), \quad L_{B/p} > 0, \tag{5.27}$$

$$\frac{M}{p} = \mu(Y, i, B/p)\frac{H}{p}, \quad \mu_Y > 0, \quad \mu_i > 0, \quad \mu_{B/p} < 0, \tag{5.28}$$

と修正する。ここで，B：企業の負債の名目価値，である。$I_{B/p} < 0$ の仮定

---

[13] Asada(2008) は貸付資金説を採用していないが，このような古典派的性質は Asada(2008) と同様である。

[14] これは，Fisher(1933) の負債・デフレーション仮説の影響を強く受けている。企業の負債，流動性制約を考慮した研究は非常に多く存在する。詳細は，二宮 (2006a)，本書第 3 章を参照。

5.3 負債効果

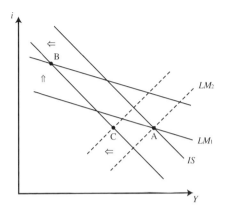

図 5.1 負債 B の増加による効果

は，企業の実質負債の増加により投資が抑制されることを示している[*15]。これは，「借り手のリスク」を表している。また，$L_{B/p} > 0$ の仮定は，実質負債の増加により，債券よりも貨幣が選好されるということを示している。また，$\mu_{B/p} < 0$ の仮定は，実質負債の増加により，市中銀行の貸付が慎重になり，貨幣乗数が低下することを意味している。これらは，「貸し手のリスク」を表している。

(5.26)(5.27)(5.28) を考慮すれば，動学体系 $(S_c.5)$，

$$\dot{Y} = \alpha[C(Y) + I(i, B/\bar{p}) + G - Y] \qquad (S_c.5.1)$$
$$\dot{i} = \gamma[I(i, B/\bar{p}) - \{Y - C(Y) - G - L(Y, i, B/\bar{p}) + \mu(Y, i, B/\bar{p})(H/\bar{p})\}] \qquad (S_c.5.2)$$

が得られる。そして，その短期均衡解は，

$$Y^* = C(Y^*) + I(i^*, B/\bar{p}) + G \qquad (5.29)$$
$$\mu(Y^*, i^*, B/\bar{p})(H/\bar{p}) = L(Y^*, i^*, B/\bar{p}) \qquad (5.30)$$

で決定される。

[*15] このような定式化により，価格の伸縮性が経済を長期産出水準に収束させるか否かを議論した先駆的な業績として，浅田 (1999)(2000) が挙げられる。

(5.30) は LM 曲線であり，$m_Y < 0$ ならばその傾きは負となる（LM_1）。ここで，負債 B が増大した場合を考えよう（図 5.1）。この時，IS 曲線は左方に，LM 曲線は上方にシフトするので，産出 Y^* は減少することがわかる。しかしながら，その程度は LM 曲線の傾き，つまり，m_Y の符号等に依存する。例えば，LM 曲線の傾きが負ならば（LM_1），経済は A 点から B 点に移行する。しかしながら，その傾きが正ならば（LM_2），経済は C 点に移行するので，産出 Y^* の減少幅は小さくなると考えられる。また，利子率 i^* の変化も，LM 曲線の傾きに依存する。例えば，LM 曲線の傾きが負であれば，負債 B の増大により利子率 i^* が大きく上昇する。この場合，投資は抑制され，産出 Y^* はさらに減少すると考えられる。また，企業の有利子負債の利払いの負担も大きくなり，経済をより不安定にすると考えられる[16]。

さらに，以上の議論を解析的に検討しよう。(5.29)(5.30) より，短期均衡産出水準 Y^*，

$$Y^* = Y^*(p, B, G, H), \quad Y_p^* \gtreqless 0, \quad Y_B^* < 0, \quad Y_G^* > 0, \quad Y_H^* > 0, \quad (5.31)$$

$$\frac{dY^*}{dp} = \frac{1}{\Delta} \frac{I_{B/p}Bm_i - I_i m_B B + I_i \mu H}{p^2} \gtreqless 0,$$

$$\frac{dY^*}{dB} = \frac{1}{\Delta} \frac{-m_i I_{B/p} + I_i m_B}{p} < 0,$$

$$\Delta > 0, \quad m_B = L_{B/p} - \mu_{B/p}(H/p) > 0,$$

が得られる。

(5.31) は，負債 B の増加が産出 Y^* を減少させるということを示している。そして，その程度は，m_Y，$I_{B/p}$，m_B に依存する。例えば，$m_Y < 0$ かつその絶対値が大きくなれば，Δ が小さくなるので，負債 B の増加による産出 Y^* の減少は大きくなるということである。また，$I_{B/p}$ の絶対値が大きい場合，m_B が大きい場合にも，同様のことが言える。また，政府支出 G の増加，ハイパワードマネー H の増加が，産出 Y^* を増加させることも導出すること

---

[16] 有利子負債を考慮した研究として，二宮 (2005b)(2006a) がある。二宮 (2006a) は，有利子負債の累積的拡大が経済を不安定化させている局面においては，利子率を目標とした金融政策（利子率・ターゲット）が有効であると論じている。本書第 11 章では，そのような局面における逆循環的財政政策の有効性を検討している。

5.3 負債効果 **111**

ができる。

さらに，$m_Y < 0$ かつその絶対値が大きい場合には，負債の増加により利子率 i^* が大きく上昇するということがわかる [*17]。つまり，このような場合には，有利子負債の負担がいっそう重くなるということである。

次に，価格の伸縮性が経済を長期産出水準 $\bar{Y}$ に収束させるか否かを検討しよう。(5.31) は，総需要曲線（AD）の傾きが正となる可能性があることを示している。

物価 p の動態は，

$$\dot{p} = \gamma[Y^*(p) - \bar{Y}], \quad Y_p^* \gtreqless 0, \tag{5.32}$$

と定式化される。ゆえに，$Y_p^* > 0$ ならば不安定となることがわかる。言い換えれば，総需要曲線の傾きが正である場合に不安定となるということである。

この不安定性のメカニズムは次のようなものである。例えば，物価 p が p_0 から p_1 に下落したとしよう。この時，実質負債 B/p が増加するので，投資 I は抑制され（$I_{B/p} < 0$），流動性選好が高まる（$L_{B/p} > 0$）。また，市中銀行の貸付も抑制され，貨幣乗数は低下すると考えられる（$\mu_{B/p} < 0$）。その結果，IS 曲線，LM 曲線は，それぞれ $IS(p_1)$，$LM(p_1)$ に左方シフトして，傾きが正の総需要曲線（AD）が導出される（図 5.2）。

ここで，経済が A 点（長期産出水準 $\bar{Y}$）にあるとしよう。そして，物価が下落して，短期総供給曲線（$SRAS$）が下方シフトしたと想定しよう（$SRAS_1$）。総需要曲線の傾きが正の場合，経済が自律的に A 点に戻ることはない。短期産出水準 Y^* は長期産出水準 $\bar{Y}$ を下回っているので，物価 p はさらに下落する。先にも述べたように，これは実質負債 B/p が増加するということを意味している。実質負債の増加は投資 I を抑制し（$I_{B/p} < 0$），流動性選好を高める（$L_{B/p} > 0$）。また，市中銀行の貸付も抑制され，貨幣乗数は低下する（$\mu_{B/p} < 0$）。その結果，利子率 i は上昇し，投資はさらに抑制される。投資の抑制は，産出水準を下落させ，物価 p をさらに下落させる。つまり，価格の伸

[*17]

$$\frac{di^*}{dB} = \frac{1}{\Delta} \frac{(1 - C_Y)m_B + I_{B/p}m_Y}{p} \gtreqless 0.$$

112　第5章　「長期」と「短期」のマクロ経済モデルと金融の不安定性

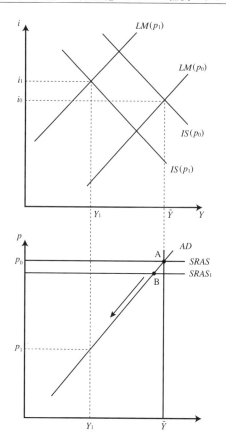

図 5.2　傾きが正の総需要曲線 (AD)

縮性にもかかわらず，経済は長期産出水準には収束しないということである。

ゆえに，このような場合，経済を長期産出水準に収束させるような（あるいは，近づけるような）財政政策や金融政策が必要となるであろう。また，何らかの形で，負債効果による不安定性，すなわち「負債荷重の罠」を解消，抑止するための構造的な改革，政策，規制，中央銀行の「最後の貸し手」としての役割等が必要になるということである[18]。

---

[18] 第 11 章では，有利子負債の累積的拡大が経済の不安定性を引き起こしている場合，逆循環的財政政策の有効性は限られたものになると論じている。経済が金融不安定性の局面にあ

また，長期産出水準 $\bar{Y}$ は，新古典派経済学が主張するように，技術進歩等の実物ショックにより変動し，人的資本の蓄積等により成長すると考えられる。つまり，バブル経済崩壊後の景気の長期低迷期において，長期産出水準自体が低下した可能性は否定できない。経済成長のためには，生産性の上昇や技術革新等が必要であり，経済の供給面を軽視すべきではないと思われる。そして，生産性を上昇させるためには，市場メカニズムに勝るシステムは，現時点では存在しないと思われる。しかしながら，経済は常に長期産出水準から乖離する可能性がある。そのような場合に，例えば「負債荷重の罠」に陥るならば，経済は長期産出水準には収束しないということである。ミンスキー等に代表されるポスト・ケインズ派金融不安定性分析の貢献は，金融的要因による市場の失敗を示したことにあるとも言えるであろう[19]。

5.4 おわりに

本章では，「長期」と「短期」という時間的視野の枠組みは維持しつつ，貸付資金説に基づいたマクロ経済モデルにおいて，金融の不安定性の議論を展開した。そして，その中で，ポスト・ケインズ派による金融の不安定性，金融危機の分析に対する評価をおこなうとともに，新古典派経済学を含むマクロ経済学の中にその議論を位置づけることを試みた。

古典派経済学は貯蓄・投資説を，ケインズ経済学は流動性選好説を採用して

る場合には，むしろ不安定な金融構造を取り除く金融政策のほうが有効であると思われる。

また，財政政策をおこなう場合，ケインズ的な乗数効果のみを注視するべきではない。無駄な公共投資が破綻しているケースは枚挙にいとまがない。岩本・大竹・齊藤・二神 (1999) においても，経済成長を促進させる公共投資の必要性は容認されている。

[19] ミンスキー自身は，大きな政府のほうが資本主義経済を安定化させると考え，「大きな政府とは，利潤が安定するように，民間投資の振幅を相殺するに足るだけの政府赤字の振幅を引き出せるほどに十分な規模でなければならない」（Minsky(1986) 邦訳 370 ページ）と論じている。

本章のモデルは，自律的に長期産出水準に収束しない可能性を示している。本章における政策や規制の役割は，単に需要を創造するということのみならず，市場の機能不全を補完するものである必要があるということである。また，長期産出水準への収束が，貧富の差や地域間格差，教育格差，正規と非正規の雇用格差等の問題を解決するわけでないことは言うまでもない。

いるが，構造的に異なる両派を統合するためには，それぞれのモデルを再解釈する必要がある。Mankiw(1992) は，「長期」と「短期」という時間的視野を導入し，IS 曲線を貸付資金説的に，LM 曲線を貨幣数量説的に再解釈することによって両派の統合を図っている。また，Romer(2000)，Taylor(2004) 等は，LM 曲線を捨象し，貨幣当局が長期的には実質利子率を決定するというモデルを提示して，利子論の相違の問題を回避した議論を展開している。

　本章のモデルの特徴は，貸付資金説を採用して，Mankiw(1992) やRomer(2000) 等の「長期」と「短期」のマクロ経済モデルを展開し，その中に金融の不安定性の議論を位置づけていることにある。本章のモデルでは，

1. 短期均衡は，例えば，景気後退期において「貸し手のリスク」が非常に大きくなっている場合には，不安定となる。そしてその場合，価格の伸縮性は，経済を安定化させない。
2. 短期均衡が安定である場合，一般に価格の伸縮性は，経済を長期産出水準に収束させる。
3. 負債の増大は，短期産出水準を低下させ，利子率を上昇させる。特に，「貸し手のリスク」が非常に大きくなっている場合には，その程度は大きくなる。つまり，有利子負債の負担が大きくなるということである。
4. 負債効果を考慮した場合，価格の伸縮性は，必ずしも経済を長期産出水準に収束させない。

といったことが示されている。特に，4) に関しては，ケインズ自身，価格の伸縮性にもかかわらず，経済が長期均衡点には収束しない可能性があると論じている。つまり，負債効果は，そのようなケインズ自身の考え方を定式化したものであると言うことができると思われる。また，ポスト・ケインズ派金融不安定性分析の重要な貢献の一つは，金融的要因による市場の失敗を示したことにあるとも言えるであろう。

　サブプライム危機により，政策的にはケインズ主義への回帰が見られる。また，ソ連の崩壊により大打撃を受けたマルクス経済学に復権の兆しも見えている。しかしながら，ソ連の崩壊が市場原理主義の勝利ではなかったのと同様に，サブプライム危機が非新古典派経済学の勝利ではないということを自戒す

るべきであろう。確かに，市場原理主義に何がしかの欠陥があったことは明らかであるが，ポスト・ケインズ派金融不安定性分析にも不足している点が多くある。新古典派経済学の研究により得られた成果を軽視するべきではないということは言うまでもない。

　本章では，できるだけ単純な形でモデルを展開するという目的のために，様々な重要な要素が捨象されている。例えば，資本ストック K，負債 B の動態は考慮されておらず，また，労働市場についても考慮されていない。当然のことながら，本章のモデルは，一つの考え方の提示にすぎない。本章の枠組みが説得的であるためには，その枠組みで，より詳細な議論を展開することが必要不可欠である。

第Ⅱ部

応 用 篇

第6章

寡占経済における金融の不安定性，循環，および所得分配

6.1 はじめに

　近年の日本経済の経験が示すように，金融的要因が経済の不安定性に影響を及ぼしていることは否定できないであろう。例えば，負債荷重の増大，景気の低迷は，市中銀行等の「貸し手のリスク」の増大を通じて融資を慎重化させ，不況を長期化させているということである。Minsky(1982)(1986) は，投資決定における貸し手の役割を強調し，ヘッジ金融から，投機的金融，ポンツィ金融へと至る金融脆弱化を経済の不安定性の主要な要因として捉える金融不安定性仮説を提唱した。Minsky(1982)(1986) によれば，「貸し手のリスク」とは，Kalecki(1937) に帰せられるものである。そして，それは貸し手の直面するリスクを表しており，レヴァレッジ（内部資金に対する外部資金の比率）の増加により将来のキャッシュフローに対する信頼性が低下するといったことを示している。つまり，企業の債務返済能力の信頼性（債務構造）に依存するということである。

　金融不安定性仮説を数理モデルに展開した多くの研究では，金融脆弱化の過程が，企業の負債荷重の増大として捉えられている。例えば，足立 (1994) は，市中銀行（貸し手）の行動を明示的に考慮し，負債・資本比率の増加が金融の不

安定性を誘発することを示している。足立 (1994) は経済の循環を論じていないが，二宮 (2001a)(2001b)(2006a) は，市中銀行等の「貸し手のリスク」が利子率の決定に与える影響，負債荷重の動態を考慮したモデルを提示し，非線形経済動学の手法を用いてミンスキー的な経済の循環を論じている[*1]。しかしながら，二宮 (2001a)(2001b)(2006a) では物価の動態が考慮されておらず，資本主義経済を分析する枠組みとして十分であるとは言いがたい。

これに対して，Asada(1989)，Franke and Asada(1994) 等は，グッドウィン・モデルに金融部門として通常の LM 方程式を導入し，金融的側面を含む経済の循環，不安定性を論じている[*2]。さらに，二宮 (2002)(2006a) は，ケインズ・グッドウィン・モデルにおいて金融の不安定性を議論し，利子率・ターゲットやインフレ・ターゲットといった金融政策の有効性等について検討をおこなっている。これらの諸研究では企業の負債荷重の動態が考慮されていないが，浅田 (2003) は負債荷重，物価の動態を考慮して金融的な循環を論じている。しかしながら，浅田 (2003) では，金融の重要な側面である（「危険」資産の）利子率が，負債荷重の増加関数であると単に仮定されており，利子率の決定に関する議論が展開されていない[*3]。

他方，Wolfson(1994) は，ミンスキーの金融不安定性仮説を継承しつつも，金融不安定性の要因として，利潤率の低下を強調している。Jarsulic(1990) は，所得分配と金融不安定性との関連を検討し，利潤分配率の低下が金融の脆弱性

[*1] 金融不安定性仮説は，非新古典派の経済学者に多大な影響を与え，様々な観点から議論が展開されている。金融不安定性仮説を数理モデルに展開したものは多数存在するが，非線形経済動学の手法を適用して経済の金融的な循環を論じたものとして，Foley(1987) 等がある。Sethi(1992) は，Foley(1987) を固定為替相場制の動学体系に拡張し，開放体系における金融の不安定性を検討したものである。

[*2] Franke and Asada(1994) は，貨幣需要の利子弾力性が大きくなれば，経済は不安定になると論じている。

[*3] 浅田 (2003) では，「危険」資産の利子率 i が，利子をもたらす安全資産の利子率 ρ よりも通常高く，それらの差が「危険度」を反映して決まり，

$$i = \rho + \xi(d) = i(\rho, d) \quad i_d = \xi'(d) > 0 \text{ (for } d > 0) \quad i_d < 0 \text{ (for } d < 0)$$

と仮定されている。ここで，d：負債・資本比率，である。また，Foley(1987) では，企業の借入・生産資本比率が，現行利潤率と利子率の差の増加関数であり，その差が貨幣・生産資本比率の増加関数であると仮定されている。

6.1 はじめに

を招くと論じている。しかしながら，Jarsulic(1990) では，金融的側面の重要
な要素である利子率が，その脆弱化に重要な役割を果たしておらず，経済の循
環という観点からも検討されていない[*4]。さらに，Keen(1995) は，銀行部門
をグッドウィン・モデルに導入して金融の不安定性，循環を検討し，有利子負
債の増大が企業の利潤を圧縮するという点が，その不安定性の本質であると捉
えている。しかしながら，Keen(1995) においても，利子率が単に負債荷重の
増加関数であると仮定されており，利子率決定に関する議論が展開されていな
い。また，労働市場と金融不安定性との関連も，十分に検討されているとは言
いがたい[*5]。

　この他，所得分配と金融の不安定性との関係を検討したものとして，Tay-
lor(1985)，Lavoie(1995)，Dutt(1995) 等がある。Taylor(1985) は，利潤率の上
昇により預金需要が減少するケースをクラウディング・インと呼び，このケー
スが金融の不安定性を誘発すると論じている。しかしながら，Taylor(1985)
では，所得分配が金融の不安定性の発生に重要な役割を果たしていない。さら
に，Lavoie(1995) は，企業の内部留保，株主への分配，債券保有者への利払
いを考慮し，利子率の外生的変化等による利潤率，負債比率の変化を検討し
ている[*6]。また，Dutt(1995) は，企業の内部留保，株主への配当等を考慮し
たマクロ動学モデルにおいて，独占力の増大が長期均衡成長率を抑制する可
能性を論じている。しかしながら，Lavoie(1995)，Dutt(1995) は，利子率を
所与であると考えており，利子率の決定についての議論は展開されていない。
また，経済の循環という観点からも論じられていない。これに対して，二宮
(2002)(2006a) は，所得分配と金融不安定性との関係を経済の循環という観点
から論じているが，負債荷重の動態は考慮されていない。

　本章の目的は，市中銀行等の「貸し手のリスク」が利子率の決定に与える影

[*4] Palley(1991-92) は，カルドア型消費関数に信用を導入し，所得分配と負債・デフレーショ
ン仮説を結びつけて，労働者への分配の増加が総需要を増加させる可能性があることを示
している。しかしながら，Palley(1991-92) は比較静学分析にとどまっている。

[*5] Keen(1995) は，有利子負債の増大により，金融不安定性の局面において利潤のシェア，労
働のシェアが低下，銀行のシェアが増大すると考えている。

[*6] Lavoie(1995) を，日本のマクロ経済のデータを利用して検証したものに，石倉 (2002) が
ある．

122　第6章　寡占経済における金融の不安定性，循環，および所得分配

響，および，物価，負債荷重の動態を考慮した金融不安定性のマクロ動学モデルを構築して，寡占経済における金融の不安定性，循環，および，所得分配と金融不安定性との関連を検討することにある。本章の構成は，以下のようなものである。まず，第6.2節では，本章の特徴である利子率決定の議論をおこない，負債荷重と物価の動態を定式化する。そして，第6.3節では，第6.2節の議論を考慮したマクロ動学モデルを構築し，寡占経済における金融の不安定性，循環等を検討する。第6.4節は，まとめである。

6.2　利子率の決定と負債荷重，物価の動態

本節では，本章の主たる特徴である利子率決定の議論をおこない，負債荷重，物価の動態を定式化しよう。われわれは寡占経済を想定しているので，物価 p はマーク・アップ原理で決定されると考える。つまり，

$$p = \frac{(1+\tau)WL}{Y} = (1+\tau)Wl, \qquad (6.1)$$

である。ここで，τ：マーク・アップ率，W：名目賃金率，L：雇用量，Y：実質産出量，$l = L/Y$：労働・産出比率，である。また，労働・産出比率 l は技術進歩を表しており，一定率（$-n_2$）で成長すると仮定する。つまり，

$$l = l(0)\exp(-n_2 t), \qquad (6.2)$$

である。

(6.1) を考慮すれば，実質賃金所得 H_w は，

$$H_w = (W/p)L = \frac{1}{1+\tau}\frac{Y}{L}L = \frac{1}{1+\tau}Y = (1-\beta)Y, \qquad (6.3)$$

である。ここで，$\beta\ (=\tau/(1+\tau))$：利潤分配率，である。また，β は，価格支配力による独占の程度を表している。マーク・アップ率 τ の上昇は，物価 p の上昇を通じて実質賃金率 W/p を引き下げ，利潤分配率 β を引き上げるのである[7]。β は，本章における重要なパラメーターである。

---

[7] $\beta_\tau = 1/(1+\tau)^2 > 0$ である。ゆえに，マーク・アップ率 τ の上昇は，利潤分配率 β の上昇と同様の効果を持つ。

6.2 利子率の決定と負債荷重，物価の動態

次に，実質粗利潤 Π は，

$$\Pi = Y - (W/p)L = Y - \frac{1}{1+\tau}Y = \frac{\tau}{1+\tau}Y = \beta Y, \tag{6.4}$$

であり，実質負債残高 $b \ (= B/p)$ で割れば，

$$\frac{\Pi}{b} = \beta y, \tag{6.5}$$

が得られる。ここで，B：名目負債残高，$y \ (= Y/b = pY/B)$：産出・負債比率，である。産出・負債比率は，経済の健全性を表している。また，実質粗利潤は全て，企業の内部留保になると想定する。

消費関数 C は，実質賃金所得に関して線形であると仮定すれば，

$$C = aH_W = a(1-\beta)Y, \quad 0 < a < 1, \tag{6.6}$$

と定式化される。ここで，a：限界消費性向，である。

投資関数 I は，

$$I = I_Y Y + I_r \tilde{r}b = I_Y Y + I_r(r - \pi^e)b, \quad I_Y > 0, \quad I_r < 0 \tag{6.7}$$

を仮定する。ここで，r：名目利子率，$\tilde{r} \ (= r - \pi^e)$：実質利子率，$\pi^e$：期待インフレ率，である。この投資関数は，投資が実質産出量 Y と実質負債 $\tilde{r}b$ に依存するということを意味している。言い換えれば，負債に多くを依存しない企業は，利子率の動きが投資の決定にあまり影響を与えないということである[8]。

次に，貨幣需要関数，貨幣供給関数を定式化しよう。貨幣需要関数 M^d は，

$$\frac{M^d}{p} = k(r)Y, \quad k_r < 0, \tag{6.8}$$

を仮定する。ここで，k：マーシャルの k であり，名目利子率 r の減少関数であると考える。

貨幣供給関数 M^s は，

$$\frac{M^s}{p} = \zeta(y, r)\frac{H}{p}, \quad \zeta_y > 0, \quad \zeta_r > 0, \tag{6.9}$$

---

[8] このタイプの投資関数のミクロ経済学的基礎づけについては，足立 (1994)，浅田 (1997)，Nakamura(2002) 等を参照。また，内閣府 (2005) では，投資が有利子負債に依存するか否かの検討が実証的におこなわれている。

を仮定する。ここで，H：ハイパワードマネー，ζ：貨幣乗数，である。われわれは，ζ_y がここで言う「貸し手のリスク」を表していると考える。つまり，産出・負債比率 y の上昇は，経済の健全性が高まったことを意味するので，市中銀行等の「貸し手のリスク」が低下し，貸付が増加するということである[*9]。このような貨幣供給関数は，Rose(1969) と同様のものであるが，(6.9) には負債荷重が含まれている。

[*9] ここで，準備金（貨幣）を安全資産（期待収益率：$R_A = 0$，標準偏差：$\sigma_A = 0$），貸付を危険資産（期待収益率：$R_B = r - \nu f(y)$，$f_y < 0$，標準偏差：σ_B）と考えよう。例えば，$f_y < 0$ は，産出・負債比率の低下により，貸付の期待収益率 R_B が低下するということを示している。ν は，その程度を表すパラメーターである。この時，両資産を保有することによる期待収益率：R，標準偏差：σ は，それぞれ，
$$R = (1 - \varepsilon)R_B, \qquad \sigma = (1 - \varepsilon)\sigma_B,$$
である。ここで，ε は準備金（貨幣）の保有比率である。

そして，効用関数 U を，
$$U = R - \chi\sigma^2,$$
と仮定する。ここで，χ：リスク回避の程度を表すパラメーター，である。

以上から，効用 U を最大化する ε を求めれば，最適保有比率 ε^*，
$$\varepsilon^* = \frac{\nu f(y) - r}{2\chi\sigma_B^2} + 1 = \varepsilon(y, r), \quad \varepsilon_y < 0, \quad \varepsilon_r < 0,$$
が得られる。

ゆえに，超過準備・預金比率 η を
$$\eta = \eta(y, r), \quad \eta_y < 0, \quad \eta_r < 0,$$
と仮定すれば，最も単純な貨幣乗数 ζ は，
$$M^s = \frac{1 + \theta}{\theta + \lambda + \eta(y, r)} H = \zeta(y, r)H, \quad \zeta_y > 0, \quad \zeta_r > 0,$$
と定式化される。ここで，$\theta\ (> 0)$：現金・預金比率，$\lambda\ (0 < \lambda < 1)$：法定準備率，である。

6.2 利子率の決定と負債荷重，物価の動態 **125**

$(6.6)\sim(6.9)$ を実質負債残高 b で割れば，

$$c\left(=\frac{C}{b}\right) = a(1-\beta)y, \tag{6.10}$$

$$i\left(=\frac{I}{b}\right) = I_Y y + I_r(r - \pi^e), \tag{6.11}$$

$$m^d\left(=\frac{(M^d/p)}{b}\right) = k(r)y, \tag{6.12}$$

$$m^s\left(=\frac{M^s/p}{B/p}\right) = \zeta(y,r)\frac{H/p}{B/p} = \zeta(y,r)h, \tag{6.13}$$

が得られる。ここで，$h = (H/p)/b$：ハイパワードマネー・負債比率，である。

名目利子率 r は，貨幣市場の需給均衡 $(m^s = m^d)$ ，

$$\zeta(y,r)h = k(r)y, \tag{6.14}$$

で決定されると考える。(6.14) を利子率 r で解けば，

$$r = r(y,h), \tag{6.15}$$

$$r_y(=\phi) = -\frac{m_y}{k_r y - \zeta_r h} \gtreqless 0, \quad r_h = \frac{\zeta}{k_r y - \zeta_r h} < 0,$$

が得られる。ここで，

$$m_y = k - \zeta_y h \gtreqless 0, \tag{6.16}$$

であり，経済の金融的側面を表している。

ζ_y (>0) は「貸し手のリスク」を表しているが，この効果が取引需要に基づく効果 (k) を上回るならば，$m_y < 0$ となる可能性がある。そして，$k < \zeta_y h$ ならば，産出・負債比率 y の上昇にもかかわらず，名目利子率 r は下落する。つまり，経済の健全性が高まれば，市中銀行等の「貸し手のリスク」が低下し，その結果，貸付の増加を通じて貨幣供給量が増加し，利子率が下落するということである。利子率の下落は，さらに投資を促進し，投資ブームを引き起こす可能性がある。

逆に，産出・負債比率 y が下落すれば，名目利子率 r が上昇するということである。つまり，経済の健全性が低下すれば，「貸し手のリスク」の上昇により貸付が抑制され，その結果，貨幣供給量は減少し，利子率が上昇する。そし

て，名目利子率の上昇は，有利子負債の増大を通じて投資を抑制し，経済の健全性はさらに低下する可能性があるということである[*10]。

次に，実質負債残高 b と物価 p の動態を定式化しよう。まず，(6.5)(6.11) を考慮すれば，実質負債残高の動態は，

$$\frac{\dot{b}}{b} = \frac{I}{b} - \frac{\Pi}{b} = I_Y y + I_r(r - \pi^e) - \beta y, \tag{6.17}$$

と定式化される。つまり，内部留保でファイナンスすることができない投資は，負債の増加によってファイナンスされるということを示している。

さらに，われわれは，寡占経済を想定しているので，物価 p は (6.1) のようにマーク・アップ原理で決定されると考えている。そして，名目賃金率 W の動態を，

$$\frac{\dot{W}}{W} = \delta f(E) + \pi^e, \quad f' > 0, \quad \delta > 0, \tag{6.18}$$

と定式化する。ここで，E：雇用率，であり，

$$\begin{aligned}
E = L/L^s &= (L/Y)(Y/b)(b/L^s) \\
&= l(0)\exp(-n_2 t)y(b/L^s) \\
&= l(0)y[b/L^s\exp(n_2 t)] \\
&= l(0)y\kappa, \quad \kappa = b/L^s\exp(n_2 t),
\end{aligned} \tag{6.19}$$

である。(6.18) は，期待インフレ率を含んだフィリップス曲線であり，雇用率 E に応じて名目賃金率 W が変化するということを示している。δ はその調整パラメーターである[*11]。

(6.1) より，インフレ率 π は，

$$\pi\left(= \frac{\dot{p}}{p}\right) = \frac{\dot{W}}{W} + \frac{\dot{l}}{l} \tag{6.20}$$

[*10] 第 1 章で概観したように，Rose(1969) は，$r_y < 0$ であることが信用不安定性を生じる重要な要件であると論じている。また，Taylor and O'Connell(1985) は，同様の観点からミンスキー的な不安定性を論じている。

[*11] 労働者の交渉力は，フィリップス曲線の形状 f' で表される。ここで，雇用率 E が低下している局面を考えよう。この時，δ が十分小さいならば，名目賃金率 W があまり下落しない。言い換えれば，これは景気の後退局面における労働者の交渉力が強いということと同様の効果を持つということである。ただし，言うまでもなく，δ の大きさは，所得分配には影響しない。

であり，(6.20) に (6.2)(6.18)(6.19) を考慮すれば，

$$\pi = \delta f(l(0)y\kappa) + \pi^e - n_2, \tag{6.21}$$

が得られる。

6.3 金融の不安定性と循環

　次に，産出・負債比率，ハイパワードマネー・負債比率等の動学方程式を定式化し，前節の議論を考慮したマクロ動学モデルを構築して，金融の不安定性，循環を検討しよう。

　まず，産出・負債比率等の動態を定式化しよう。実質産出量 Y の動態は，

$$\dot{Y} = \alpha(C + I - Y), \quad \alpha > 0, \tag{6.22}$$

と定式化される。(6.22) は，ケインズ的な数量調整過程を示している。ここで，α：財市場の調整パラメーター，である。α の大きさは，独占（寡占）の程度を反映していると考えることもできる。すなわち，独占の程度が大きくなれば，α の値は大きくなるということである。α もまた，本章における重要なパラメーターである[*12]。

　(6.22) を実質負債残高 b で割り，(6.10)(6.11) を代入すれば，

$$\begin{aligned}
\frac{\dot{Y}}{b} &= \alpha(c + i - y) \\
&= \alpha[a(1 - \beta)y + I_Y y + I_r(r - \pi^e) - y]
\end{aligned} \tag{6.23}$$

が得られる。

　$y = Y/b$ より，産出・負債比率 y の動態は，

$$\dot{y} = \frac{\dot{Y}}{b} - y\left(\frac{\dot{b}}{b}\right), \tag{6.24}$$

[*12] Asada(1991) では，独占の程度が大きくなれば，(6.22) のような数量調整過程，(6.21) のような物価調整過程が支配的になると定式化されている。Asada(1991) は競争-独占の混合体系で動学体系の安定性を検討し，独占的経済の不安定性を論じている。負債荷重を考慮した競争-独占体系の検討は興味深い拡張である。

128　第 6 章　寡占経済における金融の不安定性，循環，および所得分配

であり，(6.24) に (6.17)(6.23) を代入すれば，

$$\dot{y} = \alpha\left[a(1-\beta)y + I_Y y + I_r(r-\pi^e) - y\right] - y\left[I_Y y + I_r(r-\pi^e) - \beta y\right],$$
(6.25)

が得られる。

　また，$h = (H/p)/b = H/(pb)$ より，ハイパワードマネー・負債比率 h の動態は，

$$\frac{\dot{h}}{h} = \frac{\dot{H}}{H} - \frac{\dot{b}}{b} - \pi,$$
(6.26)

である。そして，ハイパワードマネー H の成長率が一定率 μ であると仮定すれば，

$$H = H(0)\exp(\mu t),$$
(6.27)

である。

　(6.17)(6.21)(6.26)(6.27) を考慮すれば，

$$\dot{h} = \left[\mu - \left[I_Y y + I_r(r-\pi^e) - \beta y\right] - \left[\delta f(l(0)y\kappa) + \pi^e - n_2\right]\right]h$$
(6.28)

が得られる。

　さらに，$\kappa = b/L^s\exp(n_2 t)$ の動態は，

$$\frac{\dot{\kappa}}{\kappa} = \frac{\dot{b}}{b} - \frac{\dot{L}^s}{L^s} - n_2 = \frac{\dot{b}}{b} - n,$$
(6.29)

である。ここで，$L^s = L^s(0)\exp(n_1 t)$ であり，労働供給が一定率 n_1 で成長するということを表している。また，n は自然成長率を表しており，$n = n_1 + n_2$ である。すなわち，実質負債 b の成長率が自然成長率を上回る場合には κ の成長率が上昇し，逆に下回る場合には下落するということを，(6.29) は示している。(6.29) に (6.17) を代入すれば，

$$\dot{\kappa} = \left[I_Y y + I_r(r-\pi^e) - \beta y - n\right]\kappa,$$
(6.30)

が得られる。

6.3 金融の不安定性と循環

期待インフレ率 π^e は，Stein(1969), Asada(1991) に従い，$\dot{\kappa}/\kappa = 0$, $\dot{h}/h = 0$ を満たすインフレ率であると想定する。(6.26)(6.29) より，

$$\frac{\dot{h}}{h} = \mu - \pi - \frac{\dot{b}}{b} = 0, \tag{6.31}$$

$$\frac{\dot{\kappa}}{\kappa} = \frac{\dot{b}}{b} - n = 0, \tag{6.32}$$

であり，(6.31)(6.32) を考慮すれば，

$$\mu - \pi - n = 0, \tag{6.33}$$

が得られる。ゆえに，期待インフレ率 π^e は，

$$\pi^e = \mu - n, \tag{6.34}$$

であると考える。つまり，その期待は，長期物価上昇率と整合的であるということである。この期待仮説は，準合理的（quasi rational）期待仮説と呼ばれている[*13]。

以上の定式化により，負債荷重，物価の動態を含む動学体系を導出し，金融的な不安定性，循環を論じよう。(6.25)(6.28)(6.30)(6.34) を整理すれば，動学体系 $(S.6)$，

$$\dot{y} = \alpha \left[a(1-\beta)y + I_Y y + I_r(r(y,h) - (\mu-n)) - y \right] \\ - y \left[I_Y y + I_r(r(y,h) - (\mu-n)) - \beta y \right] \tag{S.6.1}$$

$$\dot{\kappa} = \left[I_Y y + I_r(r(r,h) - (\mu-n)) - \beta y - n \right] \kappa \tag{S.6.2}$$

$$\dot{h} = \left[\mu - \{ I_Y y + I_r(r(y,h) - (\mu-n)) - \beta y \} \\ - \{ \delta f(l(0)y\kappa) + (\mu-n) - n_2 \} \right] h \tag{S.6.3}$$

[*13] 本章では，期待インフレ率 $\pi^e = \mu - n$ であり，一定であると想定している。それゆえ，名目利子率の下落は，実質利子率の下落を意味する。これに対して，浅田 (2003) では，適応的期待仮説が採用されており，期待インフレ率の変化が金融的循環に重要な役割を果たしている。ただし，浅田 (2003) では，「安全資産」の名目利子率が一定であると仮定され，期待インフレ率の上昇が実質利子率を引き下げる。本章のモデルは，期待インフレ率の形成が合理的であるにもかかわらず，金融的不安定性，循環が生じることを示している。この期待インフレ率に関する想定は，本章におけるきわめて重要な想定である。適応的期待仮説等，その他の仮説を適用して比較検討することは，興味深い拡張である。これらの点は，今後の検討課題としたい。

130　第6章　寡占経済における金融の不安定性，循環，および所得分配

が得られる。

まず，われわれは，動学体系 $(S.6)$ の局所安定性を検討することから始めよう。動学体系 $(S.6)$ のヤコビ行列は，

$$\mathbf{J}_a = \begin{pmatrix} f_{11} & 0 & f_{13} \\ f_{21} & 0 & f_{23} \\ f_{31} & f_{32} & f_{33} \end{pmatrix}, \tag{6.35}$$

$$f_{11} = \alpha[a(1-\beta) + I_Y + I_r\phi - 1] - y(I_Y + I_r\phi - \beta) - n$$
$$= \alpha(q + I_r\phi) - yh_y - n, \quad h_y = I_Y + I_r\phi - \beta,$$
$$f_{13} = \alpha I_r r_h - y I_r r_h,$$
$$f_{21} = \kappa(I_Y + I_r\phi - \beta) = \kappa h_y, \quad f_{23} = I_r r_h \kappa,$$
$$f_{31} = -h(I_Y + I_r\phi - \beta + \delta f'l(0)\kappa) = -h(h_y + \delta f'l(0)\kappa),$$
$$f_{32} = \{-\delta f'l(0)y\}h < 0, \quad f_{33} = -h I_r i_h,$$

である[*14]。ここで，

$$q = I_Y - \{1 - a(1-\beta)\} = I_Y - s, \tag{6.36}$$

であり，経済の実物的側面を表している。

そして，その特性方程式は，

$$\lambda^3 + a_1\lambda^2 + a_2\lambda + a_3 = 0, \tag{6.37}$$

であり，

$$a_1 = -f_{11} - f_{33} \tag{6.38}$$
$$= -[\alpha(q + I_r\phi) - yh_y - n] + h I_r i_h,$$

$$a_2 = \begin{vmatrix} f_{11} & 0 \\ f_{21} & 0 \end{vmatrix} + \begin{vmatrix} 0 & f_{23} \\ f_{32} & f_{33} \end{vmatrix} + \begin{vmatrix} f_{11} & f_{13} \\ f_{31} & f_{33} \end{vmatrix} \tag{6.39}$$
$$= f_{11}f_{33} - f_{13}f_{31} - f_{23}f_{32}$$
$$= -\alpha[-s + \beta - \delta f'l(0)\kappa] I_r r_h h + n h I_r r_h > 0,$$

$$a_3 = -\det \mathbf{J}_a = f_{11}f_{23}f_{32} - f_{21}f_{13}f_{32} \tag{6.40}$$
$$= (f_{11}f_{23} - f_{21}f_{13})f_{32}$$
$$= [\alpha(-s + \beta) - n] I_r r_h \kappa f_{32} > 0,$$

[*14] 均衡値においては，$I(\cdot) - \beta y = n$，である.

6.3 金融の不安定性と循環 **131**

である。

ここで，以下の仮定を置く。

$$h_y = I_Y + I_r\phi - \beta > 0. \tag{A.6.1}$$

仮定 (A.6.1) は，産出・負債比率 y の上昇による直接および間接的な投資の増加（$I_Y + I_r\phi$）が，その上昇による利潤の増加（β）を上回るということを意味している。つまり，産出・負債比率 y の上昇により，実質負債残高 b は増加するということである。逆に，産出・負債比率 y が低下する場合，投資が大きく抑制され，実質負債残高 b は減少するということである。

さらに，任意の q (= q_0) について，$q + I_r\phi = 0$ を満たす m_y を m_{y0} とすれば，

$$m_{y0} = \frac{k_r y - \zeta_r h}{I_r} q_0, \tag{6.41}$$

であり，

$$q + I_r\phi \gtreqless 0 \iff m_y \lesseqgtr m_{y0} \quad （複号同順） \tag{6.42}$$

である。

以上の想定により，以下の命題 6.1 が得られる。

命題 6.1：α は十分大きいとする。この時，$m_y < m_{y0}$ ならば，動学体系 $(S.6)$ は局所的に不安定となる。逆に，$m_y > m_{y0}$ ならば，安定となる。

証明：(6.42) より，$m_y < m_{y0}$ ならば $q + I_r\phi > 0$ である。この時，α が十分大きいならば，(6.38) より $a_1 < 0$ となる。ゆえに，Routh-Hurwitz の条件は満たされない。逆に，$m_y > m_{y0}$ ならば $q + I_r\phi < 0$ である。この時，$a_1 > 0$ である。また，

$$a_1 a_2 - a_3 = (q + I_r\phi)[-s - \beta - \delta f'l(0)\kappa]I_r r_h h\alpha^2 + \cdots$$

であり，$q + I_r\phi < 0$ ならば α^2 の係数は正となる。ゆえに，α が十分大きくなれば，$a_1 a_2 - a_3 > 0$ となる。以上により，$a_1 > 0$, $a_2 > 0$, $a_3 > 0$, $a_1 a_2 - a_3 > 0$ となり，Routh-Hurwitz の条件が満たされる。Q.E.D.

ここで，α が十分大きいということは，経済が寡占的であるということと整合的である。命題 6.1 は，動学体系 $(S.6)$ が金融的要因のみによって不安定となることを示している。例えば，産出・負債比率 y が下落する局面を想定しよう。この時，「貸し手のリスク」が大きくなり，市中銀行が貸付を大きく減少させるならば，利子率が上昇して，産出がさらに抑制されるということである。逆に，$m_y > m_{y0}$ の場合には，金融的要因も含め，財市場が動学体系に対して安定的に作用しているということを意味している。それゆえ，大きい α は，より動学体系を安定化させるのである。

命題 6.1 の金融の不安定性は，所得分配とは無関係に引き起こされる可能性があるものである。次に，所得分配に関連して，以下の命題 6.2 が得られる。

命題 6.2： α が十分大きいとする。この時，利潤分配率 β の上昇は動学体系 $(S.6)$ を安定化させる効果を持ち，その低下は不安定化させる効果を持つ。

証明： $(6.41)(6.42)$ より，β が上昇して $q + I_r\phi < 0$ となれば，(6.38) および命題 6.1 の証明により $a_1 > 0$, $a_1 a_2 - a_3 > 0$ となる。$a_2 > 0$, $a_3 > 0$ なので，この時，Routh-Hurwitz の条件が満たされる。逆に，β が低下して $q + I_r\phi > 0$ となれば，$a_1 a_2 - a_3 < 0$ となり，Routh-Hurwitz の条件が満たされない。Q.E.D.

命題 6.2 は，財市場の調整パラメーター α が十分大きい場合，利潤分配率 β の低下が経済を不安定化，上昇が経済を安定化させるということを示している。例えば，利潤分配率の低下が経済を不安定化させるという結論は，利潤の減少が負債荷重をさらに増加させる可能性があることに起因している。これは，ウォルフソン的な金融の不安定性であると考えることもできるであろう（Wolfson(1994)）。

さらに，利潤分配率の低下は，賃金所得の上昇による労働者の消費の増加を促進する。これは，財市場を不安定化させる効果を持つ。また，利潤分配率 β の低下はマーク・アップ率 τ の低下を意味するので，企業の価格支配力，つまり，独占度の低下が経済を不安定化させるということも意味している。

このような結論は，労使協調といった日本型雇用慣行を支持している。例え

6.3 金融の不安定性と循環

ば，経済が景気後退期にあると考えよう。この時，労働者が名目賃金の引き下げに応じるならば，企業は利潤を維持することができ，経済の不安定化を回避することができるかもしれない。確かに，大量のリストラ等は，一時的には企業の利潤を増加させて，その財務体質を著しく改善させるかもしれない。しかしながら，長い目で見れば，逆に労働者の要求態度を硬化させてしまうかもしれないということである。

しかしながら，このような結論は，さらなる詳細な検討が必要である。なぜならば，それは，われわれが $h_y > 0$ を仮定していることに大きく依存しているからである。もし，β が大きくなり $h_y < 0$ となるならば，それは動学体系 $(S.6)$ を不安定化する効果を持つ[*15]。例えば，産出・負債比率 y が低下した場合，$h_y < 0$ ならば，実質負債残高 b が逆に増加する可能性がある。

さらに，名目賃金率 W の調整速度 δ に関して，以下の命題 6.3，命題 6.4 が得られる。まず，財市場の調整パラメーター α が十分小さい場合には，以下の命題 6.3 が得られる。

命題 6.3： α が十分小さい場合，δ が十分大きくなれば，動学体系 $(S.6)$ は不安定となる。

証明： α が十分小さい場合 $(\alpha \to 0)$，

$$a_1 = -(-yh_y - n) + hI_r r_h > 0,$$
$$a_2 = nhI_r r_h > 0,$$
$$a_3 = (-n)I_r r_h \kappa f_{32} = nI_r r_h \kappa \delta f'l(0)yh > 0,$$

が得られる。$a_1 a_2 - a_3$ は，

$$a_1 a_2 - a_3 = a_1 a_2 - nI_r r_h \kappa f'l(0)yh\delta,$$
$$a_1 a_2 - a_3 < 0 \Longleftrightarrow \delta > \frac{a_1 a_2}{nI_r r_h \kappa f'l(0)yh}$$

であり，δ が十分大きくなれば，$a_1 a_2 - a_3 < 0$ となる。ゆえにこの場合，Routh-Hurwitz の条件が満たされない。Q.E.D.

[*15] $h_y < 0$ のケースは，Lavoie(1995) が指摘している点と類似している。このようなケースについては，今後の検討課題としたい。

命題 6.3 は，財市場の調整パラメーター α が小さい場合には，名目賃金率 W の調整速度 δ の増大は動学体系 $(S.6)$ を不安定にするということを示している。この不安定化のメカニズムは，次のようなものである。ここで，経済が不況局面にあり，産出・負債比率 y が低下していると考えよう。この時，雇用率 E は低下し，δ が大きい場合，名目賃金率 W は大きく下落する。名目賃金率の下落は，インフレ率 π を低下させ，ハイパワードマネー・負債比率 h を上昇させる。h の上昇は，利子率 r を大きく下落させ，投資 I を促進する。しかしながら，α が小さいため，所得 Y の増加は非常に緩慢である。他方，投資の上昇は，実質負債 b を増加させるので，産出・負債比率 y はさらに低下してしまうということである。

次に，α が十分大きい場合には，以下の命題 6.4 が得られる。

命題 6.4： α が十分大きい場合，名目賃金率 W の調整速度 δ の程度は，動学体系 $(S.6)$ の安定性には影響を与えない。

証明： (6.38) より，δ は a_1 の符号に影響を与えない。$(6.39)(6.40)$ より，δ に関わりなく，$a_2 > 0$, $a_3 > 0$ である。さらに，命題 6.1 の証明より，α が十分大きい場合には，δ の程度は $a_1 a_2 - a_3$ の符号に影響を与えない。Q.E.D.

命題 6.4 は，先の命題 6.3 の不安定化のメカニズムが，α が大きくなることにより，働かなくなるということを示している。つまり，経済の不安定性の要因は，命題 6.1 で論じた要因により引き起こされるということである[16]。

さらに，δ が十分小さく，$m_y < m_{y0}$ の場合，以下の命題 6.5 が得られる。

命題 6.5： $m_y < m_{y0}$，かつ，名目賃金率 W の調整速度 δ が十分小さいとする。この時，財市場の調整パラメーター α を分岐パラメーターに選べば，Hopf 分岐が発生する α の値 α_0 が少なくとも 1 つ存在し，α_0 のある範囲において動学体系 $(S.6)$ の非定常的な周期解が存在する[17]。

---

[16] 命題 6.4 は，二宮 (2002)(2006a) と同様の結論である。

[17] 本章の仮定からは，$\alpha > \alpha_0$, $\alpha < \alpha_0$ のいずれの領域に周期解が存在するかは確定できない。

6.3 金融の不安定性と循環

証明： Appendix 6.1

命題 6.5 は，動学体系 (S.6) において，経済の循環が発生することを示している。その循環のメカニズムは以下のようなものである。ここで，経済が不況局面にあると想定しよう。つまり，産出・負債比率 y が低下し，経済の脆弱性が高まっているような状況である。この時，雇用率 E は低下し，投資の減少が利潤の減少を上回り，実質負債残高 b は減少する。そして，ハイパワードマネーが一定率で成長し，実質負債残高は減少するので，ハイパワードマネー・負債比率は上昇していく。その結果，利子率も下落し，企業の負債荷重は軽減され，投資が促進される。また，経済の健全性が回復してくると，市中銀行等も「貸し手のリスク」を低下させる。投資の促進は産出を増加させるので，産出・負債比率は上昇していくことになる。

なお，その循環の周期 T は，$T = 2\pi/\sqrt{a_2}$ で表される（この π はインフレ率ではない）。ゆえに，利潤分配率 β が小さくなれば，その循環の周期は大きくなる。この意味においても，利潤分配率の低下，言い換えれば労働分配率の上昇は，経済を不安定化させるということである。

最後に，動学体系 (S.6) の定常解（長期均衡解）について言及しておくことは有益であろう。動学体系 (S.6) の定常解は，$\dot{y} = 0$，$\dot{\kappa} = 0$，$\dot{h} = 0$ とし，その連立方程式を解くことにより得られる。長期均衡産出・負債比率 y^* は，

$$y^* = \frac{\alpha n}{\alpha(1-a)(1-\beta) + n} > 0, \tag{6.43}$$

であり[18]，利潤分配率 β の低下により小さくなることがわかる。これは，利潤分配率の低下が，内部留保の低下を通じて，投資を抑制するためであると考えられる[19]。

---

[18] κ, h の定常解 κ^*, h^* についても，若干の仮定を置くことにより，一意的に決まることが証明できる。

[19] この点は，Palley(1991-92) の結論とは逆である。これは，Palley(1991-92) が，労働者への分配の増加が物価の上昇を招き，物価の上昇が労働者の実質負債を低下させるので総需要が増加すると定式化していることによる。本章では，このような効果は考慮されていない。しかしながら，Palley(1991-92) では，利潤分配率の低下が投資を抑制するということは考えられていない。

6.4 おわりに

本章では，負債荷重，物価の動態を考慮した金融不安定性のマクロ動学モデルを構築し（動学体系 $(S.6)$），寡占経済における金融の不安定性，循環を検討した。そして，所得分配，労働市場の調整速度がどのように動学体系に影響するかといった若干の考察をおこなった。本章で得られた主たる結論は，以下のようなものである。

1. 財市場の調整パラメーター α は十分大きいとする。この時，動学体系 $(S.6)$ は，金融的要因のみにより，局所的に不安定となる可能性がある。

2. 財市場の調整パラメーター α が十分大きいとする。この時，利潤分配率 β の上昇は動学体系 $(S.6)$ を安定化させる効果を持ち，その低下は不安定化させる効果を持つ。

3. 財市場の調整パラメーター α が十分小さい場合には，名目賃金率 W の調整パラメーター δ の増大は，動学体系 $(S.6)$ を不安定化させる。

4. 財市場の調整パラメーター α が十分大きい場合には，名目賃金率 W の調整パラメーター δ の程度は，動学体系 $(S.6)$ の安定性に影響を及ぼさない。

5. ある条件のもと，財市場の調整パラメーター α を分岐パラメーターに選べば，Hopf 分岐が発生する α の値 α_0 が少なくとも 1 つ存在し，α_0 のある範囲において動学体系 $(S.6)$ の非定常的な周期解が存在する。

なお，この循環のメカニズムは，次のようなものである。ここで，産出・負債比率が低下し，経済の脆弱性が高まっていると想定しよう。この時，投資が大きく減少し，雇用率が低下する。しかしながら，労働市場の調整は緩慢であるならば，名目賃金率，物価が下落しないので，実質負債残高は減少する。そして，ハイパワードマネー・負債比率は上昇し，利子率も下落する。その結果，企業の負債荷重は軽減され，投資が促進される。また，経済の健全性が回復してくると，市中銀行等も「貸し手のリスク」を低下させる。投資の促進は所得を上昇させるので，産出・負債比率は上昇に転じていく。なお，利潤分配

率が小さくなれば，その循環の周期は大きくなる。この意味において，利潤分配率の低下は経済を不安定化するということである。

本章では，インフレ・ターゲットといった金融政策に関する検討をおこなっていない。本章の主たる特徴は，負債荷重と物価の動態を同時に考慮していることである。それゆえ，経済が金融脆弱性の局面にある場合の金融政策の有効性を検討するための基本的なフレームワークとして，本章のモデルは適していると考えられる。特に，物価の動態を考慮しているので，金融脆弱性の局面におけるインフレ・ターゲットの有効性の検討は，本章の興味深い拡張であると思われる[20]。負債の動態は考慮していないが，第10章でインフレ・ターゲットの有効性を検討している。また，期待インフレ率に関する想定等，本章で得られた結論に重要な影響を及ぼすと考えられる仮定については，様々な角度から検討する必要がある。これらの点については，今後の検討課題としたい。

Appendix 6.1　命題 6.5 の証明

命題 6.3 の証明より，δ が十分小さいと仮定すれば，α が十分小さい場合 $(\alpha \to 0)$，$a_1 a_2 - a_3 > 0$ となる。逆に，α が十分大きい場合 $(\alpha \to \infty)$，(6.40) および命題 6.1 の証明より，$a_1 a_2 - a_3$ の α^2 の係数は負となり，$a_1 a_2 - a_3 < 0$ となる。

$a_1 a_2 - a_3$ は α の滑らかな連続関数だから，$a_1 a_2 - a_3 = 0$ かつ $\partial (a_1 a_2 - a_3)/\partial \alpha |_{\alpha = \alpha_0} \neq 0$ となるような α の値 α_0 が，少なくとも1つ存在する。

3変数の特性方程式 $\lambda^3 + a_1 \lambda^2 + a_2 \lambda + a_3 = 0$ が1組の純虚根 $\pm hi$ $(i = \sqrt{-1}$, $h \neq 0)$ を持つための必要十分条件は，$a_2 > 0$，および $a_1 a_2 - a_3 = 0$ が同時に成立することである。この時，特性根は具体的に，$\lambda = -a_1$, $\pm \sqrt{a_2} i$ と表される。ゆえに，Hopf の分岐定理の条件の1つは，$a_2 > 0$，$a_1 a_2 - a_3 = 0$ が同時に成立することと同値である。そして，動学体系 $(S.6)$ の特性方程式 (6.37)

---

[20] 浅田 (2005) は，負債の動態を考慮したケインジアンのマクロ動学モデルでインフレ・ターゲットの有効性を検討している先駆的な業績である。浅田 (2005) は，特にインフレ期待の形成に焦点を当て，流動性の罠に陥っている場合におけるインフレ・ターゲットの効果を分析している。

は，$\alpha = \alpha_0$ で 1 組の純虚根 $\lambda_1 = \sqrt{a_2}i$，$\lambda_2 = -\sqrt{a_2}i$ を持つ。

Orlando の公式より，

$$a_1 a_2 - a_3 = -(\lambda_1 + \lambda_2)(\lambda_2 + \lambda_3)(\lambda_3 + \lambda_1) = -2h_1(\lambda_3^2 + 2h_1\lambda_3 + h_1^2 + h_2^2)$$

である。ここで，h_1 は複素根 λ の実部，h_2 は虚部の絶対値である。これを α で微分すれば，

$$\frac{\partial(a_1 a_2 - a_3)}{\partial \alpha} = -2\left[\frac{\partial h_1}{\partial \alpha}(\lambda_3^2 + 2h_1\lambda_3 + h_1^2 + h_2^2) \right.$$
$$\left. + h_1 \frac{\partial(\lambda_3^2 + 2h_1\lambda_3 + h_1^2 + h_2^2)}{\partial \alpha}\right]$$

となる。これに，$h_1 = 0$，$h_2 = h$ を代入すれば，

$$\left.\frac{\partial(a_1 a_2 - a_3)}{\partial \alpha}\right|_{\alpha = \alpha_0} = -2(\lambda_3^2 + h^2)\left[\left.\frac{\partial h_1}{\partial \alpha}\right|_{\alpha = \alpha_0}\right]$$

が得られる。ゆえに，

$$\left.\frac{\partial(a_1 a_2 - a_3)}{\partial \alpha}\right|_{\alpha = \alpha_0} \neq 0$$

ならば

$$\left.\frac{\partial h_1}{\partial \alpha}\right|_{\alpha = \alpha_0} \neq 0$$

である。よって，$\alpha = \alpha_0$ で Hopf 分岐が発生するための全ての条件が満たされている。Q.E.D.

第 7 章

Profit Sharing，停滞レジームと金融の不安定性

7.1　はじめに

　所得分配は，経済の安定性にどのような影響を及ぼすのであろうか。これまでの研究では，ボーナスや労使協調的な労働慣行（日本型雇用慣行）の存在により，日本では Profit Sharing ルールが採用されているとされ，それが日本経済の強さを示す論拠の一つとして強調されていた。例えば，景気後退期においては協調的に賃金が抑制されて，企業業績の回復を促すというものである。

　Profit Sharing ルールとは，企業利潤の一定比率を労働者（労働組合）に分配する報酬制度であり，1970 年代のスタグフレーションを背景として，Weitzman(1984) の研究以降，様々な議論が展開されてきた。例えば，Weitzman(1985)(1987)，Fung(1989)，Sørensen(1992) 等では，Profit Sharing ルールが導入されれば，失業水準の低下とより低い価格水準の実現という，経済政策上好ましい性質を達成できることが提示されている。また，Freeman and Weitzman(1987) では，日本のボーナス制度が Profit Sharing の特徴を示すと考えられており，Fung(1989) では，Profit Sharing ルールが 1980 年代までの日本経済の成功の要因と捉えられている。

　しかしながら，バブル経済崩壊後の日本経済の長期低迷の中で，長期継続雇

用といった日本的な雇用慣行に対しても，環境の変化を通じた様々な問題点が指摘されるようになる[1]。また，Profit Sharing ルールが失業率を下げ，雇用も安定化させる制度であるならば，なぜ企業と労働者は自発的にそのルールを採用しないのかという指摘もある（Mankiw(1994)）。Profit Sharing ルールが経済を安定化させるか否かは，未だ解決していない問題である。

他方，Steindl(1952) 等は，高賃金は利潤を抑制するが，労働者家計の消費の増加を通じて経済を活性化すると論じている。このような考え方に立てば，景気後退期にこそ賃金を上昇させる必要があるという結論になる。高賃金の生産刺激効果が成立する経済は，停滞レジーム（stagnationist regime）と呼ばれている[2]。これに対して，高賃金の生産抑制効果が成立する経済は，活性化レジーム（exhilarationist regime）と呼ばれている。

Steindl(1952) の議論は金融的要因が考慮されていないが，ミンスキーは複雑な金融制度を持つ資本主義経済は内在的に不安定であることを強調する金融不安定性仮説を提唱した。そして，Wolfson(1994) は，ミンスキーの金融不安定性仮説の影響を強く受け，金融不安定性の要因として，利潤率の低下を強調している。また，Jarsulic(1990) は，所得分配と金融不安定性との関係を検討し，利潤分配率の低下が金融の脆弱性を招くと論じている。さらに，Keen(1995) は，グッドウィン・モデルに銀行部門を導入し，有利子負債の増大が企業の利潤を圧縮して金融不安定性を引き起こすと論じている。本書第6章では，負債の動態を導入したマクロ動学モデルにおいて，利潤分配率の低下

---

[1] 新・日本的経営システム等研究プロジェクト (1995) は，産業の構造的転換，労働市場の構造的変化等に柔軟に対応できるように雇用慣行を整えることが必要であると論じている。具体的には，労働者を 1) 長期蓄積能力活用型グループ，2) 高度専門能力活用型グループ，3) 雇用柔軟型グループ，の3つに分けることで，労働の流動化を促進することを主張している。

　また，小峰 (2006) では，終身雇用，年功序列型賃金，OJT（オン・ザ・ジョブ・トレーニング）といった日本型雇用慣行は，従来「相互補完性」の関係から長所を有していたが，高齢化の進展，企業経営のグローバル化，キャッチアップ型高成長の終焉などの環境の変化により，「相互補完性」が逆向きに作用し，日本型雇用慣行についての評価が変化したことが論じられている。

[2] 停滞レジームに属する最近の研究として，Flaschel and Skott(2006)，Bhaduri(2008)，中谷 (2008a) 等が挙げられる。

が経済を不安定化させると論じている[*3]。

　しかしながら，これらの諸研究では，Profit Sharing ルールが考慮されていない。Profit Sharing ルールをマクロ動学モデルで検討したものは非常に少ないが，Fanti and Manfredi(1998) は Profit Sharing ルールをグッドウィン・モデルで検討している。そして，Profit Sharing ルールが経済を安定化させると論じている。しかしながら，Fanti and Manfredi(1998) では，金融的側面が全く考慮されていない。

　本章の主たる目的は，Steindl(1952) 等の議論や金融的側面を考慮したマクロ動学モデルに Profit Sharing ルールを導入し，Profit Sharing ルールが経済を安定化させる効果を持つか否かを検討することにある。本章の構成は以下のようなものである。まず，第 7.2 節では，シェアリング・パラメーターを所与とした基本モデルにおいて，金融の不安定性と Profit Sharing との関連を検討する。第 7.3 節では，シェアリング・パラメーターを内生化した金融不安定性のマクロ動学モデルを構築し，Profit Sharing ルール等が動学体系の安定性に与える影響を検討する。第 7.4 節はまとめである。

7.2　モデル

　Profit Sharing ルールとは，企業利潤の一定比率を労働者（労働組合）に分配する報酬制度である。Profit Sharing ルールは，1970 年代のスタグフレーションを背景として，Weitzman(1984) 以来，様々に議論されてきた。それらに共通するものは，Profit Sharing ルールが導入されれば，失業水準の低下とより低い価格水準の実現という，経済政策上好ましい性質を達成できることが提示されていることである(Weitzman(1985)(1987)，Fung(1989)，Sørensen(1992) 等)。

[*3] 金融的側面を考慮した停滞レジームに属する研究として，Lavoie(1995)，Dutt(1995) 等がある。Lavoie(1995) は，企業の内部留保，株主への分配，債券保有者への利払いを考慮し，利子率の変化等による利潤率，負債比率の変化を検討している。石倉 (2002) は，Lavoie(1995) をもとに金融不安定性と有効需要との関連を検討し，日本のデータを用いた実証分析をおこなっている。また，Dutt(1995) は，企業の内部留保，株主への配当等を考慮したマクロ動学モデルを構築し，独占力の増大が長期均衡成長率を抑制する可能性があることを示している。

Weitzman(1985)(1987) は簡単なマクロ経済モデルを構築し，Fung(1989)，Sørensen(1992) は複占競争を導入した議論を展開している。また，Freeman and Weitzman(1987) では，日本のボーナス制度が Profit Sharing の特徴を示すと考えられており，Fung(1989) では，Profit Sharing ルールが 1980 年代までの日本経済の成功の要因として捉えられている。

労使交渉や独占的組合により決定される基本賃金のもとで企業が雇用量を決定する状況（right to manage model）では，労働組合（労働者）側は，報酬の利潤比例部分を考慮すれば，Profit Sharing ルールではない通常の伝統的報酬制度の場合と比較し，より高い基本賃金を追求する誘因が小さくなる。そのため，Profit Sharing ルールの場合には，より雇用量が大きくなるということである。

Weitzman(1985) 等の議論は，Profit Sharing ルールが労働市場の調整を円滑にするという点に焦点が当てられており，市場経済化と矛盾するものではないように思われる。しかしながら，1980 年代までは称賛の対象であったものが，金融的要因による経済の不安定性と思われるバブル経済崩壊後に，一転して批判の対象となっている。また，Profit Sharing ルールの安定化効果を主張する Fanti and Manfredi(1998) では，金融的側面が全く考慮されていない。それゆえわれわれは，金融の不安定性の枠組みの中で Profit Sharing ルールを考察する。

さらに，Weitzman(1985) 等とは異なり，Steindl(1952) 等では，労働者家計への分配の増加を通じた消費の増加という点に焦点が当てられている。このような考え方に立てば，景気後退期にこそ賃金を上昇させる必要があるという結論になる。われわれは，Steindl(1952) 等の議論も考慮して検討をおこなう。

本節では，金融の不安定性と Profit Sharing との関連等を検討するために，第 13 章等でも提示する金融の不安定性のマクロ動学モデルをもとにモデルを構築し，所与のシェアリング・パラメーター θ の変化が動学体系の安定性にどのような影響を及ぼすかといったことを検討する。

まず，実質利潤 π，実質賃金所得 H_W は，

$$\pi = Y - \frac{W}{p}L = \rho Y, \quad 0 < \rho < 1, \tag{7.1}$$

$$H_W = \frac{WL}{p} = (1-\rho)Y, \tag{7.2}$$

である。ここで，Y：実質所得，W：名目賃金，L：雇用量，p：物価，ρ：利潤分配率，である。

Profit Sharing ルールによる労働者の報酬は，実質賃金所得 H_W に，利潤の一定比率を加えたものである。θ を利潤のうち労働者に向けられる比率（シェアリング・パラメーター）とすれば，家計が受け取る利潤からの所得 H_R は，

$$H_R = \theta\rho Y, \tag{7.3}$$

である。

家計は賃金所得 H_W と利潤からの所得 H_R の合計の一定割合 c（$0 < c < 1$）を消費すると想定すれば，消費関数 C は，

$$C = c(H_W + H_R) = c[(1-\rho)Y + \theta\rho Y] = c[1 - (1-\theta)\rho]Y, \tag{7.4}$$

と定式化される。ここで，c：限界消費性向，である。(7.4) は，シェアリング・パラメーター θ の増加（労働者への分配の増加）が消費を増加させるという Steindl(1952) 等の議論と整合的である。また，投資関数 I は，

$$I(= \dot{K}) = I(Y, K, i) + I_0, \tag{7.5}$$
$$I_Y > 0, \quad I_K < 0, \quad I_i < 0,$$

を仮定する。ここで，K：資本ストック，である。$I_K < 0$ は，企業が資本ストックの増加により投資を抑制するということを示している。

さらに，貨幣需要関数，貨幣供給関数を定式化しよう。貨幣需要関数 M^d，貨幣供給関数 M^s はそれぞれ，

$$M^d = L(Y, i), \tag{7.6}$$
$$L_Y > 0, \quad L_i < 0,$$
$$M^s = \mu(Y, i)H, \tag{7.7}$$
$$\mu_Y > 0, \quad \mu_i > 0,$$

144　　第 7 章　Profit Sharing, 停滞レジームと金融の不安定性

を仮定する。ここで，μ：貨幣乗数，H：ハイパワードマネー，である。ただし，本章では，ハイパワードマネー H は一定であると仮定する（$H = \bar{H}$）。

$\mu_Y > 0$ の仮定は，所得の増加によって市中銀行が貸付に対して楽観的になれば，貨幣乗数 μ が増加するということを表している[*4]。利子率 i が貨幣市場の需給一致で決定されると考えれば，

$$L(Y, i) = \mu(Y, i)\bar{H}, \tag{7.8}$$

である。(7.8) より，

$$i = i(Y), \tag{7.9}$$

$$i_Y = -\frac{L_Y - \mu_Y \bar{H}}{L_i - \mu_i \bar{H}} = -\frac{m_Y}{m_i}(= \phi) \gtreqless 0,$$

が得られる。ここで，

$$m_Y = L_Y - \mu_Y \bar{H}, \tag{7.10}$$

$$m_i = L_i - \mu_i \bar{H}, \tag{7.11}$$

である。(7.9) はいわゆる LM 曲線の傾きを表しているが，例えば，$m_Y < 0$ の場合（LM 曲線の傾きが負の場合）には，所得の上昇にもかかわらず利子率が下落する（$\phi < 0$）。所得 Y は，数量調整により需給調整がおこなわれると考えれば，

$$\dot{Y} = \gamma(C + I + G - Y), \quad \gamma > 0, \tag{7.12}$$

と定式化される。ここで，G：政府支出，γ：財市場の調整パラメーター，である。

まず，われわれはシェアリング・パラメーター θ 等が外生的に変化する場合について検討しよう。(7.4)(7.5)(7.9)(7.12) を整理すれば，動学体系 $(S_a.7)$，

$$\dot{Y} = \gamma[c[1 - (1 - \theta)\rho]Y + I(Y, K, i(Y)) + I_0 + G - Y], \tag{S_a.7.1}$$

$$\dot{K} = I(Y, K, i(Y)) + I_0, \tag{S_a.7.2}$$

が得られる。

[*4] 第 6 章では，この点に関する簡単なミクロ経済学的基礎づけの議論がおこなわれている。

7.2 モデル

動学体系 $(S_a.7)$ のヤコビ行列は,

$$\mathbf{J}_a = \begin{pmatrix} f_{11} & f_{12} \\ f_{21} & f_{22} \end{pmatrix}, \tag{7.13}$$

$$
\begin{aligned}
f_{11} &= \gamma[c\{1 - (1 - \theta)\rho\} + I_Y + I_i\phi - 1] \\
&= \gamma\big[I_Y + I_i\phi - [1 - c\{1 - (1 - \theta)\rho\}]\big], \\
f_{12} &= \gamma I_K = \gamma f_{22}, \\
f_{21} &= I_Y + I_i\phi, \quad f_{22} = I_K,
\end{aligned}
$$

であり, その特性方程式は,

$$\lambda^2 + a_1\lambda + a_2 = 0, \tag{7.14}$$

である。ここで,

$$
\begin{aligned}
a_1 &= -\mathrm{trace}\,\mathbf{J}_a = -f_{11} - f_{22} \tag{7.15} \\
&= -\gamma\big[I_Y + I_i\phi - [1 - c\{1 - (1 - \theta)\rho\}]\big] - f_{22}, \\
a_2 &= \det \mathbf{J}_a = f_{11}f_{22} - f_{12}f_{21} = -\gamma f_{22}[1 - c\{1 - (1 - \theta)\rho\}] > 0, \tag{7.16}
\end{aligned}
$$

である。(7.15)(7.16) を見ればわかるように, 動学体系 $(S_a.7)$ の安定性は, a_1 の符号に依存する。

ここで, $a_1 = 0$ を満たす, m_Y とシェアリング・パラメーター θ の組み合わせを導出すれば,

$$m_Y = \frac{m_i}{I_i}c\rho\theta + \frac{m_i}{I_i}\left[I_Y - \{1 - c(1 - \rho)\} + \frac{f_{22}}{\gamma}\right], \tag{7.17}$$

が得られる。図 7.1 は (7.17) を描いたものであり, 経済の構造を表している。ここで, 経済が図 7.1 の A 点にあるとしよう。m_Y は金融的側面を表しているが, 先にも述べたように, $m_Y < 0$ の場合には, 所得 Y の上昇にもかかわらず利子率 i が大きく下落する ($\phi < 0$)。このような場合, 投資 I は促進され, 所得 Y はさらに増加する。つまり, 金融的要因が経済を不安定化させているのである。これに対して, 経済が B 点にある場合, その不安定性は実物的要因に起因している。この場合, 所得 Y の上昇に伴い利子率 i も上昇するので ($\phi > 0$), 投資 I が抑制されて所得 Y は減少に転じる。つまり, 金融的要因は

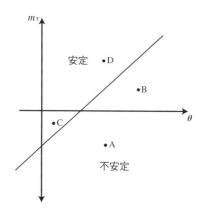

図 7.1　経済の構造

経済を安定化させているのである[*5]。また，C 点，D 点は安定だが，C 点では実物的要因の安定化作用が，金融的要因による不安定化を抑える形になっている。動学体系 $(S_a.7)$ の安定性は，消費関数を通じたシェアリング・パラメーター θ を含む実物的側面（IS 曲線の傾き）と，金融的側面（LM 曲線の傾き）の相対的関係に規定されているのである。

(7.17) を見ればわかるように，シェアリング・パラメーター θ の上昇は，$a_1 = 0$ を満たす m_Y を上昇させる。先にも述べたように，シェアリング・パラメーター θ は，消費を通じた実物的要因に影響している。つまり，動学体系 $(S_a.7)$ を安定化させるためには，より安定的な金融構造（$m_Y > 0$ でその値が大きい）が必要になるということである。

ここで，m_Y を含む他の微係数，パラメーターを所与とし，$a_1 = 0$ を満たすシェアリング・パラメーター θ を θ_0 としよう。以上の想定により，以下の命題 7.1 が得られる。

命題 7.1：シェアリング・パラメーター θ の上昇は，動学体系 $(S_a.7)$ を不安定化させる。つまり，$\theta > \theta_0$ ならば動学体系 $(S_a.7)$ は局所的に不安定，$\theta < \theta_0$ ならば安定となる。

[*5] このような経済の不安定性に関する詳細な議論は，第 13 章を参照。

証明：$\theta > \theta_0$ ならば，$a_1 < 0$ である。この場合，Routh-Hurwitz の条件は満たされない。逆に，$\theta < \theta_0$ ならば，$a_1 > 0$ となる。また，$a_2 > 0$ である。ゆえに，Routh-Hurwitz の条件は満たされる。Q.E.D.

命題 7.1 を経済学的に解釈しよう。ここで，経済が景気下降局面にあると想定しよう。シェアリング・パラメーター θ が高いということは，所得 Y の下落により，家計の利潤からの所得が減少するということを意味している。家計の所得減少は消費需要を抑制するので，所得 Y はさらに減少する。逆に，シェアリング・パラメーターが低くなれば，所得の下落に伴う消費需要の抑制は相対的に小さなものとなり，所得の累積的な減少を引き起こすことはない[*6]。

さらに，以下の仮定 (A.7.1) が満たされるとしよう。

$$I_Y + I_i\phi - [1 - c\{1 - (1 - \theta)\rho\}] > 0. \qquad (A.7.1)$$

この仮定は，利子率の変化による投資への間接的影響を含む限界投資性向 $(I_Y + I_i\phi)$ が，限界貯蓄性向 $(1 - c\{1 - (1 - \theta)\rho\})$ を上回ることを意味している。これはカルドア型循環モデル特有の仮定であるが，先にも述べたように，金融的要因（$\phi < 0$，かつその絶対値が大きい）によっても満たされる可能性がある。また，γ_0 という値を

$$\gamma_0 = -\frac{f_{22}}{I_Y + I_i\phi - [1 - c\{1 - (1 - \theta)\rho\}]} \qquad (7.18)$$

と定義する。

仮定 (A.7.1) が満たされる場合，以下の命題 7.2 が得られる。

命題 7.2：財市場の調整パラメーター γ を分岐パラメーターに選んだ時，$\gamma = \gamma_0$ において Hopf 分岐が発生し，γ_0 の近傍のパラメーターのある範囲において，動学体系 $(S_a.7)$ の非定常的な周期解が存在する。

証明：$\gamma = \gamma_0$ の時，$a_1 \ (= -\mathrm{trace}\,\mathbf{J}_a) = 0$ となる。また，$a_2 > 0$ である。この時，特性根は，$\lambda_1, \lambda_2 = \pm i\sqrt{a_2}$ である（ここの i は $i \equiv \sqrt{-1}$）。ゆえに，

[*6] このようなメカニズムは，停滞レジームと一致するものである。

$\gamma = \gamma_0$ で動学体系 $(S_a.7)$ の特性方程式は 1 組の純虚根を持つ。さらに，特性根が複素数になる γ の範囲では，$\mathrm{Re}\,\lambda(\gamma) = \mathrm{trace}\,\mathbf{J}_a/2$ である。$\mathrm{Re}\,\lambda(\gamma)$ は，$\lambda(\gamma)$ の実数部分である。(7.15) より，

$$\frac{d(\mathrm{Re}\lambda(\gamma))}{d\gamma}\Big|_{\gamma=\gamma_0} = \frac{I_Y + I_i\phi - [1 - c\{1 - (1-\theta)\rho\}]}{2} \neq 0,$$

である。ゆえに，$\gamma = \gamma_0$ の時，Hopf の分岐定理を適用するための条件が全て満たされる。Q.E.D.

命題 7.2 は，第 13 章等で示される循環と同様のものである。ただし，動学体系 $(S_a.7)$ の循環には，シェアリング・パラメーター θ 等が関係している。ここで，循環の周期は，近似的に $2\pi/[\mathrm{Im}\,\lambda(\gamma_0)]$ によって与えられる（この π は実質利潤ではない）。ここで，$\mathrm{Im}\,\lambda(\gamma_0)$ は $\lambda(\gamma_0)$ の虚数部分なので，循環の周期は a_2 に依存する。ゆえに，シェアリング・パラメーター θ の上昇は，循環の周期を小さくする。この意味では，シェアリング・パラメーター θ の上昇は，動学体系 $(S_a.7)$ を安定化させると言うことができる。

この点を確認するために，われわれはパラメーター等に適切な数値を与えた以下の動学体系 $(S_b.7)$，

$$\dot{Y} = \gamma[0.8\{1 - (1-\theta)0.5\}Y + (15\sqrt{Y} - 0.3K + 100) + G - Y] \quad (S_b.7.1)$$
$$\dot{K} = 15\sqrt{Y} - 0.3K + 100 \quad\quad\quad\quad\quad\quad\quad\quad\quad\quad\quad\quad (S_b.7.2)$$

において，1)$\theta = 0.6$，$G = 50$，2)$\theta = 0.8$，$G = 39$，の 2 つのケースについての数値シミュレーションをおこなった[7]。図 7.2 は 1) のケース，図 7.3 は 2) のケースである。循環の周期（振幅）を比較するため，G の値を変えて，2 つのケースの均衡の所得を $Y^* \cong 139$ にしている。

---

[7] Sørensen(1992) では，複占市場での企業別労働組合が存在する場合の労使交渉モデルにおいて，労働組合の相対的交渉力が強すぎない場合に，Profit Sharing ルールが企業によって内生的に採用されるという結果が導出されている。ここでの $\theta = 0.6$ あるいは 0.8 という設定は，Sørensen(1992) モデルにおけるより単純な状況（労働組合の相対的交渉力を同一化したもの）で Profit Sharing ルールが内生的に採用される可能性と整合的な数値である。この点については，二宮・高見 (2008) を参照。なお，ここでの数値シミュレーションには，Mathematica を使用した。

7.2 モデル

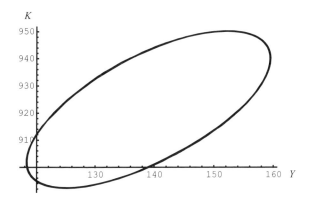

図 7.2　数値シミュレーション　1) のケース

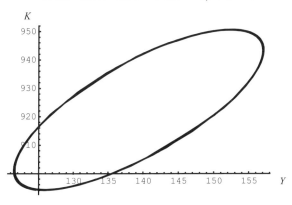

図 7.3　数値シミュレーション　2) のケース

　図 7.2, 図 7.3 を見ればわかるように，2) のケースの循環の周期（振幅）が 1) のケースよりも小さくなっている。ただし，$\theta = 0.8$, $G = 50$ の場合には，循環の周期はむしろ大きくなることが導かれる。この場合，均衡の所得は $Y^* = 179$ である。

7.3 Profit Sharing と非 Profit Sharing

次に，シェアリング・パラメーター θ が内生的に変化する動学体系 $(S_c.7)$ を検討しよう。ここで，シェアリング・パラメーター θ の動態を，

$$\dot{\theta} = \eta_i(Y - \bar{Y}), \quad \eta_1' > 0, \quad \eta_2' < 0, \tag{7.19}$$

と定式化しよう。

まず，η_1 の場合，$\eta_1' > 0$ である。ゆえに，この場合，所得 Y が $\bar{Y}$ を下回ればシェアリング・パラメーター θ が低下し，逆に，所得 Y が $\bar{Y}$ を上回ればシェアリング・パラメーター θ が上昇するということを示している。例えば，景気が悪くなれば家計への分配が減少するということである[*8]。

他方，η_2 の場合，$\eta_2' < 0$ である。ゆえに，この場合，所得 Y が $\bar{Y}$ を下回ればシェアリング・パラメーター θ が上昇するということを示している。例えば，景気が悪くなれば，家計への分配を増加させるということである。このケースは，高賃金の生産刺激効果を強調する Steindl(1952) 等の停滞レジームと一致していると思われる。われわれは，1)η_1 のケースを Profit Sharing ルール，2)η_2 のケースを非 Profit Sharing ルール[*9]，としよう。

(7.19) を考慮すれば，動学体系 $(S_c.7)$，

$$\dot{Y} = \gamma[c\{1 - (1 - \theta)\rho\}Y + I(Y, K, i(Y)) + I_0 + G - Y], \tag{$S_c.7.1$}$$

$$\dot{K} = I(Y, K, i(Y)) + I_0, \tag{$S_c.7.2$}$$

$$\dot{\theta} = \eta_i(Y - \bar{Y}), \quad i = 1, 2, \quad \eta_1' > 0, \quad \eta_2' < 0, \tag{$S_c.7.3$}$$

が得られる。

[*8] このケースは，賃金主導の景気回復ではないので，活性化レジームと一致していると思われる。

[*9] 通常，このようなルールを企業が自発的に採用することは考えられないし，現実にも起こりそうにない。このようなルールは，労働者の交渉力が相当程度強いか，政府の規制，再分配政策により採られるものである。

7.3 Profit Sharing と非 Profit Sharing

動学体系 $(S_c.7)$ のヤコビ行列は,

$$\mathbf{J}_c = \begin{pmatrix} g_{11} & g_{12} & g_{13} \\ g_{21} & g_{22} & 0 \\ g_{31} & 0 & 0 \end{pmatrix}, \tag{7.20}$$

$$\begin{aligned} g_{11} &= \gamma[c\{1 - (1-\theta)\rho\} + I_Y + I_i\phi - 1] \\ &= \gamma\big[I_Y + I_i\phi - [1 - c\{1 - (1-\theta)\rho\}]\big] \\ &= \gamma(I_Y + I_i\phi - s), \\ g_{12} &= \gamma I_K = \gamma g_{22}, \quad g_{13} = \gamma c\rho Y, \\ g_{21} &= I_Y + I_i\phi, \quad g_{22} = I_K, \quad g_{31} = \eta_i', \end{aligned}$$

であり, その特性方程式は,

$$\lambda^3 + b_1\lambda^2 + b_2\lambda + b_3 = 0, \tag{7.21}$$

である。ここで,

$$b_1 = -\mathrm{trace}\,\mathbf{J}_c = -g_{11} - g_{22} \tag{7.22}$$
$$= -\gamma(I_Y + I_i\phi - s) - g_{22},$$

$$b_2 = \begin{vmatrix} g_{22} & 0 \\ 0 & 0 \end{vmatrix} + \begin{vmatrix} g_{11} & g_{13} \\ g_{31} & 0 \end{vmatrix} + \begin{vmatrix} g_{11} & g_{12} \\ g_{21} & g_{22} \end{vmatrix} \tag{7.23}$$
$$= -g_{13}g_{31} + g_{11}g_{22} - g_{12}g_{21}$$
$$= -\gamma c\rho Y \eta_i' - \gamma s g_{22}$$

$$b_3 = -\det\mathbf{J}_c = -g_{31}(-g_{13}g_{22}) = \eta_i'\gamma c\rho Y g_{22} \gtreqless 0, \tag{7.24}$$

$$b_1 b_2 - b_3 = b_1(-\gamma c\rho Y \eta_i' - \gamma s g_{22}) + \eta_i'\gamma c\rho Y g_{22} \tag{7.25}$$
$$= (I_Y + I_i\phi - s)\gamma^2 c\rho Y \eta_i' - b_1\gamma s g_{22},$$

である。

7.3.1 Profit Sharing ルール（η_1 の場合）

この場合, 以下の命題 7.3 が得られる。

命題 7.3：Profit Sharing ルールを採る場合, 経済の構造とは無関係に, 動学体系 $(S_c.7)$ は不安定である。

証明：$\eta_1' > 0$ なので $b_3 < 0$ である。ゆえに，Routh-Hurwitz の条件は満たされない。Q.E.D.

命題 7.3 を経済学的に解釈しよう。先にも述べたように，経済が不安定である場合，その不安定性が実物的要因に起因している場合と，金融的要因に起因している場合がある。命題 7.3 は，いずれの要因に起因している場合においても，Profit Sharing ルールの導入は経済を安定化させないことを示唆している。また，安定的な経済にそのルールを導入した場合にも，経済を不安定化させるということである。

この不安定化のメカニズムは，以下のようなものである。ここで，経済が景気後退局面にあると想定しよう。この時，シェアリング・パラメーター θ は低下する。シェアリング・パラメーターの低下は家計の所得を減少させ，消費需要は大きく減少する。その結果，所得はさらに減少するというものである。

Fanti and Manfredi(1998) は，Profit Sharing ルールが経済を安定化させることを主張している[*10]。しかしながら，彼らのモデルは，財市場の均衡が満たされているグッドウィンタイプのモデルにおいて検討されている。それゆえ，このような消費を通じた不安定性は顕在化してこないと思われる。

バブル経済崩壊後の日本経済の長期低迷により，家計への分配は抑制された。その結果，企業の財務体質は改善したものの，2000 年代半ばの景気回復は，個人消費の拡大に基づいた本格的な回復には至らなかったように思われる。実感なき景気回復と言われるゆえんである。その景気回復は，好調だったアメリカ経済や中国の高度経済成長といった外需に依存したものであったと考えるのが妥当であろう。しかしながら，サブプライム問題に端を発した金融市場の混乱によるアメリカ経済の停滞は，世界各国にも深刻な影響を与え（サブプライム危機），アメリカ型システムに対する信頼を大きく揺るがしたことは紛れもない事実であろう。

また，このような不安定性は，経済の金融的要因が安定的に作用しているか否かに依存していないということには注意が必要である。労使協調的な日本的

[*10] 先にも述べたように，Weitzman(1985)(1987) 等の議論もまた，Profit Sharing ルールの採用が，失業率の低下といった，経済政策上好ましい結果を導くというものである。

7.3 Profit Sharing と非 Profit Sharing   **153**

雇用慣行に対する批判は，経済の不安定性が金融的要因により引き起こされたと思われる 1990 年代に高まった。しかしながら，命題 7.3 の動学体系 $(S_c.7)$ の不安定性は，そのような要因とはほとんど関係していないということを示唆している。

7.3.2 非 Profit Sharing ルール（η_2 の場合）

命題 7.3 は，経済の構造にかかわりなく，Profit Sharing ルールが動学体系を不安定化することを示している。それでは，非 Profit Sharing ルールを導入すれば，経済を安定化することができるであろうか。次に，非 Profit Sharing ルールの場合について検討しよう。

ここで，$b_1 = 0$ を満たす m_Y を m_{Yb} と定義する。この場合，以下の命題 7.4，命題 7.5 が得られる。

命題 7.4： 非 Profit Sharing ルールの程度が小さい（$|\eta'_2|$ が小さい）場合，$m_Y > m_{Yb}$ ならば動学体系 $(S_c.7)$ は局所安定，$m_Y < m_{Yb}$ ならば不安定である。

証明： $m_Y > m_{Yb}$ の時，$b_1 > 0$ である。$|\eta'_2|$ が十分小さいならば $b_2 > 0$，$|\eta'_2|$ が十分小さく $b_1 > 0$ ならば $b_1 b_2 - b_3 > 0$ である。また，$\eta'_2 < 0$ より，$b_3 > 0$ である。ゆえに，$m_Y > m_{Yb}$ かつ $|\eta'_2|$ が十分小さいならば，$b_1 > 0$，$b_2 > 0$，$b_3 > 0$，$b_1 b_2 - b_3 > 0$ が得られ，Routh-Hurwitz の条件は満たされる。逆に，$m_Y < m_{Yb}$ ならば $b_1 < 0$ となり，Routh-Hurwitz の条件は満たされない。Q.E.D.

命題 7.5： 非 Profit Sharing ルールの程度が大きい（$|\eta'_2|$ が大きい）場合，$I_Y + I_i\phi - s < 0$ ならば動学体系 $(S_c.7)$ は局所安定，$I_Y + I_i\phi - s > 0$ ならば不安定である。

証明： $I_Y + I_i\phi - s < 0$ ならば，$b_1 > 0$ である。$|\eta'_2|$ が大きくなれば $b_2 > 0$ となる。$|\eta'_2|$ が十分大きく，$I_Y + I_i\phi - s < 0$ ならば，$b_1 b_2 - b_3 > 0$ である。この場合，$b_1 > 0$，$b_2 > 0$，$b_3 > 0$，$b_1 b_2 - b_3 > 0$ が得られ，Routh-Hurwitz

の条件は満たされる。逆に，$I_Y + I_i\phi - s > 0$ ならば，$b_1 b_2 - b_3 < 0$ である。この場合，Routh-Hurwitz の条件は満たされない。Q.E.D.

命題 7.4 および命題 7.5 は，実物的要因にしろ，金融的要因にしろ，財市場が不安定的（$m_Y < m_{Yb}$ または $I_Y + I_i\phi - s > 0$）ならば，動学体系 $(S_c.7)$ は不安定になるということを示している。

先にも述べたように，非 Profit Sharing ルールは，所得 Y の低下によりシェアリング・パラメーターをむしろ増加させるというものである。ここで，経済が景気後退局面にあると想定しよう。この時，シェアリング・パラメーター θ は上昇する。シェアリング・パラメーターの上昇は家計の所得を増加させ，消費需要も増加する。そして，実物的要因にしろ，金融的要因にしろ，財市場が安定的（$m_Y > m_{Yb}$ または $I_Y + I_i\phi - s < 0$）ならば，所得 Y は増加に転じる。例えば，所得 Y の低下は利子率 i を下落させるので，投資 I が促進されるからである。

しかしながら，財市場が不安定的（$m_Y < m_{Yb}$ または $I_Y + I_i\phi - s > 0$）である場合，例えば，所得 Y の低下は市中銀行の貸付を慎重化させ，むしろ利子率 i を上昇させる。利子率 i の上昇は投資 I を抑制するので，所得 Y はさらに低下するということである。経済がこのような状況にある場合，非 Profit Sharing ルールの効果は限られたものとなることを示唆している。重要なことは，非 Profit Sharing ルールを採る場合においても，金融政策等の政策手段を用いて経済（財市場）を安定化させる必要があるということである。

7.4 おわりに

企業利潤の一定比率を労働者（労働組合）に分配する報酬制度である Profit Sharing ルールは，1970 年代のスタグフレーションの処方箋として，Weitzman(1984) 以来，様々に議論されてきた。そして，Profit Sharing ルールは，1980 年代までの日本経済の成功要因として捉えられてきた。しかしながら，バブル経済崩壊後の日本経済の長期低迷の中で，長期継続雇用といった日本型雇用慣行に対しても，環境の変化を通じた様々な問題点が指摘されるようにな

7.4 おわりに

る。他方，Steindl(1952) 等は，高賃金は利潤を抑制するが，労働者家計の消費の増加を通じて経済を活性化すると論じている。

本章では，これまでの諸研究では総合的に検討されていなかった，金融の不安定性，Steindl(1952) 等の議論を考慮したマクロ動学モデルを構築し，Profit Sharing ルール等が動学体系の安定性にどのような影響を及ぼすかといった観点から検討をおこなった。本章で得られた主たる結論は，以下のようなものである。

1. シェアリング・パラメーター θ の上昇は，動学体系 $(S_a.7)$ を不安定化させる。

2. ある条件のもと，財市場の調整パラメーター γ を分岐パラメーターに選んだ時，$\gamma = \gamma_0$ で Hopf 分岐が発生し，γ_0 の近傍のパラメーターのある範囲において動学体系 $(S_a.7)$ の非定常的な周期解が存在する。ただし，高いシェアリング・パラメーター θ は，その循環の周期を小さくする可能性がある。

3. 好況時にシェアリング・パラメーター θ を増加させ，逆に不況時にシェアリング・パラメーター θ を低下させるといった Profit Sharing ルールを導入した動学体系 $(S_c.7)$ は，経済の構造にかかわりなく，局所的に不安定である。

4. 好況時にシェアリング・パラメーター θ を低下させ，逆に不況時にシェアリング・パラメーター θ を増加させるといった非 Profit Sharing ルールを導入した動学体系 $(S_c.7)$ は，ある条件のもとで局所的に安定である。

以上のような結論は，Profit Sharing ルールがむしろ経済を不安定化させる可能性があることを示している。また，経済が不況期にある場合にシェアリング・パラメーター θ を低下させるという Profit Sharing ルールが，家計の消費を抑制して景気の回復を遅らせる可能性があることを示唆している。これは，Steindl(1952) 等の停滞レジームの議論と一致するものである。

また，Profit Sharing ルールが経済を不安定化させるという結論は，経済の不安定性がどのような要因に起因しているかということには依存しない。つま

り，労使協調的な日本型雇用慣行は，1990年のバブル経済崩壊後に批判にさらされるが，それは金融構造が脆弱化したこととは関係が薄いということである。

Profit Sharing ルール，あるいは日本型の経営システムの利点は，むしろ労使協調による生産性の上昇や，解雇をできるだけ回避しようとする企業行動による雇用と社会全体の安定といった側面にあると思われる。あるいは，経済が内需ではなく外需に依存しているような経済においては，このような Profit Sharing ルールが，経済を安定化させるという意味においても有効なのかもしれない[*11]。

最後に，今後の検討課題を述べる。本章では，金融の不安定性と Profit Sharing ルールとの関係等を検討したが，負債の動態は考慮されていない。金融不安定性のマクロ動学では，ミンスキーの言うヘッジ金融から投機的金融，ポンツィ金融へと至る金融構造の脆弱化を定式化するものとして，負債の動態が重視されている。シェアリング・パラメーターの変化は，当然のことながら，企業の内部留保に影響する。企業財務の悪化は，投資の抑制を通じてマクロ経済にも悪影響を及ぼすと思われる。賃金主導型経済と利潤主導型経済の比較では，このような要素を詳細に検討することが必要不可欠である。さらに，開放体系における Profit Sharing ルール等の検討は，興味深い拡張である。先にも述べたように，外需に大きく依存している経済においては，むしろ Profit Sharing ルールが経済を安定化させるという可能性もある。以上のような諸点の検討は，今後の検討課題としたい。

[*11] Blecker(2002) 等は，閉鎖経済においては賃金主導型経済が成立していても，開放経済では利潤主導型経済にならざるをえないと主張している。中谷 (2008a) は，資本蓄積を考慮した長期においては，このような主張は成立しない可能性が高くなることを示している。

第 8 章

負債荷重，金融資産，および金融の不安定性

8.1　はじめに

　ミンスキーは，複雑な金融構造を持つ資本主義経済は不安定であるとする金融不安定性仮説を提示した。そして，Taylor and O'Connell(1985) の研究以降，ミンスキーの議論は様々な観点から数理モデルに展開されている。例えば，Chiarella, Flaschel and Semmler(2001)，Asada(2006a)(2007)，本書第6章や第9章等，非線形経済動学の手法等を用いた近年の金融不安定性のマクロ動学の研究では，企業の負債の動態が導入され，金融の不安定性，循環が検討されている。

　これとは別に，Bernanke and Gertler(1989)，Bernanke, Gertler and Gilchrist(1999) 等は，資産価値とマクロ経済活動との関連を強調したファイナンシャル・アクセラレーター仮説を提示している。植田 (2006) は，金融不安定性仮説とファイナンシャル・アクセラレーター仮説を比較検討し，Uchida(1987) 等で提示された相対的危険回避度の議論を足立 (1994) に導入して，家計の金融資産という観点から興味深い議論を展開している。しかしながら，植田 (2006) は，マクロ動学モデルへの展開が十分であるとは言いがたい。これに対して，Chiarella, Flaschel and Semmler(2001) 等では，企業の

負債の動態は考慮されているものの，金融資産の蓄積という観点はほとんど考慮されていないように思われる[*1]。

本章の目的は，Uchida(1987)，植田 (2006) 等の相対的危険回避度の議論を考慮した，寡占経済（短期）における金融不安定性の簡単なマクロ動学モデルを構築し，企業の負債，家計の金融資産を考慮した金融の不安定性を検討することにある。本章のモデルは，所得，負債に加えて，金融資産の動態が考慮されているところに特徴がある。

本章の主たる結論は，1) 相対的危険回避度減少でその程度が大きい場合には，経済が不安定となる，2) 相対的危険回避度一定，あるいは減少でもその程度が小さい場合，経済の循環が生じる，ということである。

本章の構成は，以下のようなものである。まず，第 8.2 節では，本章の主たる特徴である，金融資産を考慮した利子率の決定を論じる。第 8.3 節では，従来の所得，企業の負債の動態に加えて，家計の金融資産の動態を定式化し，第 8.2 節の議論をふまえたマクロ動学モデルを構築して，動学体系の安定性，循環を論じる。第 8.4 節は，まとめである。

8.2 家計の金融資産と利子率の決定

本節では，家計の金融資産と利子率の決定について検討しよう。利子率 i は，第 3 章等に従い，債券市場の均衡，

$$EB = -(EX + EM) = -(C + I - Y + M^d - M^s) = 0, \tag{8.1}$$

で決定されると想定する。ここで，EB：債券の超過需要，EX：財の超過需要，EM：貨幣の超過需要，C：消費，I：投資，Y：所得，M^d：貨幣需要，M^S：貨幣供給，である。

われわれは寡占経済（短期）を想定しているので，物価水準 p がマーク・アッ

[*1] 小川・北坂 (1998) 等は，担保としての資産価値を考慮したマクロ経済モデルを構築して，日本のバブル経済，金融政策の有効性を検討している。ただし，本章では，Uchida(1987)，植田 (2006) と同様，家計の金融資産に焦点を当てている。二宮・得田 (2017) は，このような観点を考慮した実証分析をおこなっている。

8.2 家計の金融資産と利子率の決定

プ原理で決定されると考えれば,

$$p = (1 + \tau)WN/Y, \tag{8.2}$$

である。ここで, τ：マーク・アップ率, W：名目賃金, N：雇用量, である。
(8.2) を考慮すれば, 実質賃金所得 H_W, 実質利潤 Π は, それぞれ,

$$H_W = \frac{W}{p}N = \frac{1}{1+\tau}Y = (1-\rho)Y, \tag{8.3}$$

$$\Pi = Y - \frac{W}{p}N = \frac{\tau}{1+\tau}Y = \rho Y, \tag{8.4}$$

である。ここで, ρ：利潤分配率, である。さらに, 利潤の一定割合 β が資産家家計の所得 H_R に, 残余の $(1-\beta)$ が企業の内部留保 V になると想定すれば,

$$H_R = \beta\Pi = \beta\rho Y, \tag{8.5}$$

$$V = (1-\beta)\Pi = (1-\beta)\rho Y, \tag{8.6}$$

である。

労働者家計はその所得の全てを, 資産家家計はその一定割合を消費すると仮定すれば, 労働者家計の消費 C_W, 資産家家計の消費 C_R は, それぞれ,

$$C_W = (1-\rho)Y, \tag{8.7}$$

$$C_R = c(\omega)H_R = c(\omega)\beta\rho Y, \quad c' > 0, \tag{8.8}$$

と定式化される。ここで, ω：家計の保有する金融資産である。一般に, 保有資産の増加は消費を増加させると考えられるので, その増加によって資産家家計の限界消費性向 c は増加すると仮定する。例えば, バブル経済期には, 景気の拡大と相まって, わが国の家計の金融資産残高は著しく増加した。そして, その増加に伴って消費も拡大した。この仮定は, そのような側面を捉えたものである。

(8.7)(8.8) より, 消費関数 C は,

$$C = C_W + C_R = (1-\rho)Y + c(\omega)\beta\rho Y, \tag{8.9}$$

と定式化される。

さらに，家計の金融資産の保有量 ω が，その資産選択にも影響すると考えられる。われわれは，資産需要関数を，

$$M^d = \delta(\omega)\gamma(Y, B, i)\omega, \tag{8.10}$$

$$B^d = \zeta(\omega)(1 - \gamma(Y, B, i))\omega, \tag{8.11}$$

$$\gamma_Y \gtreqless 0, \quad \gamma_B > 0, \quad \gamma_i < 0, \quad \delta'(\omega) \leq 0, \quad \zeta'(\omega) \geq 0,$$

と仮定する。ここで，M^d：貨幣需要，B^d：債券需要，i：利子率，である。つまり，資産家家計は，所得 Y，企業の負債 B，利子率 i，相対的危険回避度に依存して，貨幣および債券を保有するということである。$\delta' < 0$, $\zeta' > 0$ は相対的危険回避度減少，$\delta' = 0$, $\zeta' = 0$ は相対的危険回避度一定のケースを表している。

相対的危険回避度減少のケースは，金融資産 ω が増加するほど，安全資産である貨幣の保有割合が低下し，危険資産の保有割合が増加するということを表している。わが国においても金融の自由化が進展し，資産選択において金利等にも反応するようになり，1980 年代後半には金融資産の保有額の増加に伴い，危険資産の保有も増加するようになった。また，1990 年のバブル経済崩壊以降は，保有金融資産の減少，安全志向の高まり等から，危険資産への投資は減少した。

次に，貨幣供給関数 M^S は，

$$M^s = \mu(Y, B, i)H, \quad \mu_Y > 0, \quad \mu_B < 0, \quad \mu_i > 0, \tag{8.12}$$

を仮定する。ここで，μ：貨幣乗数，H：ハイパワードマネー（一定），である。例えば，$\mu_Y > 0$ は，景気の後退（所得 Y の下落）によって市中銀行の貸付が減少し，貨幣乗数が小さくなるということを意味している。バブル経済崩壊後の長期不況に対応した金融政策により，ハイパワードマネーは著しく増加したが，貨幣乗数が低下したために，マネーサプライの伸び率はそれほど大きくなかった。

投資関数 I は，

$$I = I(Y, B, i) + I_0, \quad I_Y > 0, \quad I_B < 0, \quad I_i < 0, \tag{8.13}$$

8.2 家計の金融資産と利子率の決定 **161**

を仮定する。(8.9)(8.10)(8.12)(8.13) を (8.1) に代入すれば,

$$EB = -[(1-\rho)Y + c(\omega)\beta\rho Y + I(Y,B,i) + I_0 - Y \\ + \delta(\omega)\gamma(Y,B,i)\omega - \mu(Y,B,i)H] = 0, \tag{8.14}$$

が得られる。そして, (8.14) を利子率 i で解けば,

$$i = i(Y,B,\omega), \tag{8.15}$$

$$i_Y = -\frac{I_Y - (1-c\beta)\rho + m_Y}{I_i + \delta\gamma_i\omega - \mu_i H} = \phi \gtreqless 0,$$

$$i_B = -\frac{I_B + m_B}{I_i + \delta\gamma_i\omega - \mu_i H} = i_B \gtreqless 0,$$

$$i_\omega = -\frac{c'\beta\rho Y + \delta'(\omega)\gamma\omega + \delta\gamma}{I_i + \delta\gamma_i\omega - \mu_i H} = \varphi \gtreqless 0,$$

が得られる。ここで,

$$m_Y = \delta\gamma_Y\omega - \mu_Y H_0, \tag{8.16}$$

$$m_B = \delta\gamma_B L_B - \mu_B H > 0, \tag{8.17}$$

であり, 経済の金融的側面を表している。

例えば, $m_Y < 0$ かつその絶対値が大きい場合には, 所得 Y の増加にもかかわらず, 利子率 i が下落する可能性があるということである。これは, 景気の拡大によって市中銀行が貸付を増加させる場合等に発生する可能性が高い。また, i_B の符号は, I_B, m_B に依存する。すなわち,

$$I_B + m_B \gtreqless 0 \ (m_B \gtreqless |I_B|) \iff i_B \gtreqless 0, \quad （複号同順） \tag{8.18}$$

である。ただし, ここでは $i_B > 0$ を仮定する。

ここで重要なのは, $\varphi \ (= i_\omega)$ の符号である。(8.15) を見ればわかるように,

$$c'\beta\rho Y + \delta'(\omega)\gamma\omega + \delta\gamma \gtreqless 0 \iff \varphi \gtreqless 0, \quad （複号同順） \tag{8.19}$$

である。もし, 相対的危険回避度一定 ($\delta' = 0$) であるならば, $\varphi \ (= i_\omega) > 0$ となる。つまり, 金融資産 ω の増加は, 利子率 i を上昇させるということである。また, c' が大きい場合, つまり, 資産 ω の増大により消費性向が大きくなる場合にも, 同様に資産 ω の増加は利子率 i を上昇させる。しかしながら, 相

対的危険回避度減少でその程度が大きい場合，つまり，$\delta' < 0$ かつその絶対値が十分大きくなれば，$\varphi\,(= i_\omega) < 0$ となる。これは，資産 ω の増加が，より安全な資産である貨幣の保有を減少させるので，利子率 i が下落する可能性があるということを示している。

8.3　モデル

本節では，所得 Y，企業の負債 B，家計の金融資産 ω の動態を定式化し，第 8.2 節の議論も考慮したマクロ動学モデルを構築して，金融の不安定性，循環を検討しよう。まず，所得 Y の動態は，

$$\dot{Y} = \alpha(C + I - Y), \quad \alpha > 0, \tag{8.20}$$

と定式化される。ここで，α：財市場の調整パラメーター，である。われわれは寡占経済（短期）を想定しているので，財市場の不均衡は数量で調整されると想定する。これは，カルドア型循環モデルと同様の定式化である。

次に，負債 B の動態は，企業は内部留保 V を全て投資し，残余を負債の増加でファイナンスすると想定すれば，

$$\dot{B} = I - V = I(Y, B, i) + I_0 - (1 - \beta)\rho Y, \tag{8.21}$$

と定式化される。

最後に，資産家家計の貯蓄が金融資産として蓄積されると想定すれば，金融資産 ω の動態は，

$$\dot{\omega} = (1 - c(\omega))\beta\rho Y, \tag{8.22}$$

と定式化される。

(8.20)(8.21)(8.22) に (8.9)(8.13)(8.15) を考慮すれば，企業の負債 B，家計の金融資産 ω の動態を考慮した動学体系 $(S.8)$，

$$\dot{Y} = \alpha[(1 - \rho)Y + c(\omega)\beta\rho Y + I(Y, B, i(Y, B, \omega)) + I_0 - Y] \tag{S.8.1}$$

$$\dot{B} = I(Y, B, i(Y, B, \omega)) + I_0 - (1 - \beta)\rho Y \tag{S.8.2}$$

$$\dot{\omega} = (1 - c(\omega))\beta\rho Y \tag{S.8.3}$$

が得られる。動学体系 $(S.8)$ のヤコビ行列は,

$$\mathbf{J} = \left(\begin{array}{ccc} f_{11} & f_{12} & f_{13} \\ f_{21} & f_{22} & f_{23} \\ f_{31} & 0 & f_{33} \end{array} \right), \tag{8.23}$$

$$
\begin{aligned}
f_{11} &= \alpha[(1-\rho) + c(\omega)\beta\rho + I_Y + I_i\phi - 1] \\
&= \alpha[I_Y + I_i\phi - \{1 - c(\omega)\beta\}\rho], \\
f_{12} &= \alpha(I_B + I_i i_B) = \alpha f_{22}, \quad f_{13} = \alpha(c'\beta\rho Y + I_i\varphi), \\
f_{21} &= I_Y + I_i\phi - (1-\beta)\rho, \quad f_{22} = I_B + I_i i_B, \quad f_{23} = I_i\varphi, \\
f_{31} &= (1-c)\beta\rho, \quad f_{33} = -c'\beta\rho,
\end{aligned}
$$

であり,その特性方程式は,

$$\lambda^3 + a_1\lambda^2 + a_2\lambda + a_3 = 0, \tag{8.24}$$

である。ここで,

$$
\begin{aligned}
a_1 &= -f_{11} - f_{22} - f_{33} \tag{8.25} \\
&= -\alpha[I_Y + I_i\phi - \{1 - c(\omega)\beta\}\rho] - f_{22} - (-c'\beta\rho Y), \\
a_2 &= f_{11}f_{22} - f_{12}f_{21} + f_{11}f_{33} - f_{13}f_{31} + f_{22}f_{33} \tag{8.26} \\
&= \alpha[I_Y + I_i\phi - \{1 - c(\omega)\beta\}\rho]f_{22} \\
&\quad - \alpha f_{22}[I_Y + I_i\phi - (1-\beta)\rho] \\
&\quad + \alpha[I_Y + I_i\phi - \{1 - c(\omega)\beta\}\rho](-c'\beta\rho Y) \\
&\quad - \alpha(c'\beta\rho Y + I_i\varphi)(1-c)\beta\rho + f_{22}(-c'\beta\rho Y), \\
a_3 &= -\det \mathbf{J} \tag{8.27} \\
&= -(f_{11}f_{22} - f_{21}f_{12})f_{33} + (f_{12}f_{23} - f_{13}f_{22})f_{31} \\
&= -\alpha\{1 - c(\omega)\}\beta\rho f_{22}c'\beta\rho Y - \alpha c'\beta\rho f_{22}(1-c)\beta\rho > 0
\end{aligned}
$$

である。

まず,われわれは c' が十分小さい場合,つまり,金融資産 ω の増加によって資産家家計の限界消費性向が上昇しない場合を検討しよう。この場合,

$$a_1 = -\alpha[I_Y + I_i\phi - \{1 - c(\omega)\beta\}\rho] - f_{22}, \tag{8.28}$$

$$a_2 = -\alpha(f_{22} + I_i\varphi)(1-c)\beta\rho \gtreqless 0, \tag{8.29}$$

である。この時，以下の命題 8.1，命題 8.2 が得られる。

命題 8.1： $-\alpha[I_Y + I_i\phi - (1-c\beta)\rho] - f_{22} > 0$ かつ $f_{22} + I_i\varphi < 0$ ならば，動学体系 $(S.8)$ は局所的に安定となる。

証明： $-\alpha[I_Y + I_i\phi - (1-c\beta)\rho] - f_{22} > 0$ ならば，$a_1 > 0$ である。$f_{22} + I_i\varphi < 0$ ならば，$a_2 > 0$ である。$a_3 > 0$ であり，c' が十分小さいならば a_3 も十分小さいので，$a_1 a_2 - a_3 > 0$ である。ゆえに，この場合，Routh-Hurwitz の条件が満たされている。Q.E.D.

命題 8.2： $-\alpha[I_Y + I_i\phi - (1-c\beta)\rho] - f_{22} < 0$ または $f_{22} + I_i\varphi > 0$ ならば，動学体系 $(S.8)$ は局所的に不安定となる。

証明： $-\alpha[I_Y + I_i\phi - (1-c\beta)\rho] - f_{22} < 0$ ならば $a_1 < 0$，$f_{22} + I_i\varphi > 0$ ならば $a_2 < 0$ となり，Routh-Hurwitz の条件は満たされない。Q.E.D.

命題 8.1，命題 8.2 を経済学的に解釈しよう。$f_{22} + I_i\varphi < 0$ となるのは，$\varphi (= i_\omega) > 0$，あるいは $\varphi < 0$ であるとしてもその絶対値が十分小さい場合である。つまり，命題 8.1 は，相対的危険回避度一定か，相対的危険回避度減少であってもその程度が小さい場合には，動学体系 $(S.8)$ は安定となることを示している。

逆に，$f_{22} + I_i\varphi > 0$ となるのは，$\varphi (= i_\omega) < 0$ かつその絶対値が十分大きい場合である。つまり，命題 8.2 は，相対的危険回避度減少でその程度が大きい場合に，動学体系 $(S.8)$ は不安定になるということを示している。この不安定化のメカニズムは，次のようなものである。ここで，経済が好況局面にあるとしよう。この時，所得 Y は増加するが，同時に家計の金融資産 ω も増加する。相対的危険回避度減少でその程度が大きい場合，金融資産 ω の増加により家計は危険資産（債券）を選好し，利子率 i が下落する。その結果，投資 I が促進され，所得 Y はさらに増加するということである[*2]。

$Y\uparrow \Rightarrow H_R\uparrow \Rightarrow \omega\uparrow (\Rightarrow$ 危険資産の需要増$) \Rightarrow i\downarrow \Rightarrow I\uparrow \Rightarrow Y\uparrow$ （不安定）

[*2] これは，$a_1 > 0$ の場合にも起こりうる経済の不安定性である。

8.3 モデル **165**

他方，$-\alpha[I_Y + I_i\phi - (1 - c\beta)\rho] - f_{22}$ の符号は，実物的要因のみならず，金融的要因にも依存する。例えば，$\phi < 0$ かつその絶対値が大きい場合，$-\alpha[I_Y + I_i\phi - (1 - c\beta)\rho] - f_{22} < 0$ となり，動学体系は不安定となる。このような不安定性は，景気の拡大によって市中銀行等の「貸し手のリスク」が低下し，貸付が大幅に増加するような場合に起こりうるものである[*3]。また，$f_{22} + I_i\varphi > 0$ による金融の不安定性は，実物的要因，金融的要因にかかわらず，財市場が安定的である場合 $(-\alpha[I_Y + I_i\phi - (1 - c\beta)\rho] - f_{22} > 0)$ に，より顕在化すると考えられる。

ここで，以下の仮定を置く。

$$I_Y + I_i\phi - \{1 - c(\omega)\beta\}\rho > 0 \tag{A.8.1}$$

$$f_{22} + I_i\varphi < 0 \quad \Rightarrow a_2 > 0 \tag{A.8.2}$$

仮定 (A.8.1) は，カルドア型循環モデル特有の仮定であるが，均衡点において，利子率を通じた間接的な効果を含む限界投資性向 $(I_Y + I_i\phi)$ が限界貯蓄性向 $(\{1 - c(\omega)\beta\}\rho)$ を上回るということを意味している。仮定 (A.8.2) は，上述したように，相対的危険回避度が一定，あるいは，減少の場合でもその程度が小さい場合に満たされる。この仮定 (A.8.1)，仮定 (A.8.2) が満たされる場合，以下の命題 8.3 が得られる。

命題 8.3： 仮定 (A.8.1)，仮定 (A.8.2) が満たされるとする。この時，α を分岐パラメーターに選べば，$\alpha = \alpha_0$ で Hopf 分岐が発生し，α_0 の近傍の α のある範囲において，動学体系 (S.8) の非定常的な周期解が存在する。

証明： Appendix 8.1

命題 8.3 は，企業の負債 B，家計の金融資産 ω の動態を含む，経済の金融的な循環を表している。その循環のメカニズムは，次のようなものである。ここで，経済は所得 Y が上昇する好況局面にあると想定しよう。この時，企業の負債 B は増加するが，同時に家計の金融資産 ω も増加する。企業の負債 B の増加は直接的に，また，利子率 i の上昇を通じて間接的に，投資 I を抑制す

[*3] このような定式化についての詳細な議論は，二宮 (2006a)，本書第 13 章等を参照。

る。家計の金融資産 ω の増加も，利子率 i を上昇させるか，あるいは下落させるとしてもその程度は大きくない。したがって，企業の負債 B の増加による投資 I の抑制効果のほうが上回り，所得 Y は下落に転じるということである。

次に，c' が大きい場合，つまり，金融資産 ω の増加によって資産家家計の限界消費性向が上昇する場合を検討しよう。この場合，(8.25)(8.26)(8.27) を整理すれば，

$$a_2 = -c'\beta\rho Y[\alpha[I_Y + I_i\phi - (1-\beta)\rho] + f_{22}] + \cdots, \tag{8.30}$$
$$a_1 a_2 - a_3 = -[\alpha[I_Y + I_i\phi - (1-\beta)\rho] + f_{22}]$$
$$\times (\beta\rho Y)^2 (c')^2 + \cdots, \tag{8.31}$$

である。

ゆえに，c' が十分大きい場合，$-\alpha[I_Y + I_i\phi - (1-\beta)\rho] - f_{22} < 0$ ならば，動学体系 $(S.8)$ は不安定となる。つまり，金融資産の増加が消費を促進するという効果が十分大きくなれば，命題 8.2 で示した金融的要因 $f_{22} + I_i\varphi$ とは無関係に，動学体系 $(S.8)$ は不安定になるということである。

もちろん，$-\alpha[I_Y + I_i\phi - (1-\beta)\rho] - f_{22}$ の符号は，$\phi(= i_Y)$ に依存しているので，$\phi < 0$ かつその絶対値が大きい場合にも，動学体系 $(S.8)$ は不安定となる。先にも述べたように，これも金融的要因による経済の不安定性である。また，命題 8.2 より，c' が十分に小さい場合，$-\alpha[I_Y + I_i\phi - (1-c\beta)\rho] - f_{22} < 0$ ならば，動学体系 $(S.8)$ は不安定となる。つまり，動学体系 $(S.8)$ の安定性は，金融資産の増加が消費性向を高めるという効果（c' の大きさ）よりは，むしろ ϕ 等の符号やその大きさに依存しているということである。

8.4　おわりに

本章では，Uchida(1987)，植田 (2006) 等の相対的危険回避度の議論を考慮した，寡占経済（短期）における金融不安定性の簡単なマクロ動学モデルを構築し，家計の金融資産の蓄積による経済の不安定性，循環を検討した。本章のモデルの特徴は，所得，負債に加えて，金融資産の動態が考慮されているところにある。これまでの金融不安定性のマクロ動学モデルでは，企業の負債は重

8.4 おわりに

視されているものの，家計の金融資産の蓄積という観点はほとんど考慮されていないように思われる。

本章で得られた主たる結論は，

1. 相対的危険回避度減少でその程度が大きい場合，動学体系 ($S.8$) は不安定となる。
2. 相対的危険回避度一定，あるいは相対的危険回避度減少でもその程度が小さい場合，動学体系 ($S.8$) に非定常的な周期解が存在する。

というものである。1) は，金融資産の増加が消費を促進するという効果が小さく，実物的な要因にしろ，金融的な要因にしろ，財市場が安定的である場合に，より顕在化してくるものであると考えられる。2) は，金融資産の動態を含む，経済の金融的な循環を示している。景気の上昇は家計の金融資産を増加させるが，その増加は利子率をあまり低下させない。その結果，企業の負債の増加による投資の抑制効果のほうが上回り，所得は減少に転じるということである。しかしながら，相対的危険回避度減少でその程度が大きい場合，家計の金融資産の増加によって利子率は大きく低下する。利子率の下落は投資を促進し，それは企業の負債の増加による投資の抑制効果を上回る。その結果，経済はさらに過熱するということである。

以上のように，本章では，企業の負債，家計の金融資産の動態を考慮したモデルにおいて，金融的な不安定性，循環を提示している。しかしながら，本章の結論は，家計の金融資産蓄積の導入といったきわめて限定的な想定のもとで得られたものであり，現実の経済で頻発している金融危機を説明するのに十分なものであるとは言いがたい。本章のモデルを基礎として，サブプライム危機をはじめ，わが国のバブル経済，アジアの通貨危機等，それぞれに特有な要素を付け加えてモデルを発展させることは，意義のあることであろう。

最後に，今後の検討課題として，その方向性を示すことで本章の結びとしたい。まず，資産の担保としての役割を考慮することである。わが国のバブル経済期においては，有担保原則のもと，市中銀行の貸付が積極的におこなわれたことは周知の事実であり，この点を考慮することは，バブル経済といった金融の不安定性の検討に有益であろう。そして，グローバリゼーションが進展し，

国際的な金融危機が頻発している中で，開放体系への拡張は必要不可欠であろう。

また，このような金融の不安定性を回避するための金融政策等の有効性の検討も重要であろう。相対的危険回避度を考慮した場合の金融政策の有効性の検討は，すでに植田 (2006) でもおこなわれている。しかしながら，植田 (2006) は比較静学モデルによる検討である。利子率を目標とした金融政策（利子率・ターゲット）は，相対的危険回避度減少でその程度が大きい場合の，金融の不安定性を抑制する効果があると推察される。さらに，金融資産の蓄積を考慮した場合の所得分配と金融の不安定性との関係の検討である。資産家家計への所得分配は金融資産を増加させ，金融の不安定性を誘発するということも考えられる。以上の諸点は，今後の検討課題としたい。

Appendix 8.1　命題 8.3 の証明

(8.25) より，α が十分小さい場合（$\alpha \to 0$），$a_1 = -f_{22} > 0$ である。仮定 (A.8.2) より，$a_2 > 0$ である。(8.27) より，c' が十分小さいならば，a_3 も十分小さくなる。ゆえに，α が十分小さいならば，$a_1 a_2 - a_3 > 0$ となる。また，

$$a_1 a_2 - a_3 = -[I_Y + I_i \phi - \{1 - c(\omega)\beta\}\rho] \times (f_{22} + I_i \varphi)(1 - c)\beta \rho \alpha^2 + \cdots$$

であり，仮定 (A.8.1)，仮定 (A.8.2) より，$a_1 a_2 - a_3$ の α^2 の係数は負である。ゆえに，α が十分大きくなれば，$a_1 a_2 - a_3 < 0$ となる。

$a_1 a_2 - a_3$ は α の滑らかな連続関数だから，$a_1 a_2 - a_3 = 0$ かつ $(a_1 a_2 - a_3)/\alpha|_{\alpha=\alpha_0} \neq 0$ となるような α の値 α_0 が，少なくとも 1 つ存在する。3 変数の特性方程式，$\lambda^3 + a_1 \lambda^2 + a_2 \lambda + a_3 = 0$ が 1 組の純虚根 $\pm hi$（$i = \sqrt{-1}$，$h \neq 0$）を持つための必要十分条件は，$a_2 > 0$，および $a_1 a_2 - a_3 = 0$ が同時に成立することである。この時，特性根は具体的に，$\lambda = -a_1$，$\pm \sqrt{a_2}i$ と表される。ゆえに，Hopf の分岐定理の条件の 1 つは，$a_2 > 0$，$a_1 a_2 - a_3 = 0$ が同時に成立することと同値である。そして，動学体系 $(S.8)$ の特性方程式 (8.24) は，$\alpha = \alpha_0$ で 1 組の純虚根 $\lambda_1 = \sqrt{a_2}i$，$\lambda_2 = -\sqrt{a_2}i$ を持つ。

8.4 おわりに

Orlando の公式より，

$$a_1 a_2 - a_3 = -(\lambda_1 + \lambda_2)(\lambda_2 + \lambda_3)(\lambda_3 + \lambda_1)$$
$$= -2h_1(\lambda_3^2 + 2h_1\lambda_3 + h_1^2 + h_2^2)$$

である。ここで，h_1 は複素根 λ の実部，h_2 は虚部の絶対値である。これを α で微分すれば，

$$\frac{\partial(a_1 a_2 - a_3)}{\partial \alpha} = -2\left[\frac{\partial h_1}{\partial \alpha}(\lambda_3^2 + 2h_1\lambda_3 + h_1^2 + h_2^2)\right.$$
$$\left. + h_1\frac{\partial(\lambda_3^2 + 2h_1\lambda_3 + h_1^2 + h_2^2)}{\partial \alpha}\right]$$

となる。これに，$h_1 = 0$，$h_2 = h$ を代入すれば，

$$\left.\frac{\partial(a_1 a_2 - a_3)}{\partial \alpha}\right|_{\alpha=\alpha_0} = -2(\lambda_3^2 + h^2)\left[\left.\frac{\partial h_1}{\partial \alpha}\right|_{\alpha=\alpha_0}\right]$$

が得られる。ゆえに，

$$\left.\frac{\partial(a_1 a_2 - a_3)}{\partial \alpha}\right|_{\alpha=\alpha_0} \neq 0 \quad \text{ならば,} \quad \left.\frac{\partial h_1}{\partial \alpha}\right|_{\alpha=\alpha_0} \neq 0$$

である。よって，$\alpha = \alpha_0$ で Hopf 分岐が発生するための条件が全て満たされている。Q.E.D.

第 9 章

低インフレ下における
バブル経済

9.1　はじめに

　実物経済が健全に成長していた 1976 年から 87 年における，消費者物価指数の低インフレは，一つの驚きであり，その当時しばしば称賛の対象となった。それは，日本銀行が政府から法的にも独立していなかったという強い印象となって現れた[*1]。後に，1980 年代の前半以降，日本がバブル経済を経験したことが明らかになった時，その驚きはいっそう大きくなった。それと同時に，多くの人が，日銀は本当に賢明であったのかという疑問を抱くようになった（例えば，Bernanke and Gertler(1999)）。つまり，日銀がバブル経済の終わりまで金融緩和政策を維持しつづけ，迂闊にもバブル経済を膨張させてしまったのではないかということである。後に日銀は，当然のことながら，厳しい対応を採った。1989 年 5 月，最終的には公定歩合が引き上げられ，そして 1990 年 8 月のピーク時には，矢継ぎ早に断続的に引き上げられたが，それは遅すぎたと批判された。

　多くの研究では，日本の金融部門の不適切性に焦点を当てている。われわれ

[*1] 例えば，Cargill, Hutchison, and Ito(1997) は，日銀が事実上独立しており，機敏に金融政策を実行することができていたのかもしれないと示唆している。

は，それらの趣旨に賛同する——すなわち，金融，銀行部門は，危機が勃発した時に対応する能力を持っておらず，部分的にせよ危機の拡散に責任があったということである。しかしながら，本章の焦点は，理論的なものである。われわれは，バブル経済のマクロ経済学に洞察を与えるマクロ経済モデルを展開するために，日本の金融システムの特徴，バブル経済期に貸付がファイナンスされた方法，そして，その時期の定型化された事実を用いる。

1970年代末から80年代前半にかけて，土地や実物資産，株式の需要は増加し，そのための貸付の急増を生んだ。日本の銀行，金融システムによるそれらの貸付に対する対応は，一般的に不適切なものであった。制度的構造や暗黙の政治的な要因が，多くの研究で指摘された（Wood(1992)，Amyx(2004)等）。そうした研究の共通のテーマは，その貸付に対して経済的（その反対語は，政治的）配分メカニズムは働いていなかったということである。その結果，その貸付は，実質的な利子費用の顕著な増加を伴うことなくおこなわれた。これは1985年の利子率の規制緩和以前の期間のみならず，その後の期間においてもそうであった。規制緩和後，預金利子率は自由化され，銀行は預金獲得競争のために利子率を用いたが，その費用の一部を借り手に必然的に転嫁しなかった。利子費用を相殺するために，銀行は所有する株式を売却し，利潤としてキャピタル・ゲインを得たのである[*2]。結局のところ，バブル経済により派生した貸付に対する需要は，いかなる市場メカニズムにも規律づけられていなかったということである。われわれは，モデルの中で，以下で説明する他の2つの定型化された事実とともに，債券市場のこのような特性を用いる。

バブル経済は，土地や実物資産（蓄積とは分離された）に限定された，投機的な価格の上昇である。それは，新たな価値の追加を含んでいなかった。次に，それらの資産の購入は，借入費用に関して多くの考慮をすることなく，あるいは先に説明した他の金融変数を考慮することなく，借入によりファイナンスさ

[*2] このことは，わが国の銀行に特別な状況をもたらした。銀行は，「系列」のメンバーの間で株式の相互持ち合い義務のもと，より高い新たな株価で株式を買い戻した。これらの操作によりキャッシュフローの純減を余儀なくされる。なぜなら，キャピタル・ゲインは利潤に組み込まれ，それらに対して税を支払うからである。この興味深い議論については，Wood(1992)を参照。

9.1 はじめに   **173**

れた。それゆえ，それらの資産は，経常的に生産され，購入が金融変数により影響を受けるプラントや設備，在庫といったものとは分離されたグループとして考えることができる。実際には，このような明確な区別が妥当であるとは言い切れない。しかしながら，われわれは，この区別がバブル経済の定型化されたモデルの基礎を提供するために十分なものであったと考える。以下では，われわれは，土地や実物資産といったバブル資産は何も生産せず，新たな価値付加はそれらの中に含まれないと仮定する。それらの資産の購入は，キャピタル・ゲインの期待による借入によってファイナンスされ，実質利子率には影響を受けない。プラントや設備，在庫といった他の資産のグループは，新たな価値付加を含み，それらの生産物は GDP に加えられる。それらの購入は，粗国内資本形成，あるいは投資として扱われ，それらに対する投資の決定は，借入の実質費用といった標準的な変数に依存する。

この区別により，バブル資産の購入は，ポートフォリオ効果を通じてのみ，経済に影響する。貸し手の大半がリスク回避的であることを仮定すれば，貸し手は要求されたインフレ調整済債券・貨幣比率を維持することを望むので，貨幣需要は債券需要に伴って増加する。それゆえ，貨幣に対するポートフォリオ需要はバブル経済の進行に伴って増加し，取引動機に基づく貨幣需要の減少を拡大する。これは，ディスインフレ的な傾向——所与の貨幣成長に対するより低いインフレ率——をもたらす。この傾向に対して，われわれは，利子率の上昇が消費や投資に及ぼす負の効果を付け加えるかもしれない[*3]。かくして，資産バブルが拡大する時，実体経済においては，どちらかと言えばありそうにない，縮小的かつディスインフレ的な傾向をもたらす。われわれのモデルは，この条件の中で，一般的なインフレとその定常状態が，貨幣の成長率と実体経済により保証されるものよりも低くなるということを示す[*4]。

本章では，資産バブルの成長をモデル化していない——バブル経済がすでに

[*3] 先にも議論したように，利子率の上昇は，バブル経済のかなり遅い時期まで，取るに足らないものであった。

[*4] しかしながら，これらの特徴が，いかなる追加的な不安定性，あるいは収束の問題をももたらさないことがわかる。通常の Cagan の条件（Cagan(1956)）の観点から安定である経済は，非生産的資産の順循環的ファイナンスにおいても安定を維持する。

存在し，キャピタル・ゲインの期待の中で借入を通じて拡大されるマクロ経済学の体系を示す。モデルは循環的側面を捨象した長期効果のみに焦点を当てる[*5]。また，開放経済の議論も捨象する。それはわれわれの見方からは，日本経済に対して複雑さをもたらすうえ，ディスインフレの問題，またはバブル経済に対して基本的なものではない[*6]。

　成長局面において，非生産的資産の貸付ファイナンスがその価格の急騰を招くが，それ以外の経済にはディスインフレ傾向を導くという事実は，バブル期における驚異的な低インフレと金融当局のジレンマを説明するかもしれない。もし金融当局が，膨張するバブル経済に関心を持って観察していたならば，伝統的な処方箋は，貨幣供給成長率の大胆な削減であったであろう。しかしながら，きわめて低いインフレ率のもとでは，それは説得力のある選択肢ではなかった。われわれも，他の標準的な選択肢に目を向ける。われわれがすでに指摘したように，負債残高は，実体経済の成長に伴い増加した。そして，それはポートフォリオ貨幣に対するより大きな需要を生み出した。ディスインフレ傾向を阻止するためには，貨幣供給の成長を実体経済の成長よりも速くするということが考えられるかもしれない。しかしながらわれわれは，このような政策は，ディスインフレのコントロールには有効であるが，バブル経済をさらに悪化させるということを示す。奇妙なことに，成長率とは逆方向におこなわれる貨幣供給ルールは，うまくいくかもしれない。しかしながら，これは金融当局があまり採用しそうにない，非伝統的で強力な逆循環的構成要素を伴った，非常に高い貨幣の長期的成長率，という組み合わせを選択することが必要となる。明らかに，このような組み合わせは，採用されそうになく，実行困難であろう。逆循環的なインフレ・ターゲットもまた，非常に有望であるとは言えない。もし，高い貨幣成長率と高度なインフレ・ターゲットが採用されれば，ディスインフレはコントロールできるが，バブル経済を悪化させることはあり

[*5] マクロ経済学の体系に企業負債の循環的効果を扱った多くの研究が存在する。例えば，Jarsulic(1990)，Asada (2006a)，本書第6章等を参照。本章のモデルにおいても，Hopfの分岐定理を適用することにより，長期的な循環の存在を証明することができる。

[*6] 本章のモデルと類似の構造を持った開放体系のモデルについては，第13章，Ninomiya and Tokuda(2017) を参照。

9.1 はじめに

うるであろう。要するに，投機的借入は，容易に解決できない金融政策問題を生じる，バブル経済とディスインフレ傾向を生み出すということである[*7]。

本章ではマクロ経済モデルを提示するが，政策に関するインプリケーションは，銀行，金融システムにおける適切な変化を必要とすることにある。銀行と金融の規制は，全体のマクロシステムにわたる広範囲な結果を伴うマクロ経済的行動を余儀なくさせる。本章は，この一般的な事実の一例であり，同様に他の経済にも適用できると考えている。例えば，韓国の銀行システムは，1997年から98年の危機に対応する能力を深刻に阻害されたということが，様々な研究において議論されている（Krugman(1999)，Adelman and Nak(2002)）。

韓国の銀行は，金融システムをより市場経済化するために，1980年代初頭に民営化された（Jo(2002)）。しかしながら，完全な自由化の欠如は，健全な銀行と金融業務の成長に水を差した。それ以前のいわゆる政策金融は継続し，内在的な危険を伴う政治的に要求された貸付の，受け入れがたい割合を伴ったバランス・シートを，結果として生んでしまった。開発政策の一つの手段としての政府の金利助成金の利用は，借り手の合理的評価を不可能にした。これら全てのことは，銀行が借り手を評価する規範と技能を高めることを妨げた[*8]。日本のようなメインバンク・システムは競争を阻害しつづけ，銀行はビジネス・リスクや為替リスクに対する，なくてはならない規範を持つことの必要性を感じることはなかった。韓国で営業する国内銀行，外国銀行のいずれもが，商業的に保証されるよりも多くのリスクを取り支払不能を招く貸付に対して，暗黙の政府保証のもとで活動をしていた（Adelman and Nak(2002)）[*9]。このような制約のある銀行部門を持つマクロ経済システムは，全く異なるふるまいをするであろう。特に，1997年から98年の危機までに起こったように，悪影響が数年間にわたり発生しても，銀行部門は適切な調整をおこなうことができない可能性がある（Lee(2001)）。

[*7] この時期のわが国の金融当局の政策対応の難しさについては，Ito and Mishkin(2004) を参照。

[*8] Cho(1994)，Choi(2003) を参照。

[*9] Krugman(1999) に代表される何人かの経済学者は，全般的な危機を，政治的システムにより余儀なくされた，根拠のないレベルのリスクテイキングに帰している。

本章の構成は，以下のようなものである。第9.2節では，われわれが後に展開するモデルの中で用いる定型化された事実を明らかにするために，バブル経済期の日本経済を概観する。第9.3節では，短期の経済モデルを構築する。第9.4節では，長期モデルを展開するために，短期の均衡産出量に対して，誘導形方程式を用いる。第9.5節では，モデルのディスインフレ・バイアスを示し，バブル経済とディスインフレが共存することを示す。われわれは，貨幣供給の成長率の増加が，より高いインフレ率を招く効果を減衰させる傾向にあることも示す。第9.6節では，利用可能な政策のオプションを検討する。ここで，われわれは，順循環的成長の貨幣供給ルールが，ディスインフレ・バイアスを除去できるが，バブル経済を悪化させるということを示す。次に，貨幣供給がより高いインフレ率を目標とする場合，バブル経済は悪化する可能性が最も高いことを示す。最後に，成長率に対する逆循環的な貨幣供給政策が，経済の両方の傾向に対して有効かもしれないが，2つの相反する特性，つまり，強い逆循環的な構成要素を伴った高い長期的な貨幣供給成長，を組み合わせなくてはならないことを示す。明らかに，このような組み合わせは，困難であり実現できそうにない。第9.7節は，まとめとして，モデルの直観的な議論をおこなう。

9.2 定型化された事実

以下のモデルは資産を扱っているので，通常の閉鎖経済のモデルとは異なっている。われわれは，バブル資産は現在の価値に何も付加しないと仮定する。さらに，バブル資産のキャピタル・ゲインは，消費や投資に顕著な寄与を生み出さない。これらは，それらの資産の取引が，所得効果を生み出さないということを意味している。そして，価値が付加される過程を通じて，直接的な所得を生じない。取引により実現されたキャピタル・ゲインは，需要の創造を通じて間接的に寄与している。もちろん，このような特性は，文字通り真であると言うことはできない。しかしながらわれわれは，それらの特性は，財市場をあたかも資産取引の所得効果から事実上隔離されたものとして扱うことを正当化するのに十分なものであると考える。

バブル経済は，株式市場の指標を，バブル経済が崩壊する直前には投機的水

9.2 定型化された事実

準まで上昇させた。同時に，それはいくつかの国内市場において，類似の上昇スパイラルを生み出した。利用可能な全ての勘定から，国内の影響は，不動産，住宅および土地関連の不動産市場に含まれていた。これは，一般財，不動産・住宅部門の価格の動きの比較によって裏づけられる。表 9.1 は，1979 年から 89 年までの間の東京圏，大阪圏，名古屋圏の土地価格の前年比上昇率を示している。土地価格の投機的上昇は，住宅価格の並行的な上昇も招いた。日本における平均的な居住単位の月額賃料は，1978 年の 1 万 7908 円から 1988 年の 3 万 3214 円へと 85% 増加した。東京圏では，2 万 5160 円から 4 万 9501 円に上昇し，97% の増加であった[*10]。これに対して，1979 年から 1989 年までの間，消費者物価指数は 69.73 から 89.35 に上昇した（2000 年 = 100, World Development Indicators Database）。つまり，年率およそ 2.5% の上昇である。消費者物価指数，卸売物価指数，または国内企業財価格指標における個々の部門のいずれも，不動産，住宅部門のそれと，類似の増加率を示してはいない。このコントラストは，価格バブルは，土地と土地を基礎とした不動産のみに内包されたものであったことを明確に示している。

議論の余地のある問題は，不動産と住宅市場の活性化が，1) 価値付加，2) 財・サービスの需要に，どの程度寄与しているかということである。われわれは，まず価値付加の観点を検討する。

価値付加：住宅市場の熱狂的な動きにもかかわらず，新規の住宅建築着工数は，1979 年から 1989 年までの間，顕著な増加を見せなかった。例えば，1979 年から 1989 年までの期間で，東京都における新規住宅着工の平均数は，一年当たり 17 万 1584 件であった。それは，その前の 10 年の 17 万 8966 件よりも実際に少なく，バブル経済崩壊後の次の 10 年の平均 16 万 7924 件より著しく多いものではなかった。全ての他の道府県のデータも，同様の傾向を示している。かくして，住宅価格の上昇は，長期的傾向を超える新規の建築を伴ったものではなかった。

1979 年から 1989 年にかけて個人の住宅投資は，15 兆 5754 億円から 23 兆

[*10] 特に言及がない場合，本節の全ての統計データの出所は，総務省統計局，政策統括官である。

表 9.1　都市圏における地価上昇率（全ての土地と商業地）

	全ての土地			商業地		
	東　京	大　阪	名古屋	東　京	大　阪	名古屋
1979	12.0	8.4	8.6	8.0	6.3	4.9
1980	15.4	11.6	12.0	11.2	9.2	7.5
1981	8.8	9.3	8.7	6.7	8.0	6.0
1982	5.2	6.4	5.8	4.7	5.8	4.8
1983	3.2	4.0	3.0	4.3	3.7	2.6
1984	2.6	3.4	1.9	5.4	4.2	2.3
1985	3.2	3.1	1.7	8.6	5.0	3.0
1986	10.4	3.8	1.8	23.6	9.7	4.4
1987	57.5	7.9	3.0	76.1	19.9	7.0
1988	22.6	27.0	12.8	15.8	36.4	20.1
1989	3.5	35.6	14.7	1.9	36.1	16.8

（出典）総務省統計局，政策統括官

5224 億円に増加した。この期間の建築デフレーターが 77.7 から 93.3 に増加したことを考慮すれば，これは年率 2.4% の成長率を表している。この年率は，長期的傾向とは著しく異なっている。それゆえ，われわれは，民間住宅から派生した長期的傾向を超えて価値付加の増加の兆候を見出すことはできない。

　バブル経済は，個人の住宅だけではなく，商業的，興業的資産——オフィスや商業地，娯楽施設，天然温泉，ゴルフ場等——から構成されている。それゆえ，われわれは，それらの領域における実質投資のプロフィールを確認すべきである。商業，サービス部門の資産における民間投資総額は，1979 年の 6 兆9797 億円から，1989 年の 13 兆 6267 億円に増加していた。これは，6.8% の年間実質成長率を表しており，その前の 10 年の年間実質成長率 20.5% に比して非常に貧弱なものである[11]。

　財・サービスの需要：　われわれは，バブル経済が 2 つの蓋然的なルート，すなわち，建築，住宅における投資支出と，バブル経済の資産効果からの消費支

---

[11] 1979 年から 1989 年までの間の民間建設投資に対するわれわれの評価は，上方にバイアスがかかっている。なぜなら，電電公社や国鉄はそれぞれ 1985 年 4 月と 1987 年 4 月に民営化され，政府の建設投資は民間の建設投資にシフトしているからである。

9.2 定型化された事実

出を通じて，財・サービスの需要に寄与すると考える。

　先に述べたように，バブル経済は，住宅および商業的建築のいずれの投資もトレンドを超えて引き上げない。今，われわれは他の考えられるルート——消費における資産効果の可能な範囲——を検討する。日本の消費は，資産により顕著に影響を受けると考えられており（例えば，Hayashi(1986)）[*12]，資産のわずかな変動が，消費に対して顕著なインパクトを生じるかもしれない。しかしながら，異なる資産の限界消費性向は，異なっていると考えられる。OECDの評価によれば，日本の金融資産からの限界消費性向は 7% で，OECD 諸国の中では最も高い国の一つであるが，住宅資産からの限界消費性向は 1% から 2% の間であり，最も低い国の一つである（Catte *et al.*(2004)）。住宅資産の効果は，消費者が流動性を得るために住宅資産をレヴァレッジでき，または直接的に流動性に転換できるような，より洗練された住宅ローンと金融市場を持つ諸国において，より大きくなると期待される。「住宅資産の現金化（equity extraction）」は，日本においては相対的に稀である。これはたぶん，日本が全ての主要諸国の中で，金融資産からの限界消費性向と住宅資産からの限界消費性向が最大の差を持っているように見える理由を説明するであろう。

　われわれがバブル経済期において消費に対する顕著な資産効果を期待しない理由は，その期間において，住宅資産が増加している時に，家計部門の金融資産が減少していたからである。住宅資産は，1970 年の 10% から 1980 年の 14% に増加し，1990 年には約 8% に下落した。しかしながら，住宅資産が増加した期間において，家計はますます負債を増加させた。家計の負債成長率は，1980 年代後半の名目 GDP の成長率よりもかなり高かった[*13]。金融資産からの限界消費性向が住宅資産からのそれよりも顕著に大きいことを所与とすれば，われわれは，この期間において正の資産効果はないと考える。

[*12] わが国の戦後における高い貯蓄率に関する Hayashi(1986) の研究は，戦争における破壊により多くを説明できることを示唆している。わが国は，失われた富を再建するために，数十年の間，高い貯蓄率を必要としていた。富が回復された後，貯蓄率は低下した。

[*13] 経済企画庁 (1994)。

9.3 短期モデル

財市場と貨幣市場は，債券と貨幣のストック，期待インフレ率，実質利子率により記述される。それぞれ，B, M, π, r とする。これらの市場は，実質産出量 Y と名目利子率 r を決定する均衡において閉じている。今期の新規債券の純供給は既存のストックを変化させ，次期の B と r を決定する。期待インフレ率もまた，今期の均衡産出量に従って調整される。次期は新たな B, π, r の値で始まり，M は外生的に決定される。労働市場は，インフレ率を定式化するフィリップス曲線により表される。

9.3.1 債券市場

われわれは，債券市場の説明から始めよう。その価格がバブル経済の対象となる資産は，借入，すなわち新規債券の供給によりファイナンスされる。この供給は，キャピタル・ゲインの期待に依存する。われわれは，資産価格の期待の代理変数として，経済成長率を利用する。b と y をそれぞれ B と Y の自然対数とすれば，債券残高の成長率は，

$$\dot{b} = \mu_0 + \mu\left(\dot{y} - g\right), \quad \mu, \mu_0 > 0, \tag{9.1}$$

となる。ここで，g：自然成長率，である。われわれは $\bar{Y}(t)$ を t 期における自然産出率とする。$\bar{y}$ は $\bar{Y}(t)$ の自然対数である[*14]。かくして，$g = (1/\bar{y})(d\bar{y}/dt) = \dot{\bar{y}}$ である。

新規債券の純供給は，実質利子率 r の調整を通じて，市場により消化される。貸し手のポートフォリオは貨幣と債券の両方を含み，その結果，それぞれの需要はそれぞれのストックの影響を受ける。われわれは，貸し手の最適な債券・貨幣比率を $R = R(\pi, r)$, $R_\pi > 0$, $R_r > 0$, とし，いかなる一般均衡に

[*14] (9.1) と以下で導入される投資関数は，ともに内部留保で不足する分は負債で調整されることを示唆している。内部留保と負債返済の変動は，短期の循環の一つの要因として分析することができる。本章では，「はじめに」で言及したように，このような循環的効果を無視する。このような循環については，二宮 (2006a), 本書第 3 章，第 6 章を参照。

おいても，最適比率は達成されると仮定する。これは，貸し手の3つの属性を暗示している。

1. 所与の π と r について，債券のより多くの保有は，貨幣のより多くの保有を伴う。ゆえに，$L_B > 0$ である。ここで，L は貨幣の実質需要である。

2. 次に，所与の M と r のもと，もし債券残高が増加すれば，r は上昇しなければならない。つまり，$r_B > 0$ である。

3. 最後に，要求されるポートフォリオ比率は，r と π の変化に伴い，その期間を通じて変化するかもしれない。われわれは，$\dot{R}/R = \phi(\dot{r}, \dot{\pi})$，$\phi_1 > 0$, $\phi_2 > 0$，と書くことができる。さらに，もし経済が定常状態を達成すれば，その時には $\dot{\pi} = 0$ であるが，その定常状態を通じて，$\dot{R}/R = \varphi(\dot{r})$，$\varphi' > 0$ である。

R は貨幣保有に対する最適な債券保有比率であり，それは常に均衡において達成されるということを考慮すれば，どの均衡経路を通じても，比率 $\dot{R}/R$ は，単に債券残高と貨幣残高の成長率の差である。つまり，$\dot{b} - \dot{m}$ である。さらに，もし経済が定常状態に到達するならば，そこでは $\dot{b} \neq \dot{m}$ であり，r はその定常状態に到達した後も変化しつづける。

9.3.2 財市場と貨幣市場

財市場は，実質産出量が実質需要量に等しくなる時に清算される。われわれは，閉鎖経済を想定し，政府支出はないと仮定する。先に説明したように，開放経済と公共支出の側面は，本章で検討される問題とは密接な関係はない。それゆえ，財市場の均衡条件は，

$$Y = C(Y, r) + I(Y, r, B), \tag{9.2}$$
$$C_Y > 0, \quad C_r < 0, \quad I_Y > 0, \quad I_r < 0, \quad I_B < 0,$$

と定式化される。

(9.2) において，C は消費関数，I は投資関数である。投資関数において負債 B が考慮され，われわれは $I_B < 0$ を仮定する。この仮定により，われわ

れは，負債のより大きな残高は，（所与の利子率に対して）より多くの支払義務を意味しており，純キャッシュフローや投資の負担になると想定する。しかしながら，本章の定性的な結論は，$I_B = 0$ だとしても変わらない。われわれは，消費関数においては，B を考慮しない。なぜなら，総需要における債券の資産効果は小さい，あるいは無視しうると考えられるからである。消費者の間では，債券は，貸し手にとっては資産だが，借り手にとっては負債であるからである。

貨幣市場の均衡条件は，

$$\frac{M}{P} = L(Y, i, B), \quad L_Y > 0, \quad L_i < 0, \quad L_B > 0, \tag{9.3}$$

を仮定する。P は物価水準，M/P は実質貨幣供給量である。短期においては，P は所与であると仮定する。(9.2)(9.3) より，

$$i = i\left(\frac{M}{P}, B, \pi\right), \tag{9.4}$$

$$Y = Y\left(\frac{M}{P}, B, \pi\right), \tag{9.5}$$

が得られる。

(9.2) と (9.3) の短期の体系は安定であると仮定する。つまり，所与の変数のいかなる変化も，短期均衡に収束するということである。その安定条件は，$C_Y + I_Y < 1$ と $\Delta \equiv L_i(C_Y + I_Y - 1) - (C_r + I_r)L_Y > 0$ である。この条件を用いれば，Y に対する (M/P)，π および B の符号，

$$Y_{(M/P)} = \frac{-(C_r + I_r)}{\Delta} > 0,$$

$$Y_\pi = \frac{(C_r + I_r)L_i}{\Delta} > 0,$$

$$Y_B = \frac{-I_B L_i + (C_r + I_r)L_B}{\Delta} < 0,$$

が得られる。

9.4 長期のシステムと安定性

長期動学を分析するために，われわれは (9.5) から誘導対数線形を用いる。つまり，

$$y = \alpha(m - p) + \beta b + \gamma \pi, \tag{9.6}$$

である。ここで，m と p はそれぞれ，$\log M$ と $\log P$ である。(9.6) の係数の符号は，先に導出した Y の偏導関数をもとにしている。つまり，$\alpha > 0$，$\beta < 0$，$\gamma > 0$ である。

ここで，

$$x = y - \bar{y} = \alpha(m - p) + \beta b + \gamma \pi - \bar{y}, \tag{9.7}$$

と定義する。(9.7) を微分すれば，

$$\dot{x} = \alpha\dot{m} - \alpha\dot{p} + \beta\dot{b} + \gamma\dot{\pi} - g, \tag{9.8}$$

が得られ，(9.1) を (9.8) に代入すれば，

$$\dot{x}(1 - \beta\mu) = \alpha\dot{m} - \alpha\dot{p} + \beta\mu_0 + \gamma\dot{\pi} - g \tag{9.9}$$

$$\dot{x} = \frac{1}{1 - \beta\mu}\left(\alpha\dot{m} - \alpha\dot{p} + \beta\mu_0 + \gamma\dot{\pi} - g\right),$$

が得られる。

$\beta < 0$，$\mu > 0$ なので，われわれは $1/(1 - \beta\mu) < 1$ を得る。(9.9) は，実質産出量に対する実質貨幣供給増加の効果は，抵抗因子により減衰されるということを示している。同様のことは，期待インフレ率についても言える。もし，実質貨幣供給量，または期待インフレ率が上昇すれば，実質産出量が成長するという結論が得られる。しかしながら，産出の成長は，μ による，投機的資産に対する借入の増加を生む。そして，それは実質利子率を上昇させ，$\beta\mu$ によって産出を減少させる。(9.9) は，成長に対する純効果を表している。

われわれは，インフレ率 $\dot{p}$ を決定する関係として，フィリップス曲線を用いる。つまり，

$$\dot{p} = \varepsilon x + \pi, \quad \varepsilon > 0, \tag{9.10}$$

である。期待インフレ率は，以下の調整方程式，

$$\dot{\pi} = \theta(\dot{p} - \pi), \quad \theta > 0, \tag{9.11}$$

を想定する。(9.10)(9.11) を考慮すれば，

$$\dot{\pi} = \theta \varepsilon x, \tag{9.12}$$

が得られる。(9.10) と (9.12) を (9.9) に代入すれば，

$$\dot{x} = \frac{1}{1 - \beta\mu} \left\{ \alpha\dot{m} - \alpha(\varepsilon x + \pi) + \beta\mu_0 + \gamma\theta\varepsilon x - g \right\}, \tag{9.13}$$

が得られる。(9.12)(9.13) は，(π, x) の長期動学体系 $(S.9)$，

$$\dot{\pi} = \theta \varepsilon x \tag{S.9.1}$$

$$\dot{x} = \frac{1}{1 - \beta\mu} \left\{ \alpha\dot{m} - \alpha(\varepsilon x + \pi) + \beta\mu_0 + \gamma\theta\varepsilon x - g \right\} \tag{S.9.2}$$

である。

モデルの定常状態は，$\dot{x} = \dot{\pi} = 0$，により特徴づけられ，それは，$x = 0$，$\dot{y} = g$，および $\dot{b} = \mu_0$ であることを示している。定常状態の π は，

$$\pi^* = \dot{m} - \frac{g - \beta\mu_0}{\alpha}, \tag{9.14}$$

である。

動学体系 $(S.9)$ のヤコビ行列は，

$$\mathbf{J}_a = \begin{pmatrix} f_{11} & f_{12} \\ f_{21} & f_{22} \end{pmatrix},$$

$$f_{11} = \frac{1}{1 - \beta\mu} \left(-\alpha\varepsilon + \gamma\theta\varepsilon \right), \quad f_{12} = \frac{-\alpha}{1 - \beta\mu},$$
$$f_{21} = \theta\varepsilon, \quad f_{22} = 0,$$

であり，その特性方程式は，

$$\lambda^2 + \frac{\alpha\varepsilon - \gamma\theta\varepsilon}{1 - \beta\mu}\lambda + \frac{\alpha\theta\varepsilon}{1 - \beta\mu} = 0,$$

である。$\alpha\theta\varepsilon > 0$ なので，$\alpha\varepsilon - \gamma\theta\varepsilon > 0$ ならば，特性方程式の 2 つの解は，負である。この条件を書き換えれば，

$$\varepsilon(\gamma\theta - \alpha) < 0, \tag{9.15}$$

である。

　安定条件 (9.15) は，債券市場を明示していない標準的モデルの安定性についての Cagan の条件と同様のものである[*15]。われわれのモデルでは，産出量ショックは，ε によりインフレ率を，$\varepsilon\theta$ により期待インフレ率を，$\varepsilon\theta\gamma$ により産出量を上昇させる。同時に，インフレ率は，ε により実質貨幣供給を，$\varepsilon\alpha$ により産出量を減少させる。安定性に関する Cagan の条件は，このような相反する 2 つの効果から，(9.15) が負となることが必要である。かくして，(9.1) で定式化した非生産的資産の債券ファイナンスは，標準的モデルとなんら異なった安定条件を導くわけではない。

9.5　ディスインフレ・バイアス

　本章で展開したモデルは，通常のマクロ経済モデルと比較して，顕著なディスインフレ・バイアスを持っている。(9.14) は，標準的なモデルで得られる $\dot{m} - g$ と比較して，所与の貨幣と産出の成長率において，より低い定常状態のインフレ率であると考えられる。

　標準的モデルでは，$\beta = 0$ である。そして，r と i は定常状態において安定であり，その結果，実質貨幣需要の成長は，産出の成長のみから導かれる。ここで，定常状態の比率 $Y/(M/P)$ が $\partial Y/\partial(M/P)$ に収束するならば，$\alpha \equiv \{\partial Y/\partial(M/P)\} \cdot \{(M/P)/Y\} = 1$ となる。この条件のもとでは，(9.14) は標準的な $\dot{m} - g$ となる。

　対照的に，われわれのモデルでは，$\beta < 0$ である。そして，r と i は，もし $\dot{b} = \mu_0 \neq \dot{m}$ ならば，定常状態に到達した後も変化しつづける。それゆえ，通常，$Y/(M/P) \neq \partial Y/\partial(M/P)$ であり，$\alpha \neq 1$ である。この 2 つの構成要素

[*15] Hopf の分岐定理を適用することにより，動学体系 $(S.9)$ において，閉軌道の存在を証明することができる。これは，長期的な循環（長期波動）であると考えられる。

は，定常状態のインフレ率を標準的な $\dot{m} - g$ から変化させる。$\dot{m} - g$ と比較して，もし $\alpha < 1 - (\beta\mu_0/g)$ ならば，(9.14) は必然的に小さくなる。α の全てのこのような値について，われわれのモデルはディスインフレ・バイアスを持つ。

経済学的には，このバイアスは，2つの分割された構成要素によるものである。第1に，負のパラメーター β は，所与の貨幣供給成長率に対してインフレ率を低下させる傾向にある。直観的に説明すれば，産出の成長は，追加的な投機的貸付と債券残高の増加を引き起こすということである。債券の増加は，貨幣に対するポートフォリオ需要を増加させ，取引に用いる貨幣が必要とされなくなる。それゆえ，所与の $\dot{m}$ でのインフレ効果は減衰する。

第2の要素は，もし利子率が下落すれば，より多くの貨幣が必要とされなくなるということであり，われわれのモデルでは最もありそうな結果である。それを理解するために，$\dot{m} > \mu_0$ のケースを考察しよう。このケースでは，定常状態で $(\dot{R}/R) = \dot{b} - \dot{m} = \mu_0 - \dot{m} < 0$ である。ゆえに，$\dot{r} < 0$ で，定常状態で $\pi = 0$ が与えられれば，$\dot{i} < 0$ である。名目利子率の下落は貨幣の成長を抑制し，インフレに対するインパクトを減少させる。名目利子率が下落する時，実質貨幣需要の所得弾力性は，利子率の下落を通じた超過需要により，1よりも大きくなる。α は実質貨幣需要の所得弾力性の逆数であり，この状況では $\alpha < 1$ であることは注意が必要である。(9.14) より，もし $\alpha < 1 - (\beta\mu_0/g)$（$\alpha < 1$ はこの十分条件である）ならば，インフレ率は，$\dot{m} - g$ よりも小さくなる。

上述の例は，$\alpha < 1$ とディスインフレ・バイアスという結果を導く $\dot{m} > \mu_0$ を用いたものである。しかしながら，$\alpha < 1$ は非常に強い十分な要件である。(9.14) より，ディスインフレ・バイアスは，$\alpha < 1$ のみならず，$1 - (\beta\mu_0/g) > \alpha > 1$ でも存在する。

α の値は i に依存している。$(\dot{R}/R) = \dot{b} - \dot{m} = \mu_0 - \dot{m} < 0$ を考慮すれば，$\dot{m}$ のより高い値は，定常状態において，より高い率の i の下落を導く。それゆえ，$\dot{m}$ がより高いほど，利子率の下落による追加的な貨幣需要が大きくなり，実質貨幣需要の所得弾力性が大きくなる。ゆえに，貨幣のより高い成長率は，ディスインフレと対峙する中で，より効果的というよりはむしろ，迅速な金融的拡張を小さくする α の減少をもたらす。

9.6 金融政策

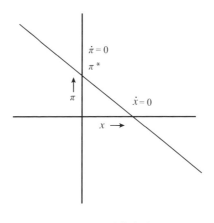

図 9.1 動学体系

要するに，非生産的資産をファイナンスするための負債の順循環的成長により，より低いインフレ率の傾向が導かれるということである。さらに，貨幣成長率の上昇は，この傾向と対峙する中で，その効果を小さくする。

9.6 金融政策

本節では，経済がバブル期にある時の，標準的な政策オプションを検討する。われわれは，バブル経済を悪化させることなしにディスインフレを抑制する可能性は，かなり限定的であるということがわかった。理論的には適切であると考えられる政策は，実践的ではない。それは不自然な方法であり，政策の矛盾する特性を組み合わせる必要がある。

安定を仮定した体系における位相図は，図 9.1 で与えられる。この定常均衡は，$(0, \pi^*)$ である。$\dot{m}$ に依存して，π^* は正または負である。$\dot{x} = 0$ の線の下の領域においては，$\dot{b} > \mu_0$ であり，バブル経済は膨張しつづける。経済はこの領域にあり，バブル経済にあると想定する。われわれは，インフレ率とバブル経済の膨張における，金融政策オプションの効果を分析することができる。われわれは，2つの標準的な政策を検討する。

9.6.1 経済成長率に準じた貨幣供給

経済の成長に伴い，負債残高は増加し（(9.1) 式），その増加に伴って，ポートフォリオ貨幣に対する需要は増加する。それゆえ，可能性のあるオプションは，その需要の成長を中和するために，貨幣供給成長率がより高い時に，貨幣供給の成長をより速くすることを許容することである。このような順循環的な貨幣供給ルールを考慮すれば，

$$\dot{m} = m_0 + \rho(\dot{y} - g) = m_0 + \rho\dot{x}, \quad \rho > 0, \tag{9.16}$$

である。

このルールのもとで，m_0 は貨幣供給の長期成長率を表している。第 2 項は，貨幣供給の循環的部分である。このルールを (9.13) に代入すれば，

$$\dot{x} = \frac{1}{1 - \beta\mu - \alpha\rho} \left\{ \alpha m_0 - \alpha(\varepsilon x + \pi) + \beta\mu_0 + \gamma\theta\varepsilon x - g \right\}, \tag{9.17}$$

が得られる。

(9.17) と (9.12) によって与えられる動学体系の安定条件は，(9.15) と同様のものである。

インフレ率の定常解は，$m_0 - ((g - \beta\mu_0)/\alpha)$ である。これは，(9.16) のルールにおいて，より高い長期の貨幣供給成長率 m_0 にコミットすることにより，より高い定常状態のインフレ率が達成できることを示唆している。

バブル経済期におけるルールの有効性は，どのようなものであろうか。$\rho < 0$ なので，(9.17) の解軌道 $\dot{x}$ は，(9.13) のものよりも大きくなる。(9.1) を考慮すれば，これはバブル経済を悪化させる効果を持つであろう。

興味深いことに，経済成長率に準じた貨幣供給ルールは，もし貨幣供給の高い長期成長率と，厳しい逆循環的な要素という，通常ありそうにない組み合わせを用いるならば，機能するかもしれない。このことを検討するために，(9.16) において，$\rho < 0$ であると想定する。定常状態のインフレ率は変化せず，$m_0 - ((g - \beta\mu_0)/\alpha)$ である。m_0 を増加させることにより，高いインフレ率が，定常状態において維持できる。バブル経済における効果はどうであろう

か。$\rho < 0$ なので，(9.17) の解軌道に従った $\dot{x}$ は，(9.13) のそれよりも小さくなる。この政策の過程の中で，バブル経済期における逆循環的効果 ρ の一部分は，貨幣の単位所得弾力性よりも小さい，つまり，$\alpha < 1$ により失われることに留意する必要がある。その政策が，バブル経済に歯止めをかける可能性が高いほど，ρ の絶対値は大きくなる。

この貨幣供給ルールは，かくして2つの相反する側面を持つ。つまり，強力な逆循環的要素を伴った，高い貨幣供給の長期成長率である。これは，明らかに実践的ではない。

9.6.2 逆循環的インフレ・ターゲット

逆循環的貨幣供給ルールは，一般的に安定性をもたらすが，すでに見てきたように，安定性はこのモデルの中では問題ではない[16]。ディスインフレ的傾向に対抗するために本質的に重要なのは，逆循環的供給ではなく，より高いインフレ・ターゲットである。

しかしながら，より高いインフレ率の目標は，本質的に高い貨幣供給成長率にコミットすることを意味している。われわれは，この供給ルールを，

$$\dot{m} = m_0 + \rho(\dot{p}_0 - \dot{p}), \quad \rho > 0, \tag{9.18}$$

と定式化する。

(9.18) を検討するために，目標インフレ率 $\dot{p}_0$ は，π の定常解に一致しなければならない。つまり，$m_0 - ((g - \beta\mu_0)/\alpha)$ である。そうでなければ，体系は過剰決定となるであろう。われわれは，この特定化に従う。(9.18) を (9.13) に代入すれば，

$$\dot{x} = \frac{1}{1 - \beta\mu}[\{\alpha m_0 + \alpha\rho\dot{p}_0 + \beta\mu_0 - g\} - \alpha(\rho+1)\pi + \{\gamma\theta\varepsilon - \alpha\varepsilon(\rho+1)\}x], \tag{9.19}$$

が得られる。

---

[16] Asada(2006a) は，負債の蓄積を伴った動学的ケインジアン・モデルにおいて，インフレ・ターゲットを検討している。しかしながら，Asada(2006a) は，モデルの中で主として期待インフレ率に焦点を当てている。

(9.19) と (9.12) からなる動学体系は，定常解 $\dot{p}_0 = m_0 - \{(g - \beta\mu_0)/\alpha\}$ と $\dot{m} = m_0$ を得る。安定条件は，$\varepsilon\{\gamma\theta - \alpha(\rho + 1)\} < 0$ であり，それは (9.15) が満たされれば，必然的に満たされる。

供給ルールは，より高いインフレ・ターゲット π' でディスインフレ傾向に対処するために使われると想定しよう。このケースでは，$\pi' = \dot{p}_0$，および $m_0 = \pi' + \{(g - \beta\mu_0)/\alpha\}$ である。

先にも述べたように，逆循環的政策のない定常状態のインフレ率は，$\dot{m} = \pi^* + \{(g - \beta\mu_0)/\alpha\}$ である。ここで，$m_0 - \dot{m} = \pi' - \pi^*$ である。つまり，より高いインフレ・ターゲットは，政策実行前の $\dot{m}$ と比較して，より高い貨幣供給の長期成長率となる。

バブル経済において，これはどのような効果を持つのであろうか。政策が採用される時，それは一般的なインフレ率と関連する新たな目標率に依存している。(9.19) と (9.13) の $\dot{x}$ の解軌道をそれぞれ $\dot{x}_{19}$ と $\dot{x}_{13}$ とすれば，

$$
\begin{aligned}
\dot{x}_{19} - \dot{x}_{13} &= \frac{1}{1 - \beta\mu}[\alpha m_0 + \alpha\rho\pi' - \alpha\dot{m} - \alpha\rho\pi - \alpha\varepsilon\rho x] \\
&= \frac{\alpha}{1 - \beta\mu}[m_0 + \rho\pi' - \dot{m} - \rho(\pi + \varepsilon x)] \\
&= \frac{\alpha}{1 - \beta\mu}[m_0 + \rho\pi' - \dot{m} - \rho\dot{p}] \\
&= \frac{\alpha}{1 - \beta\mu}[m_0 - \dot{m} + \rho(\pi' - \dot{p})],
\end{aligned}
$$

である。

ここで，$m_0 > \dot{m}$ である。もし，現行のインフレ率が $\dot{p} < \pi'$ の時に政策が導入されれば，$\dot{x}_{19} - \dot{x}_{13} > 0$ であり，これは $\dot{x}$，それゆえ $\dot{b}$ が，当初よりも高くなることを意味している。かくして，ディスインフレが解消されると，バブルの問題は悪化する。

政策に着手する時点で，$m_0 + \rho(\pi' - \dot{p}) < \dot{m}$ を保証するほどに，一般的インフレ率が目標インフレ率よりも十分に高い場合にのみ，バブル経済は政策の過程で緩和できる。$m_0 > \dot{m}$ を所与とすれば，これは $\pi' < \dot{p}$ だけでなく，大きい ρ を必要とする。しかしこの状況は一般的に $\pi' > \dot{p}$ であることを要求するので，この可能性はありそうにない。

それゆえ，もし逆循環的貨幣供給ルールが，定常状態のインフレ率が上昇する中で有効であるならば，それがバブル経済を悪化させることは，よりありそうなことである。

9.7　おわりに

本章のモデルは，バブル経済期における日本の状況の定型化された見解に基づいている。最も重要な特徴は，バブル経済は経済の頑健な成長を期待して成長したが，バブル経済が発生していた部門は経済の他の部分に顕著な所得効果を生じていなかったという事実である。第1に，バブル資産は，多くの付加された経常価値を含んでいない。第2に，バブル経済のキャピタル・ゲインは，ほとんど同じ資産に使われ，かくして経済の他の部分への所得の増加は限定的である。経済の他の部分に対するバブル経済の寄与は，ポートフォリオ貨幣に対するより高い需要と借入の増加による，利子率の上昇である。

このモデルの直観はかなり単純である。バブル経済は，負債の創造により継続する。負債の成長の増加は，貨幣の実質需要を増加させる。なぜなら，貸し手は債券と貨幣保有の要求比率を維持したいからである。投機的な負債の創造により，所得の成長は，通常の取引需要の所得弾力性からだけでなく，ポートフォリオ需要の増加からの貨幣需要を増加させる。それゆえ，実質貨幣供給の所与の成長率は，より低いインフレ率を招くであろう。許容される高いインフレ率を維持するために，貨幣の長期成長率は大きくならなければならない。またそれは，名目利子率の下落から生じた超過需要を相殺するために十分大きくなければならず，貸し手の負債・貨幣比率を低下させる。

投機的な資産に対する需要は循環的に成長するので，貨幣の実質需要もまた循環的に成長する。経済成長率に準じる貨幣供給ルールは，ディスインフレに対抗することができる。しかしながら，これは利子率に対する圧力も緩和し，実体経済の成長率を刺激し，バブル経済を悪化させる。もし貨幣供給が経済成長に対して逆循環的であるならば，利子率を引き上げることによって経済成長を抑制し，バブル経済に効果を持つ。しかしながら，この過程において，基礎となる長期貨幣供給は，ディスインフレに対抗するために大きくなければなら

ない。この手順は，通常は相反する 2 つの構成要素を結びつけなければなら
ない。

　逆循環的な貨幣供給と併せて高いインフレ率を目標とすることは，疑いなく
目標を達成する。しかしながら，バブル経済における効果は——たとえそれが
利子率を上昇または下落させるとしても——経済成長率における政策の効果に
依存するだろう。われわれは，それが政策に着手する時点での，目標インフレ
率と一般的インフレ率との関係に依存していることを明らかにした。

第 10 章

金融構造，金融の不安定性，およびインフレ・ターゲット

10.1　はじめに

　金融の不安定性を回避するために，中央銀行は何をすべきであろうか。金融不安定性仮説を提唱したミンスキーは，中央銀行の「最後の貸し手」としての役割の重要性を強調した。多くの非主流派経済学者は，ミンスキーの考え方を様々なアプローチから検討したが，金融の不安定性を回避する方法については十分な関心を払ってこなかった。

　わが国は，バブル経済の崩壊以降，長期の景気低迷とデフレに陥った。政府はこの問題に対処するために，市場経済化を志向する構造改革を促進したが，サブプライム危機は世界経済に暗い影を落としている。その危機の後，日本銀行や FRB は，インフレ・ターゲットを公式に導入している[1]。

　二宮 (2005a)(2006a) は，短期のマクロ動学モデルを構築し，有利子負債の累積的蓄積が経済の不安定性を招いている場合でも，利子率・ターゲットが経済を安定化させることを示している。しかしながら，そのモデルの中では，物

---

[1] ニュージーランドは 1990 年にインフレ・ターゲットを導入し，イギリス，カナダ等の先進各国もそれに続いて導入した。ニュージーランド準備銀行やイングランド銀行は，明示的にインフレ・ターゲットを導入している。

194 第 10 章 金融構造，金融の不安定性，およびインフレ・ターゲット

価の動態が考慮されておらず，インフレ・ターゲットの効果について焦点が当てられていない。

Romer(2000) や Taylor and Dalziel(2002) は，LM 曲線の代わりに金融政策ルールを導入し，インフレ・ターゲットのマクロ経済モデルを提示している。彼らのモデルは，単純なマクロ経済モデルでインフレ・ターゲットの有効性を非常に明確に示している。しかしながら，金融の不安定性については全く言及されていない[2]。

Asada(2006a) は，負債の蓄積を考慮したケインジアンのマクロ動学モデルを構築し，インフレ・ターゲットの効果を検討している。しかしながら，Asada(2006a) では，金融構造が考慮されていない[3]。二宮・得田 (2011) は，わが国の金融構造が 1990 年代の半ばに変化したと論じている[4]。

Morishima(1977) は，資本主義経済の調整過程を 2 つのタイプに分けて検討をおこなっている。すなわち，1) 双対的調整過程 (the dual adjustment process) と，2) 交差双対的調整過程 (the cross dual adjustment process) である。前者は現代の寡占経済 (ケインズ経済学)，後者は競争経済 (古典派経済学) の定式化である。Asada(1991) は，競争-寡占の混合体系において動学的安定性を検討し，伸縮的物価調整が経済を安定化させることを示している。しかしながら，Asada(1991) は，金融部門として，経済を安定化させる効果を持つ LM 方程式を導入している。もちろん，われわれは，競争，寡占の両方の体系における

---

[2] このようなマクロ経済学は，主として非主流派の経済学者により，「ニュー・コンセンサス・マクロ経済学」と呼ばれている。ニュー・コンセンサス・マクロ経済学は，非主流派経済学者により様々な観点から検討がおこなわれている。例えば，Lavoie(2006a)，Rochon and Setterfield(2007)，Setterfield(2009)，鍋島 (2012)，本書第 5 章等を参照。

[3] Asada(2006a) は，危険資産としての利子率 i を，
$i = \rho + \xi(d) = i(\rho, d), \xi(d) \geq 0, i_d = \xi'(d) > 0$ (for $d > 0$), $i_d < 0$ (for $d < 0$),
と定式化している。ここで，ρ：安全資産の名目利子率，d：負債・資本比率，である。

　本書第 6 章では，負債荷重と物価の動態を導入したケインジアンのマクロ動学モデルを構築している。その中で，市中銀行の「貸し手のリスク」が，重要な役割を持っている。しかしながら，金融政策の効果については検討されていない。第 9 章では，長期におけるインフレ・ターゲットの効果を検討しているが，金融構造は考慮されていない。

[4] Ninomiya and Tokuda(2012)，本書第 13 章では，開放体系において金融の不安定性，金融構造の変化を検討している。

インフレ・ターゲットの効果について関心を持っている[*5]。

本章では，競争-寡占の混合体系において，金融構造と金融の不安定性を検討する。さらに，その体系に金融政策ルールを導入し，インフレ・ターゲットの有効性を検討する。本章の主たる結論は，1) 競争の程度が高い場合には，経済は安定化する，2) あるケースを除き，インフレ・ターゲットは競争，寡占の両方の体系において，経済を安定化させる，というものである。

10.2 金融政策ルールと名目利子率

本節では，本章の主たる 2 つの特徴，すなわち，金融政策ルールと名目利子率の決定について議論をおこなう。まず，第 1 の特徴である金融政策ルールについて，Romer(2000)，Taylor and Dalziel(2002) の議論をもとに定式化する。中央銀行は，以下の金融政策ルールに従うと想定する。つまり，

$$\bar{i} = \gamma\varphi(\pi - \bar{\pi}) + i_0, \quad \gamma \geq 0, \quad \varphi' > 0, \tag{10.1}$$

である。ここで，$\bar{i}$：目標名目利子率，$\pi \; (= \dot{p}/p)$：インフレ率，p：物価水準，である。$\bar{\pi}$ は目標インフレ率，γ はインフレ・ターゲットの程度を表すパラメーター，である。(10.1) は，例えば，中央銀行がインフレ率 π の上昇に対して，目標利子率 $\bar{i}$ を上昇させるということを示している（$\varphi' > 0$）。もし，γ が小さいならば，目標名目利子率はインフレ率には依存しないということを意味する（$\bar{i} = i_0$）。

中央銀行は，ハイパワードマネー H の変化を通じて名目利子率 i をコントロールすることができると定式化する。つまり，

$$\frac{\dot{H}}{H} = \mu + \beta(i - \bar{i}), \quad \beta \geq 0, \tag{10.2}$$

[*5] Dalziel(2002a) は，中央銀行がもはやマネタリストの基盤となっている貨幣数量説を使っていないと指摘している。言い換えれば，インフレ・ターゲットは，貨幣数量説に基づくものではないということである。二宮 (2002)(2006a) は，ケインズ・グッドウィン・モデルにおいてインフレ・ターゲットの効果を検討している。

196　第 10 章　金融構造，金融の不安定性，およびインフレ・ターゲット

である。(10.1) を (10.2) に代入すれば，

$$\frac{\dot{H}}{H} = \mu + \beta(i - [\gamma\varphi(\pi - \bar{\pi}) + i_0]), \tag{10.3}$$

が得られる。ここで，β は金融政策に関するもう一つのパラメーターである。もし，β が十分小さいならば，中央銀行はハイパワードマネーを一定率 μ で成長させる金融政策を採用するということを意味する。われわれはこの政策を $x\%$ ルールと呼ぶ。もし，β が十分大きいならば，中央銀行は目標利子率 $\bar{i}$ を達成するようにハイパワードマネーを増減させるということを意味する。β と γ がともに大きい場合には，中央銀行はインフレ・ターゲットを採るということである[*6]。

　次に，名目利子率の決定について検討する。われわれは，貨幣供給関数，貨幣需要関数をそれぞれ，

$$M = \zeta(y, i)H, \quad \zeta_y > 0, \quad \zeta_i > 0, \tag{10.4}$$

$$L = k(i)pY, \quad k_i < 0, \tag{10.5}$$

と仮定する。ここで，M：貨幣供給，L：貨幣需要，$y\ (= Y/K)$：産出・資本比率，Y：実質産出量，K：資本ストック，ζ：貨幣乗数，k：マーシャルの k，である。ζ_y は市中銀行の行動を示しており，「貸し手のリスク」を表している。例えば，産出・資本比率 y の減少に伴って貸し倒れのリスクが増加する時，貸し手のリスクが増大するということを示している。利子率の下落もまた，市中銀行の貸付を減少させる（$\zeta_i > 0$）。貨幣供給は，市中銀行の貸付の減少により低下するということである。

　(10.4) と (10.5) を pK で割れば，

$$m = \zeta(y, i)h, \tag{10.6}$$

$$l = k(i)y, \tag{10.7}$$

が得られる。ここで，$m = M/pK$，$h = H/pK$，$l = L/pK$，である。

___

[*6] β が大きく γ が小さい時，中央銀行は利子率・ターゲットを採るということを意味している。

10.2 金融政策ルールと名目利子率

(10.6)(10.7) より，名目利子率が貨幣市場の均衡により決定されると考えれば，

$$k(i)y = \zeta(y,i)h, \tag{10.8}$$

が得られる。(10.8) を利子率 i で解けば，

$$i = i(y,h), \tag{10.9}$$

$$i_y = -\frac{m_y}{k_i y - \zeta_i h}(= \phi),$$

$$i_h = \frac{\zeta}{k_i y - \zeta_i h} < 0,$$

が得られる。ここで，m_y は経済の金融的側面を表しており，

$$m_y = k - \zeta_y h, \tag{10.10}$$

である。もし，$m_y < 0$ ならば，$i_y \ (= \phi) < 0$ が得られる[7]。先にも述べたように，ζ_y は市中銀行の行動を表している。もし，不況により貸し手のリスクが増大すれば，市中銀行の貸付は減少し，利子率が上昇する。利子率の上昇は投資需要を抑制し，所得を減少させる。逆に，所得の上昇にもかかわらず利子率は下落し，投資は促進される。所得はさらに増加し，経済は多幸症的経済状態に陥る。経済を安定化させる LM 方程式からは，$i_y > 0$ のみが導かれる。$i_y \ (= \phi)$ の符号は，経済の金融構造を表している。

消費関数，投資関数は，

$$c\left(= \frac{C}{K}\right) = ay, \quad 0 < a < 1, \tag{10.11}$$

$$g\left(= \frac{I}{K}\right) = g(y,r) = g(y,i-\pi^e), \quad g_y > 0, \quad g_r < 0, \tag{10.12}$$

を仮定する。ここで，a：限界消費性向，$r \ (= i - \pi^e)$：実質利子率，π^e：期待インフレ率，である。

---

[7] Rose(1969) は，$i_y < 0$ を信用不安定性の重要な要素であるとしている。置塩 (1986) は，$IS \cdot BB$ モデルを提示している。

10.3 金融的循環と金融政策の効果

次に，y と h 等の動学方程式を定式化し，インフレ・ターゲット等の金融政策の効果を検討する。Asada(1991) に従い，われわれは以下のケインジアンの数量調整過程を仮定する。つまり，

$$\dot{y} = \alpha(\varepsilon)[g(y, i - \pi^e) - sy], \quad 0 < \varepsilon < 1, \quad \alpha'(\varepsilon) < 0, \tag{10.13}$$
$$0 < \alpha(1) < \alpha(0), \quad g_y > 0, \quad g_r < 0, \quad r = i - \pi^e, \quad s = 1 - a,$$

である。ここで，α は財市場の調整速度を表している。α の値は競争の程度で測られる ε に依存すると仮定する。例えば，寡占経済においては，数量調整が支配的となる（$\varepsilon \to 0$）。ここで，$\alpha(0)$ は十分に大きいと仮定する。これに対して，競争経済においては，その調整は支配的ではない（$\varepsilon \to 1$）。ここで，$\alpha(1)$ は十分に小さいと仮定する。

名目賃金率 W の動態は，

$$\frac{\dot{W}}{W} = f(E) + \pi^e, \quad f' > 0, \tag{10.14}$$

を仮定する。ここで，E：雇用率，である。(10.14) は，期待で修正された賃金フィリップス曲線である。雇用率 E は，

$$E = \frac{N}{N_s} = \frac{N}{Y}\frac{Y}{K}\frac{K}{N_s}, \tag{10.15}$$

と定義される。ここで，N：雇用量，N_s：労働供給量，である。労働供給量 N_s と労働・産出比率 $n = (N/Y)$ は，

$$N_s = N_s(0)\exp(\sigma_1 t), \tag{10.16}$$
$$n = n(0)\exp(-\sigma_2 t), \tag{10.17}$$

を仮定する。(10.16) は，労働供給量が一定率 σ_1 で成長することを意味している。一方，(10.17) は，生産性の代理変数である労働・産出比率は一定率 σ_2 で減少（生産性は上昇）するということを意味している。(10.15)(10.16)(10.17) を整理すれば，

$$E = n(0)\exp(-\sigma_2 t)y\left(\frac{K}{N_s}\right) = n(0)y\kappa, \tag{10.18}$$

10.3 金融的循環と金融政策の効果

が得られる。ここで,

$$\kappa = \frac{K}{N_s \exp(\sigma_2 t)} \tag{10.19}$$

である。(10.19) より,

$$\frac{\dot{\kappa}}{\kappa} = \frac{\dot{K}}{K} - \frac{\dot{N_s}}{N_s} - \sigma_2, \tag{10.20}$$

が得られる。(10.12)(10.16)(10.20) を整理すれば,κ の動学方程式,

$$\frac{\dot{\kappa}}{\kappa} = g(y, i - \pi^e) - \sigma, \tag{10.21}$$

が得られる。ここで,$\sigma = \sigma_1 + \sigma_2$ である。

$h = H/pK$ より,

$$\frac{\dot{h}}{h} = \frac{\dot{H}}{H} - \frac{\dot{K}}{K} - \pi, \tag{10.22}$$

が得られる。

Asada(1991) に従い,インフレ率 π を以下のように定義する。つまり,

$$\pi = (1 - \varepsilon)\left(\frac{\dot{W}}{W} - \sigma_2\right) + \varepsilon[g(y, i - \pi^e) - sy + \pi^e], \tag{10.23}$$

を仮定する。もし,ε が 0 に近づけば,インフレ率 π はマーク・アップ原理によって決定され,(10.13) のような数量調整が支配的となる。逆に,もし,ε が 1 に近づけば,Fischer(1972) や Stein(1971) によって定式化された,修正されたケインズ・ヴィクセル・モデルにおける競争体系の物価調整が支配的となる。言い換えれば,(10.23) は,ε が 0 に近づけば経済は寡占的となり,ε が 1 に近づけば経済は競争的になるということである。

期待インフレ率 π^e は,

$$\pi^e = \mu - \sigma = \bar{\pi}, \tag{10.24}$$

を仮定する。中央銀行がインフレ・ターゲットを採用しない時,期待インフレ率は定常状態のインフレ率に一致すると仮定する[8]。このタイプの期待仮説

---

[8] 定常状態は,$\dot{h}/h = 0$,$\dot{K}/K = \sigma$ である。ゆえに,定常状態のインフレ率は,$\pi^* = \mu - \sigma$ となる。

200　第 10 章　金融構造，金融の不安定性，およびインフレ・ターゲット

は，Stein(1969)(1971) によって導入されたものである。他方，中央銀行がインフレ・ターゲットを採用すれば，期待インフレ率は目標インフレ率 $\bar{\pi}$ に一致すると仮定する。いずれのケースにしても期待インフレ率は所与であり，簡単化のため (10.24) のように期待インフレ率を仮定する。

(10.14)(10.18)(10.23)(10.24) を考慮すれば，

$$\pi = (1-\varepsilon)\{f(n(0)y\kappa) - \sigma_2\} + (\varepsilon/\alpha(\varepsilon))\dot{y} + \bar{\pi}, \tag{10.25}$$

が得られる。(10.3)(10.12)(10.25) より，h の動学方程式，

$$\dot{h} = [\mu + \beta(i - [\gamma\varphi((1-\varepsilon)\{f(n(0)y\kappa) - \sigma_2\} + (\varepsilon/\alpha(\varepsilon))\dot{y}) + i_0])$$
$$- g(y, i - \bar{\pi}) - ((1-\varepsilon)\{f(n(0)y\kappa) - \sigma_2\} - \bar{\pi})]h - (\varepsilon h/\alpha(\varepsilon))\dot{y}, \tag{10.26}$$

が得られる。

(10.9)(10.13)(10.21)(10.24)(10.26) を考慮すれば，動学体系 $(S.10)$[9]，

$$\dot{y} = \alpha(\varepsilon)[g(y, i(y,h) - \bar{\pi}) - sy] = f_1(y, h; \varepsilon) \tag{S.10.1}$$

$$\dot{\kappa} = [g(y, i(y,h) - \bar{\pi}) - \sigma]\kappa = f_2(y, \kappa, h) \tag{S.10.2}$$

$$\dot{h} = [\mu + \beta(i(y,h) - [\gamma\varphi((1-\varepsilon)\{f(n(0)y\kappa) - \sigma_2\} \tag{S.10.3}$$
$$+ (\varepsilon/\alpha(\varepsilon))f_1(y, h; \varepsilon)) + i_0]) - g(y, i(y,h) - \bar{\pi})$$
$$- ((1-\varepsilon)\{f(n(0)y\kappa) - \sigma_2\} - \bar{\pi})]h - (\varepsilon h/\alpha(\varepsilon))f_1(y, h; \varepsilon)$$

が得られる。

動学体系 $(S.10)$ のヤコビ行列は，

$$\mathbf{J}_a = \begin{pmatrix} f_{11} & 0 & f_{13} \\ f_{21} & 0 & f_{23} \\ f_{31} & f_{32} & f_{33} \end{pmatrix}, \tag{10.27}$$

$f_{11} = \alpha(\varepsilon)(g_y + g_r\phi - s), \quad f_{13} = \alpha(\varepsilon)g_r i_h,$
$f_{21} = (g_y + g_r\phi)\kappa, \quad f_{23} = g_r i_h \kappa,$
$f_{31} = [\beta(\phi - \gamma\varphi'[(1-\varepsilon)f'n(0)\kappa + (\varepsilon/\alpha(\varepsilon))f_{11}])$
$\qquad -(g_y + g_r\phi) - (1-\varepsilon)f'n(0)\kappa]h - (\varepsilon h/\alpha(\varepsilon))f_{11},$
$f_{32} = -(\beta\gamma\varphi' + 1)(1-\varepsilon)f'n(0)yh,$
$f_{33} = \beta[i_h - (\varepsilon/\alpha(\varepsilon))f_{13}]h - g_r i_h h - (\varepsilon h/\alpha(\varepsilon))f_{13},$

---

[9] 均衡の y は，$y^* = \sigma/s$ である。これは，均衡所得が長期均衡投資とケインズ乗数を掛けたものであることを意味している。この性質は，Asada(1991) と全く同様のものである。

であり，その特性方程式は，

$$\lambda^3 + a_1\lambda^2 + a_2\lambda + a_3 = 0, \tag{10.28}$$

である。

ここで，

$$a_1 = -\text{trace}\,\mathbf{J}_a = -f_{11} - f_{33} \tag{10.29}$$
$$= -\alpha(\varepsilon)(g_y + g_r\phi - s)$$
$$\quad - (\beta[i_h - (\varepsilon/\alpha(\varepsilon))f_{13}]h - g_r i_h h - (\varepsilon h/\alpha(\varepsilon))f_{13}),$$

$$a_2 = \begin{vmatrix} f_{11} & 0 \\ f_{21} & 0 \end{vmatrix} + \begin{vmatrix} 0 & f_{23} \\ f_{32} & f_{33} \end{vmatrix} + \begin{vmatrix} f_{11} & f_{13} \\ f_{31} & f_{33} \end{vmatrix} \tag{10.30}$$
$$= f_{11}f_{33} - f_{13}f_{31} - f_{23}f_{32}$$
$$= f_{11}[\beta[i_h - (\varepsilon/\alpha(\varepsilon))f_{13}]h - g_r i_h h - (\varepsilon h/\alpha(\varepsilon))f_{13}]$$
$$\quad - f_{13}([\beta(\phi - \gamma\varphi'\{(1-\varepsilon)f'n(0)\kappa - (\varepsilon/\alpha(\varepsilon))f_{11}\})$$
$$\quad - (g_y + g_r\phi) - (1-\varepsilon)f'n(0)\kappa]h - (\varepsilon h/\alpha(\varepsilon))f_{11})$$
$$\quad + g_r i_h \kappa(\beta\gamma\varphi' + 1)(1-\varepsilon)f'n(0)yh,$$

$$a_3 = -\det\mathbf{J}_a = f_{11}f_{23}f_{32} - f_{21}f_{13}f_{32} \tag{10.31}$$
$$= \alpha(\varepsilon)sg_r i_h \kappa(\beta\gamma\varphi' + 1)(1-\varepsilon)f'n(0)yh > 0,$$

である。

10.3.1 $x\%$ ルールのケース

本節では，中央銀行がハイパワードマネーの成長率を一定率 μ で成長させる政策（$x\%$ ルール）を採ると想定する。つまり，β が十分小さいとすれば，

$$a_1 = -\alpha(\varepsilon)(g_y + g_r\phi - s) + (1+\varepsilon)g_r i_h h, \tag{10.32}$$
$$a_2 = \alpha(\varepsilon)[s + (1-\varepsilon)f'n(0)\kappa]g_r i_h h \tag{10.33}$$
$$\quad + [(1-\varepsilon)f'n(0)yh]g_r i_h \kappa > 0,$$
$$a_1 a_2 - a_3 = [-\alpha(\varepsilon)(g_y + g_r\phi - s) + (1+\varepsilon)g_r i_h h] \tag{10.34}$$
$$\quad \times [\alpha(\varepsilon)[s + (1-\varepsilon)f'n(0)\kappa]g_r i_h h + [(1-\varepsilon)f'n(0)yh]g_r i_h \kappa] - a_3,$$

が得られる。この時，$a_2 > 0$ となる。

202　第 10 章　金融構造，金融の不安定性，およびインフレ・ターゲット

　ここで，他のパラメーターや微係数を所与とし，$g_y + g_r\phi - s = 0$ を満たす m_y を m_{y0} と定義する。以上の想定により，以下の命題 10.1，命題 10.2 を証明することができる。

命題 10.1：　競争の程度は十分小さいと想定する（$\varepsilon \to 0$）。もし，$m_y > m_{y0}$ ならば，動学体系 $(S.10)$ は，局所的に安定である。逆に，$m_y < m_{y0}$ ならば，体系は不安定である。

証明：　競争の程度が十分小さいならば，

$$a_1 = -\alpha(0)(g_y + g_r\phi - s) + g_r i_h h,$$

である。$\alpha(0)$ は十分大きいと仮定しているので，a_1 の符号は $g_y + g_r\phi - s$ に依存する。つまり，$g_y + g_r\phi - s > 0$ ならば $a_1 < 0$，$g_y + g_r\phi - s < 0$ ならば $a_1 > 0$ である。

　さらに，

$$a_1 a_2 - a_3 = -\alpha(0)^2 (g_y + g_r\phi - s)[s + (1 - \varepsilon)f'l(0)\kappa]g_r i_h h + \cdots,$$

が得られる。それゆえ，$a_1 a_2 - a_3$ の符号もまた $g_y + g_r\phi - s$ に依存する。つまり，$g_y + g_r\phi - s > 0$ ならば $a_1 a_2 - a_3 < 0$，$g_y + g_r\phi - s < 0$ ならば $a_1 a_2 - a_3 > 0$ となる。

　もし，$m_y > m_{y0}$ ならば $g_y + g_r\phi - s < 0$，$m_y < m_{y0}$ ならば $g_y + g_r\phi - s > 0$ である。ゆえに，$m_y > m_{y0}$ ならば $a_1 > 0$，$a_1 a_2 - a_3 > 0$ が得られ，$a_2 > 0$，$a_3 > 0$ より Routh-Hurwitz の条件が満たされる。他方，$m_y < m_{y0}$ ならば $a_1 < 0$ となり，条件は満たされない。Q.E.D.

　命題 10.1 は，中央銀行がハイパワードマネーを一定率で成長させる政策（$x\%$ ルール）を採る場合，経済は金融的要因のみによって不安定となることを示している。言い換えれば，動学体系 $(S.10)$ は，実物部門が体系を安定化させている場合でさえ（$g_y - s < 0$），不安定になる可能性があるということである。この不安定化のメカニズムは，以下のようなものである。経済状況が悪化し，貸し手のリスクの高まりにより市中銀行が信用を縮小する時，利子率は上

昇し（$\phi < 0$），企業は投資を抑制する。投資の減少は，さらに経済の状態を悪化させるということである[*10]。

命題10.2： 競争の程度が十分大きいと想定する（$\varepsilon \to 1$）。この時，動学体系 $(S.10)$ は，局所的に安定である。

証明： 競争の程度が十分大きいならば，$\alpha(1)$ は十分に小さいので，

$$a_1 = -\alpha(1)(g_y + g_r\phi - s) + 2g_r i_h h > 0$$

である。さらに，

$$\lim_{\varepsilon \to 1} a_1 a_2 - a_3 = 2g_r i_h h > 0,$$

である。$a_2 > 0$, $a_3 > 0$ なので，$a_1 > 0$, $a_2 > 0$, $a_3 > 0$, $a_1 a_2 - a_3 > 0$ が得られる。ゆえに，この場合，Routh-Hurwitz の条件は満たされる。Q.E.D.

命題 10.2 は，競争の程度が十分に大きく，中央銀行がハイパワードマネーを一定率で成長させる政策（$x\%$ ルール）を採る場合，動学体系 $(S.10)$ は局所的に安定となることを示している。この結果は，経済の金融構造に依存しない。経済の状態が悪化し，物価が下落する時，デフレーションは貨幣の実質残高を増加させ，利子率の下落は結果として投資を増加させる。

さらに，$m_y < m_{y0}$ の時，以下の命題 10.3 が得られる。

命題10.3： $m_y < m_{y0}$ を想定する。この時，Hopf 分岐が発生するパラメーターの値 ε_0 が，少なくとも 1 つ存在する。言い換えれば，ε が ε_0 に近づくある値において，動学体系 $(S.10)$ に非定常的な周期解が存在する。

証明： Appendix 10.1

命題 10.3 は，Asada(1991) における経済の循環と同様のものである。しかしながら，このケースでは，命題 10.1 で示したように不安定性は金融的要因のみによって発生し，循環はその場合においても発生する。

[*10] この点についての詳細な議論は，第 13 章を参照。

10.3.2 インフレ・ターゲットのケース

インフレ・ターゲットのケースにおいて，以下の命題 10.4，命題 10.5 が得られる。

命題 10.4： 競争の程度が十分大きく（$\varepsilon \to 1$），中央銀行はインフレ・ターゲットを採ると想定する。この場合，$m_y > m_{y0}$ ならば，動学体系 $(S.10)$ は局所的に不安定，$m_y < m_{y0}$ ならば安定である[*11]。

証明： 競争の程度が十分大きく，中央銀行がインフレ・ターゲットを採ると想定する。この時，

$$a_2 = \alpha(1)g_r i_h \varphi'(g_y + g_r \phi - s)h\beta\gamma + \cdots,$$

である。中央銀行がインフレ・ターゲットを採る時，β と γ は十分大きい。ゆえに，$g_y + g_r \phi - s > 0$ ならば $a_2 > 0$，$g_y + g_r \phi - s < 0$ ならば $a_2 < 0$ である。

さらに，

$$a_1 a_2 - a_3 = -\alpha(1)g_r i_h \varphi'(g_y + g_r \phi - s)(i_h - g_r i_h)h^2\beta^2\gamma + \cdots,$$

である。ゆえに，$g_y + g_r \phi - s > 0$ ならば $a_1 a_2 - a_3 > 0$，$g_y + g_r \phi - s < 0$ ならば $a_1 a_2 - a_3 < 0$ が得られる。

先にも述べたように，$m_y < m_{y0}$ ならば $g_y + g_r \phi - s > 0$，$m_y > m_{y0}$ ならば $g_y + g_r \phi - s < 0$ である。つまり，$m_y < m_{y0}$ ならば $a_2 > 0$，$a_1 a_2 - a_3 > 0$ が得られ，$a_1 > 0$，$a_3 > 0$ である。ゆえに，このケースにおいて，Routh-Hurwitz の条件は満たされる。他方，$m_y > m_{y0}$ ならば $a_2 < 0$ となり，条件は満たされない。Q.E.D.

命題 10.4 は，競争の程度が十分に大きい時，インフレ・ターゲットの効果は $g_y + g_r \phi - s$ の符号に依存していることを示している。もし，財市場自体が

[*11] このケースは，ニュー・コンセンサス・マクロ経済学と整合的であると思われる。

体系を安定化させている場合 ($g_y + g_r\phi - s < 0$)，インフレ・ターゲットは経済を不安定化させるかもしれないということである。これに対して，命題 10.2 は，中央銀行がインフレ・ターゲットを採らない場合，競争経済は経済を安定化させることを示している。

ここで，経済状態は悪化し，物価も下落していると想定しよう。このような状態で，中央銀行は目標利子率 $\bar{i}$ を引き下げ，ハイパワードマネーの供給量を増加させる。ハイパワードマネーの供給の増加は名目利子率を引き下げ，投資需要を高める。その結果，所得は増加する傾向となるが，このケースでは，所得の増加によって利子率が大きく上昇して投資を抑制するので，所得はむしろ減少するかもしれない。

$$y\downarrow, \pi\downarrow \Rightarrow \bar{i}\downarrow \Rightarrow h\uparrow \Rightarrow i\downarrow \Rightarrow g\uparrow \Rightarrow y\uparrow \Rightarrow i\Uparrow \Rightarrow g\Downarrow \Rightarrow y\downarrow$$

命題 10.5： 競争の程度が十分小さく ($\varepsilon \to 0$)，中央銀行がインフレ・ターゲットを採ると想定しよう。このケースでは，動学体系 (S.10) は局所的に安定である。

証明： 競争の程度が小さく，中央銀行がインフレ・ターゲットを採るならば，

$$a_2 = \alpha(0)g_r i_h h\varphi' f' n(0)\kappa\gamma\beta + g_r i_h \kappa\varphi' f' n(0)y\gamma\beta + \cdots.$$

先にも述べたように，この場合，β, γ, $\alpha(0)$ は十分に大きい。それゆえ，$a_2 > 0$ となる。

さらに，

$$a_1 a_2 - a_3 = \alpha(0)g_r \varphi' f' n(0)\kappa i_h^2 h^2 \beta^2 \gamma + \cdots,$$

となり，$a_1 a_2 - a_3 > 0$ が得られる。

β が十分大きい時，$a_3 > 0$, $a_1 > 0$ である。ゆえに，この場合，$a_1 > 0$, $a_2 > 0$, $a_3 > 0$, $a_1 a_2 - a_3 > 0$ が得られ，Routh-Hurwitz の条件が満たされる。Q.E.D.

命題 10.5 は，競争の程度が小さい時，インフレ・ターゲットは経済を安定化させることを示している。この効果は，経済の金融構造や財市場自体の安定性とは全く無関係であると考えられる。

10.4 おわりに

本章では，競争–寡占の混合体系において，金融の不安定性とインフレ・ターゲット等の金融政策の効果を検討した．本章で得られた主たる結論は，以下のようなものである．

中央銀行がハイパワードマネーの供給量を一定率で成長させる政策（$x\%$ ルール）を採る場合，

1. 寡占経済において，金融的要因のみが動学体系 $(S.10)$ を不安定化する可能性がある．
2. 競争の程度が十分に大きい場合には，動学体系 $(S.10)$ は安定となる．
3. ある条件のもと，競争の程度を表すパラメーター ε のある値において，動学体系 $(S.10)$ に非定常的な周期解が存在する．

中央銀行がインフレ・ターゲットを採る場合，

1. あるケースを除き，競争，寡占の両方の体系において，動学体系 $(S.10)$ は安定となる．財市場自体が体系を安定化させている競争体系においてのみ，動学体系 $(S.10)$ は不安定となる．

本章で得られた結論は，インフレ・ターゲットが金融の不安定性を抑止する有効な政策手段の一つであることを示唆している．中央銀行がインフレ・ターゲットを採らないとしても，競争体系における経済は安定を維持する．ある経済が構造改革を導入した時，改革のプロセスに要する間の短期的なある時点において，経済は不安定化するかもしれない．さらに，極端に市場経済化した経済には，負の側面があることも否めない．この意味においても，インフレ・ターゲットは有益である．

バブル経済崩壊後，日本経済は長期の景気低迷とデフレーションに陥っている．もし，この長期低迷が金融の不安定性の一種であるとすれば，日銀はこの景気後退のより早い局面において，明示的なインフレ・ターゲットを採用すべきであったかもしれない．しかしながら，アメリカ経済の繁栄という現実を前

にして日本政府は，長期不況に対し，市場経済化を志向した構造改革を推し進めた[*12]。

しかしながら，本章で得られた結論は，負債荷重を考慮していないモデルから得られたものである。金融不安定性仮説とその後に展開された数理モデルは，累積的な負債荷重の増大を，金融不安定性の一つの要因であると捉えている。負債荷重を導入したモデルにおいて，インフレ・ターゲット等の有効性を検討することは，興味深い拡張である[*13]。

Appendix 10.1　命題 10.3 の証明

$m_y < m_{y0}$，および β が十分小さいと仮定する。その結果，$a_2 > 0$ である。命題 10.1 の証明より，ε が十分小さいならば，$a_1 a_2 - a_3 < 0$ である。他方，命題 10.2 の証明より，ε が十分大きいならば，$a_1 a_2 - a_3 > 0$ である。

$a_1 a_2 - a_3$ は，ε の滑らかな連続関数だから，$a_1 a_2 - a_3 = 0$ および $\partial(a_1 a_2 - a_3)/\partial \varepsilon|_{\varepsilon = \varepsilon_0} \neq 0$ を満たす ε の値 ε_0 が，少なくとも 1 つ存在する。さらに，$a_2 > 0$ である。

Hopf の分岐定理を適用する 1 つの条件は，$a_2 > 0$，$a_1 a_2 - a_3 = 0$ である。動学体系の特性方程式は，$\varepsilon = \varepsilon_0$ で 1 組の純虚根 $\lambda_1 = \sqrt{a_2}i$，$\lambda_2 = -\sqrt{a_2}i$ を持つ。

Orlando の公式より，

$$a_1 a_2 - a_3 = -(\lambda_1 + \lambda_2)(\lambda_2 + \lambda_3)(\lambda_3 + \lambda_1) = -2h_1(\lambda_3^2 + 2h_1\lambda_3 + h_1^2 + h_2^2)$$

である。ここで，h_1 は複素根の実部，h_2 は虚部の絶対値である。これを ε で

[*12] ニュージーランドは，オイルショック後のスタグフレーションに対抗するため，インフレ・ターゲットを採用し，市場経済化を志向した経済改革を断行した（Dalziel and Lattimore(2001) を参照）。この時の景気低迷は，金融の不安定性ではないと考えられる。しかしながら，寡占経済において，インフレ・ターゲットの有効性は，経済の金融構造とは無関係である。Dalziel(2002b) は，市場経済化を志向した経済改革には批判的である。アメリカは，サブプライム危機の後，明示的なインフレ・ターゲットを採用した。もし，アメリカの金融構造が脆弱であり，アメリカ経済が競争的であるならば，インフレ・ターゲットは効果を持つと考えられる。

[*13] 第 5 章で検討したように，負債効果を考慮した場合，総需要曲線は右上がりとなる。この場合，インフレ・ターゲットは長期的に経済を潜在的 GDP に収束させないと考えられる。

208　第 10 章　金融構造，金融の不安定性，およびインフレ・ターゲット

微分すれば，

$$\frac{\partial(a_1 a_2 - a_3)}{\partial \varepsilon} = -2\left[\frac{\partial h_1}{\partial \varepsilon}(\lambda_3^2 + 2h_1\lambda_3 + h_1^2 + h_2^2)\right.$$
$$\left. + h_1 \frac{\partial(\lambda_3^2 + 2h_1\lambda_3 + h_1^2 + h_2^2)}{\partial \varepsilon}\right]$$

が得られる。これに，$h_1 = 0$，$h_2 = h$ を代入すれば，

$$\left.\frac{\partial(a_1 a_2 - a_3)}{\partial \varepsilon}\right|_{\varepsilon=\varepsilon_0} = -2(\lambda_3^2 + h^2)\left[\left.\frac{\partial h_1}{\partial \varepsilon}\right|_{\varepsilon=\varepsilon_0}\right]$$

が得られる。ゆえに，

$$\left.\frac{\partial(a_1 a_2 - a_3)}{\partial \varepsilon}\right|_{\varepsilon=\varepsilon_0} \neq 0$$

ならば，

$$\left.\frac{\partial h_1}{\partial \varepsilon}\right|_{\varepsilon=\varepsilon_0} \neq 0$$

である。以上の議論により，$\varepsilon = \varepsilon_0$ で Hopf 分岐が発生する全ての条件が満たされる。Q.E.D.

第11章

ミンスキー的循環，不安定性，および逆循環的財政政策

11.1　はじめに

　1990年代の半ば，バブル経済崩壊後の長期不況に対応するため，小渕内閣は，それまでの橋本内閣による行財政改革路線から一転して，積極的な財政政策を採った。そして，小泉内閣は，従来型の財政拡大に依存しない構造改革により景気の回復を図ろうとする政策に転換した[*1]。財政政策の無効命題については，新古典派の経済学者により強く主張されているところであり，市場経済化，構造改革路線もこのような主張に基づいていることは論を俟たない。

　他方，逆循環的財政政策が経済を安定化させるということについて，ケインジアンのマクロ動学モデルは，概ね肯定的な結論を導き出している[*2]。例えば，Asada(1987)は，カルドア型循環モデルに政府の予算制約式を導入し，逆循環的財政政策が動学体系を安定化させると論じている。さらに，Zhang(1990)

[*1] 1970年代後半から80年代前半におけるニュージーランドの経験も，従来型の財政拡大政策が有効に機能しなかった一つの例を示している。その経験から，ニュージーランドはドラスティックに市場経済化を断行したが，その経済改革については批判的な意見も存在する（Dalziel(2002b)）。

[*2] 浅田(1997)は，財政政策の長いタイムラグが逆に経済を不安定化させる可能性があることを示しているが，それが比較的短いならば経済を安定化させると論じている。

は，Asada(1987) を応用し，Hopf の分岐定理を適用して，政府部門を含む経済の循環を論じている。また，二宮 (2001a) (2006a) は，ミンスキーの金融不安定性仮説の理論モデルのエッセンスをカルドア型循環モデルに導入し，金融不安定性の局面においても逆循環的財政政策が動学体系を安定化させると論じている[*3]。

これらの諸研究では，企業の負債荷重が考慮されていないが，二宮 (2001b)(2006a) はその動態を考慮して経済の不安定性，循環を論じている。しかしながら，二宮 (2001b)(2006a) では，逆循環的財政政策の経済安定化効果が検討されておらず，さらに，金融不安定性の局面における重要な側面が考慮されていない。それは，有利子負債の累積的拡大による経済の不安定性である。例えば，負債荷重の増加や景気の低迷により「貸し手のリスク」が増大すれば，利子率が上昇して，有利子負債の負担は重くなるということである。その結果，企業は純利潤を減少させるので，さらに負債に依存せざるをえなくなるという可能性もある。

浅田 (2003)，二宮 (2005a)(2006a) は，このような側面を考慮したマクロ動学モデルを展開し，ミンスキー的な不安定性，循環を論じている。例えば，二宮 (2005a)(2006a) では，短期のマクロ動学モデルにおいて，負債荷重がある水準を超えると有利子負債が累積的に拡大し，動学体系が不安定になる可能性を示している。そして，経済がそのような局面にある場合，利子率を目標とした金融政策（利子率・ターゲット）が効果的であると論じている。しかしながら，浅田 (2003)，二宮 (2005a)(2006a) でも，逆循環的財政政策の経済安定化効果は検討されていない。

本章の目的は，1) 企業の負債荷重の動態，および政府の予算制約式を考慮した短期のマクロ動学モデルを構築し，経済の不安定性，循環，逆循環的財政政策の経済安定化効果を再検討すること，2) 有利子負債が累積的に拡大するような局面においても，逆循環的財政政策が経済安定化効果を持つか否かを検討すること，にある。

[*3] この他，政府の予算制約式を考慮して経済の循環を検討したものに，Schinasi(1981)(1982)，Sasakura(1994) 等がある。

本章の主たる結論は，有利子負債の累積的拡大が経済の不安定性を招いているような局面においては，必ずしも逆循環的財政政策が動学体系を安定化させないということである。新古典派経済学は，財政拡大政策は民間の投資を抑制し（クラウディング・アウト），その効果はないと主張している。本章のモデルは，新古典派経済学とは異なった視点から，財政政策の効果が限られたものとなる可能性があることを示している。このような結論は，確かにケインズ的な財政政策の経済安定化効果を，部分的に否定するものである。しかしながら，このことは，現実の財政政策の失敗をもって，新古典派経済学に基づく市場経済化を肯定することにはならない，ということを示唆している。

本章の構成は，以下のようなものである。第 11.2 節では，企業の負債荷重，政府の予算制約を考慮した短期のマクロ動学モデルを構築し，経済の不安定性，循環，および逆循環的財政政策の経済安定化効果を検討する。第 11.3 節では，有利子負債の累積的拡大が経済の不安定性を招いている局面において，逆循環的財政政策が動学体系を安定化させるか否かを検討する。第 11.4 節は，まとめである。

11.2　企業の負債荷重と政府の予算制約

本節では，企業の負債荷重，政府の予算制約式を同時に考慮した基本マクロ動学モデルを構築して，経済の不安定性，循環，および逆循環的財政政策の経済安定化効果を再検討しよう。

第 3 章等に従い，利子率 i は債券市場の需給均衡，

$$EB = -(EX + EM) = -(C + I - Y + M^d - M^s) = 0, \qquad (11.1)$$

で決定されると想定する。ここで，EB：債券の超過需要，EX：財の超過需要，EM：貨幣の超過需要，C：消費，I：投資，Y：所得，M^d：貨幣需要，M^s：貨幣供給，である。(11.1) は，利子率の決定が，消費や投資等，経済の実物的側面にも依存しているということを示している。

消費関数は，次のように定式化される。ここで，物価水準 p がマーク・アッ

プ原理で決定されると考えれば,

$$p = (1+\tau)WN/Y, \tag{11.2}$$

である。ここで, τ：マーク・アップ率, W：名目賃金, N：雇用量, である。実質賃金所得 H_W は,

$$H_W = (W/p)N = [1/(1+\tau)]Y, \tag{11.3}$$

であり, 実質可処分所得 D, 税引き後実質粗利潤 Π_t は,

$$D = (1-t)H_W = (1-t)[1/(1+\tau)]Y, \tag{11.4}$$

$$\Pi_t = (1-t)(Y-H_W) = (1-t)[\tau/(1+\tau)]Y, \tag{11.5}$$

である。ここで, $t\ (>0)$：税率, である。

消費が実質可処分所得 D に関して線形であると想定すれば, 消費関数 C は,

$$C = cD + C_0 = c(1-t)\{1/(1+\tau)\}Y + C_0, \quad 0 < c < 1, \quad C_0 > 0 \tag{11.6}$$

と定式化される。ここで, c：限界消費性向, C_0：基礎消費, である。

投資関数は,

$$I = I(Y, B, i) + I_0, \tag{11.7}$$
$$I_Y > 0, \quad I_B < 0, \quad I_i < 0, \quad I_0 > 0,$$

を仮定する。ここで, B：企業の負債荷重, I_0：独立投資, である。われわれは, 税引き後粗利潤が企業の内部留保となり, その全てが投資に向けられると想定する。そして, その不足分が外部資金である負債 B の増加でファイナンスされると考える。$I_B < 0$ は, 負債荷重の増大により, 企業が投資に対して慎重になることを意味している。これは,「借り手のリスク」を表している。

次に, 貨幣需要関数 M^d, 貨幣供給関数 M^s は,

$$M^d = L(Y, B, i), \quad L_Y \gtrless 0, \quad L_B > 0, \quad L_i < 0, \tag{11.8}$$

$$M^s = \mu(Y, B, i)H, \quad \mu_Y > 0, \quad \mu_B < 0, \quad \mu_i > 0, \tag{11.9}$$

を仮定する。ここで, μ：貨幣乗数, H：ハイパワードマネー, である。$L_Y < 0$, $L_B > 0$ は, 家計の「貸し手のリスク」を表している。$\mu_Y > 0$, $\mu_B < 0$ は,

11.2 企業の負債荷重と政府の予算制約 **213**

市中銀行の「貸し手のリスク」である。つまり，所得 Y の増加が企業の債務不履行の可能性を低下させるので，市中銀行が融資に積極的になるということである[4]。

(11.6)(11.7)(11.8)(11.9) を (11.1) に代入すれば，

$$
\begin{aligned}
EB = &-[c(1-t)\{1/(1+\tau)\}Y + C_0 + I(Y,B,i) + I_0 - Y \\
&+ L(Y,B,i) - \mu(Y,B,i)H] = 0,
\end{aligned} \tag{11.10}
$$

が得られる。そして，(11.10) を全微分し，i_Y，i_B，および i_H を導出すれば，

$$
i = i(Y,B,H), \tag{11.11}
$$

$$
i_Y = -\frac{I_Y - s + m_Y}{I_i + L_i - \mu_i H} = \phi \gtreqless 0,
$$

$$
i_B = -\frac{I_B + m_B}{I_i + L_i - \mu_i H} = \varphi \gtreqless 0,
$$

$$
i_H = \frac{\mu}{I_i + L_i - \mu_i H} < 0,
$$

が得られる。ここで，$s\ (=1 - c\{1/(1+\tau)\}(1-t)) > 0$ である。また，

$$
m_Y = L_Y - \mu_Y H \gtreqless 0, \tag{11.12}
$$

$$
m_B = L_B - \mu_B H > 0, \tag{11.13}
$$

であり，経済の金融的側面を表している。

(11.11) は，所得 Y の上昇により，利子率 i が下落する可能性があることを示している[5]。また，φ の符号も不確定である。つまり，

$$
I_B + m_B \gtreqless 0\ (m_B \gtreqless |I_B|) \Longleftrightarrow \varphi \gtreqless 0 \quad (\text{複号同順}) \tag{11.14}
$$

である。例えば，$\varphi > 0$ となるのは，負債荷重の増大に対し，借り手である企業が投資を抑制するよりも，市中銀行等の貸し手のほうが大きく貸付を減少させるような場合である。言い換えれば，景気の後退期において，「貸し手のリスク」が大きくなっているような場合である。一般的には，$m_B > |I_B|$ であると考えられるので，ここでは，$\varphi > 0$ であると仮定しよう[6]。

---

[4] これらの点の簡単なミクロ経済学的基礎づけは，二宮 (2005a)(2006a) を参照。

[5] この点についての詳細な議論は，二宮 (2001a)(2001b)(2006a) を参照。

[6] ϕ，φ の符号に関する詳細な議論は，二宮 (2005a)(2006a) を参照。次節では，$m_B < |I_B|$ の場合についても検討をおこなっている。

214　第 11 章　ミンスキー的循環，不安定性，および逆循環的財政政策

次に，ハイパワードマネー，企業の負債荷重の動態を定式化しよう。まず，ハイパワードマネー H の動態を，

$$\dot{H} = G - T, \tag{11.15}$$

と想定する。(11.15) は，財政収支の過不足はハイパワードマネーの増減で調整されるということを示している[*7]。これが政府の予算制約式である。

政府支出関数 G は，

$$G = \beta(\bar{Y} - Y) + \gamma(\bar{H} - H) + G_0, \quad \beta > 0, \quad \gamma > 0, \quad G_0 > 0, \tag{11.16}$$

と想定する。ここで，G_0：独立政府支出，である。(11.16) は，所得 Y がその目標とする水準 $\bar{Y}$ を下回れば財政支出を拡大し，逆に上回れば縮小するという政府の行動を示している。β は，その程度を表すパラメーターである。また，本章では，税収で不足する分がハイパワードマネーでファイナンスされると考える。しかしながら，それは無制限にできるものではない。第 2 項は，ハイパワードマネーがある水準 $\bar{H}$ を超えると，政府支出の拡大は抑制されるということを意味している。γ はその程度を表すパラメーターである。

税収 T は，(11.4)(11.5) を考慮すれば，

$$T = tH_W + t\Pi_t = tY, \tag{11.17}$$

である。

企業の負債荷重 B の動態は，税引き後粗利潤 Π_t が全て企業の内部留保になると考えれば，

$$\dot{B} = I - \Pi_t = I(Y, B, i) + I_0 - (1 - t)[\tau/(1 + \tau)]Y, \tag{11.18}$$

と定式化される。

(11.6)(11.7)(11.11)(11.15)～(11.18) を考慮すれば，企業の負債荷重，政府

[*7] 財政収支の過不足は，ハイパワードマネーの変化を通じて利子率に影響を与える。

11.2 企業の負債荷重と政府の予算制約

の予算制約式を考慮した動学体系 $(S_a.11)$ は,

$$\dot{Y} = \alpha\Big[c(1-t)\{1/(1+\tau)\}Y + C_0 + I(Y,B,i(Y,B,H)) + I_0$$
$$+ \beta(\bar{Y}-Y) + \gamma(\bar{H}-H) + G_0 - Y\Big] \qquad (S_a.11.1)$$

$$\dot{B} = I(Y,B,i(Y,B,H)) + I_0 - (1-t)[\tau/(1+\tau)]Y \qquad (S_a.11.2)$$

$$\dot{H} = \beta(\bar{Y}-Y) + \gamma(\bar{H}-H) + G_0 - tY \qquad (S_a.11.3)$$

と定式化される。$(S_a.11.1)$ は,財市場の調整方程式であり,α (>0) はその調整パラメーターである[8]。

動学体系 $(S_a.11)$ のヤコビ行列は,

$$\mathbf{J}_a = \begin{pmatrix} f_{11} & f_{12} & f_{13} \\ f_{21} & f_{22} & f_{23} \\ f_{31} & 0 & f_{33} \end{pmatrix}, \qquad (11.19)$$

$$f_{11} = \alpha(I_Y + I_i\phi - s - \beta), \quad f_{12} = \alpha(I_B + I_i\varphi), \quad f_{13} = \alpha(I_i i_H - \gamma),$$
$$f_{21} = I_Y + I_i\phi - (1-t)[\tau/(1+\tau)], \quad f_{22} = I_B + I_i\varphi, \quad f_{23} = I_i i_H,$$
$$f_{31} = -\beta - t, \quad f_{33} = -\gamma,$$

であり,その特性方程式は,

$$\lambda^3 + a_1\lambda^2 + a_2\lambda + a_3 = 0, \qquad (11.20)$$

---

[8] 動学体系 $(S_a.11)$ の均衡解は,$\dot{Y}=0$,$\dot{B}=0$,$\dot{H}=0$ を満たす (Y^*, B^*, H^*) である。均衡所得 Y^* は

$$Y^* = \frac{C_0}{(1-t)(1-c)[1/(1+\tau)]} > 0$$

である。また,

$$h(H) = \beta(\bar{Y}-Y^*) + \gamma(\bar{H}-H) + G_0 - tY^*$$

とすれば,$h'(H) = -\gamma < 0$ である。もし,$h(0) > 0$ かつ

$$\lim_{H \to +\infty} h(H) < 0$$

ならば,$h(H^*)=0$ を満たす H^* (>0) が決まる。さらに,すべての $Y \geq 0$,$H \geq 0$ に対して,

$$I(Y,0,i(Y,0,H)) + I_0 > 0 \text{ かつ} \lim_{B \to +\infty} I(Y,B,i(Y,B,H)) + I_0 < 0$$

ならば,B^* (>0) が決まる。

216　第 11 章　ミンスキー的循環，不安定性，および逆循環的財政政策

である。そして，

$$a_1 = -f_{11} - f_{22} - f_{33} \tag{11.21}$$
$$= -\alpha(I_Y + I_i\phi - s - \beta) - (I_B + I_i\varphi) + \gamma,$$
$$a_2 = f_{11}f_{22} - f_{12}f_{21} + f_{11}f_{33} - f_{13}f_{31} + f_{22}f_{33} \tag{11.22}$$
$$= \alpha(I_Y + I_i\phi - s - \beta)f_{22} - \alpha f_{22}(I_Y + I_i\phi - (1-t)[\tau/(1+\tau)])$$
$$\quad - \alpha(I_Y + I_i\phi - s - \beta)\gamma - \alpha(I_i i_H - \gamma)(-\beta - t) - f_{22}\gamma,$$
$$a_3 = -\det \mathbf{J}_a = -f_{31}(f_{12}f_{23} - f_{13}f_{22}) - (f_{11}f_{22} - f_{12}f_{21})f_{33} \tag{11.23}$$
$$= \alpha(k+t)f_{22}\gamma > 0,$$
$$k + t = [1/(1+\tau)](c-1)(1-t) < 0,$$

である。

ここで，$-\alpha(I_Y + I_i\phi - s) - (I_B + I_i\varphi) = 0$ を満たす m_Y と q $(= I_Y - s)$ の組み合わせを導出すれば，

$$m_Y = \frac{L_i - \mu_i H}{I_i}q + \frac{(I_B + I_i\varphi)(I_i + L_i - \mu_i H)}{\alpha I_i} - \frac{I_i + L_i - \mu_i H}{I_i}\beta, \tag{11.24}$$

が得られる。ここで，α や他の微係数を所与とし，β が十分小さい $(\beta \to 0)$ 場合の m_Y を m_{Y0} と定義する。$m_Y < m_{Y0}$ の場合，パラメーター β と γ が十分小さいならば，$a_1 < 0$ となり Routh-Hurwitz の条件が満たされず，動学体系 $(S_a.11)$ は不安定となる[*9]。

ここでの問題は，このような状況において，逆循環的財政政策が動学体系 $(S_a.11)$ を安定化させられるか否かということである。以上の想定により，以下の命題 11.1 が得られる。

命題 11.1：$m_Y < m_{Y0}$ であるとする。この時，逆循環的財政政策が採られれば $(\beta \to \infty)$，動学体系 $(S_a.11)$ は局所安定となる。

証明：(11.21) より，β が十分大きくなれば，$a_1 > 0$ である。また，a_2,

[*9] 経済の実物的側面が安定的に作用していたとしても $(q < 0)$，$m_Y < m_{Y0}$ が満たされるということには注意が必要である。この点に関する詳細な議論は，二宮 (2001a)(2006a) を参照。また，α や他の微係数も動学体系の安定性に影響を与えることは言うまでもない。

11.2 企業の負債荷重と政府の予算制約 **217**

$a_1a_2 - a_3$ は,

$$a_2 = \alpha(-f_{22} + I_i i_H)\beta + \cdots,$$
$$a_1a_2 - a_3 = \alpha^2(-f_{22} + I_i i_H)\beta^2 + \cdots,$$

である。$\varphi > 0$ を仮定すれば $f_{22} < 0$ が得られ,a_2 の β の係数,$a_1a_2 - a_3$ の β^2 の係数は正となる。ゆえに,β が十分大きくなれば,$a_2 > 0$, $a_1a_2 - a_3 > 0$ が得られる。また,$a_3 > 0$ である。以上により,β が十分大きいならば,$a_1 > 0$, $a_2 > 0$, $a_3 > 0$, $a_1a_2 - a_3 > 0$ となり,Routh-Hurwitz の条件が満たされる。Q.E.D.

　命題 11.1 は,二宮 (2001a)(2006a) と同様,動学体系 $(S_a.11)$ において逆循環的財政政策が経済安定化効果を持つということを示している。また,命題 11.1 は,ハイパワードマネーの供給制約の程度 γ に関係なく成り立つことに注意が必要である。これは,逆循環的財政政策が採られるならば,動学体系は安定となるため,結果としてハイパワードマネーの供給制約の意味がなくなってしまうためである[*10]。

　さらに,ハイパワードマネーの供給制約が十分小さい場合,以下の命題 11.2 が得られる。

命題 11.2: 逆循環的財政政策の調整パラメーター β を分岐パラメーターに選べば,$\beta = \beta_0$ において Hopf 分岐が発生し,β_0 の近傍の β のある範囲において動学体系 $(S_a.11)$ の非定常的な周期解が存在する。ただし,γ は十分小さいと仮定する[*11]。

証明: Appendix 11.1

[*10] 逆循環的財政政策のパラメーター β が小さく ($\beta \to 0$),ハイパワードマネーの供給制約のパラメーター γ が十分大きいならば ($\gamma \to \infty$),動学体系 $(S_a.11)$ の安定性は $\alpha(I_Y + I_i\phi - s - t) + f_{22}$ の符号に依存する。

[*11] $\beta < \beta_0$ と $\beta > \beta_0$ のいずれの領域に周期解が存在するのかは,本章の仮定のみからは確定できない。$\beta < \beta_0$ の領域に存在する場合は「サブクリティカル」な分岐,$\beta > \beta_0$ の領域に存在する場合は「スーパークリティカル」な分岐と呼ばれている。

218　第 11 章　ミンスキー的循環，不安定性，および逆循環的財政政策

　命題 11.2 は，動学体系 $(S_a.11)$ における経済の循環を示している。その循環のメカニズムは次のようなものである。ここで，経済が不況局面にあると想定しよう。所得 Y の下落，負債荷重 B の増大は，投資 I を抑制する。投資 I の抑制は，負債荷重 B の増加を抑制するものの，所得 Y をさらに下落させる。また，税収 T も減少する。この時，政府は逆循環的財政政策を採り，政府支出 G を増加させる。税収が減少しているため，財政赤字は，ハイパワードマネーの増加によってファイナンスされる。ハイパワードマネーの供給増加は利子率 i を引き下げて投資 I を促進し，政府支出 G の増加と相まって，所得 Y は上昇に転じるということである。命題 11.2 の循環においては，企業の負債の動態とともに，政府の行動が重要な役割を果たしている[*12]。

$$Y\downarrow, B\uparrow \Rightarrow I\downarrow(\Rightarrow B\downarrow), T\downarrow \Rightarrow G\uparrow(T\downarrow) \Rightarrow H\uparrow \Rightarrow i\downarrow \Rightarrow I\uparrow \Rightarrow Y\uparrow$$

11.3　有利子負債の増大と逆循環的財政政策

　本節では，企業の有利子負債を考慮した場合の，逆循環的財政政策の経済安定化効果について検討しよう。ただし，ここでは簡単化のため，ハイパワードマネーの供給制約が十分小さいと仮定しよう $(\gamma \to 0)$。

　企業の税引き後純利潤 Π_n は，(11.5) を考慮すれば，

$$\Pi_n = \Pi_t - iB = (1-t)\{\tau/(1+\tau)\}Y - iB \tag{11.25}$$

である。つまり，企業の税引き後純利潤は，税引き後粗利潤 Π_t から，有利子負債の利払い部分 iB を差し引いたものであり，これが企業の内部留保になると想定する。

　(11.25) を考慮すれば，負債荷重 B の動態は，

$$\dot{B} = I - \Pi_n = I(Y, B, i) + I_0 - [(1-t)\{\tau/(1+\tau)\}Y - iB] \tag{11.26}$$

[*12] 財市場の調整パラメーター α を分岐パラメーターに選んだ場合にも，非定常的な周期解の存在を証明することができる。この場合には，企業の負債荷重の動態が，経済の循環により重要な役割を果たすと考えられる。

11.3 有利子負債の増大と逆循環的財政政策 **219**

と修正される。(11.26) を見ればわかるように，有利子負債の利払い部分が，負債の動態に重要な役割を果たしている。

(11.26) を考慮して動学体系 $(S_a.11)$ を修正すれば，有利子負債を考慮した動学体系 $(S_b.11)$，

$$\dot{Y} = \alpha\Big[c(1-t)\{1/(1+\tau)\}Y + C_0 + I(Y, B, i(Y, B, H)) + I_0$$
$$+ \beta(\bar{Y} - Y) + G_0 - Y\Big] \tag{$S_b.11.1$}$$

$$\dot{B} = I(Y, B, i(Y, B, H)) + I_0 - \Big[(1-t)\{\tau/(1+\tau)\}Y - i(Y, B, H)B\Big] \tag{$S_b.11.2$}$$

$$\dot{H} = \beta(\bar{Y} - Y) + G_0 - tY \tag{$S_b.11.3$}$$

が得られる。動学体系 $(S_a.11)$ との相違は，動学体系 $(S_b.11)$ が有利子負債 iB を考慮している点と，ハイパワードマネーの供給制約が小さい（$\gamma \to 0$）と仮定している点のみである[*13]。

動学体系 $(S_b.11)$ のヤコビ行列は，

$$\mathbf{J}_b = \begin{pmatrix} g_{11} & g_{12} & g_{13} \\ g_{21} & g_{22} & g_{23} \\ g_{31} & 0 & 0 \end{pmatrix}, \tag{11.27}$$

$$g_{11} = \alpha(I_Y + I_i\phi - s - \beta), \quad g_{12} = \alpha(I_B + I_i\varphi), \quad g_{13} = \alpha I_i i_H,$$
$$g_{21} = I_Y + I_i\phi - [(1-t)\{\tau/(1+\tau)\} - \phi B],$$
$$g_{22} = I_B + I_i\varphi + i + \varphi B, \quad g_{23} = I_i i_H + i_H B,$$
$$g_{31} = -\beta - t,$$

であり，その特性方程式は，

$$\lambda^3 + b_1\lambda^2 + b_2\lambda + b_3 = 0, \tag{11.28}$$

[*13] 動学体系 $(S_b.11)$ の均衡解は，$\dot{Y} = 0$，$\dot{B} = 0$，$\dot{H} = 0$ を満たす (Y^*, B^*, H^*) である。均衡所得 Y^* は，$\dot{H} = 0$ より，

$$Y^* = \frac{\beta\bar{Y} + G_0}{\beta + t} > 0$$

である。B^*（> 0），H^*（> 0）が存在するか否かは，微係数等の値に依存すると考えられるが，ここではその存在を仮定して，動学体系 $(S_b.11)$ の局所安定性を検討する。

である。そして，

$$b_1 = -g_{11} - g_{22} \tag{11.29}$$
$$= -\alpha(I_Y + I_i\phi - s - \beta) - (I_B + I_i\varphi + \varphi B + i),$$
$$b_2 = g_{11}g_{22} - g_{12}g_{21} - g_{13}g_{31}, \tag{11.30}$$
$$b_3 = -\det \mathbf{J}_b = -g_{31}(g_{12}g_{23} - g_{13}g_{22}) \tag{11.31}$$
$$= (\beta + t)\alpha i_H (I_B B - I_i i),$$

である。ここでも，$m_Y < m_{Y0}$ であると想定する。つまり，逆循環的財政政策が採られない場合には $(\beta \to 0)$，動学体系 $(S_b.11)$ は不安定になるということである。ここでの問題は，このような状況において，逆循環的財政政策が動学体系 $(S_b.11)$ を安定化させられるか否かである。有利子負債を考慮した場合，逆循環的財政政策の効果について，以下の命題 11.3，命題 11.4 が得られる。

命題 11.3： $I_B B - I_i i > 0$ ならば，逆循環的財政政策を採ったとしても $(\beta \to \infty)$，動学体系 $(S_b.11)$ は局所的に不安定である。

証明： β の大きさに関係なく，$I_B B - I_i i > 0$ ならば $b_3 < 0$ となる。この時，Routh-Hurwitz の条件は満たされないので，動学体系 $(S_b.11)$ は不安定となる。Q.E.D.

さらに，たとえ $b_3 > 0$ が満たされたとしても，以下の命題 11.4 が証明できる。

命題 11.4： 負債荷重 B が十分大きいと想定する。この時，$m_B > |I_B|$ ならば，逆循環的財政政策を採ったとしても $(\beta \to \infty)$，動学体系 $(S_b.11)$ は不安定である。

証明： (11.30) より，b_2 は，

$$b_2 = \alpha\big[-\{I_B + I_i\varphi + (\varphi B + i)\} + I_i i_H\big]\beta + \cdots,$$

11.3 有利子負債の増大と逆循環的財政政策　　　　　　　　　　221

である。そして，

$$- [I_B + I_i \varphi + (\varphi B + i)] + I_i i_H$$
$$= \frac{1}{I_i + L_i - \mu_i H}[(I_B + m_B)B + \cdots] + I_i i_H$$

である。ゆえに，負債荷重 B が十分大きい場合，$I_B + m_B > 0$（つまり，$m_B > |I_B|$）ならば，$b_2 < 0$ となる。この場合，Routh-Hurwitz の条件は満たされない。Q.E.D.

命題 11.3，命題 11.4 は，逆循環的財政政策を採ったとしても，動学体系 $(S_b.11)$ が安定とならない可能性があることを示している。命題 11.3 のメカニズムは，次のようなものである。ここで，経済が不況局面にあり，所得 Y は下落，負債荷重 B は増大していると考えよう。この時，政府は政府支出を拡大する。しかしながら，税収も減少しているので，財政赤字をファイナンスするためのハイパワードマネーの供給が増加する。ハイパワードマネーの増加は利子率 i を下落させる。しかしながら，利子率の下落は投資 I を増加させるので，負債荷重を増大させる可能性がある。このような場合，経済は安定化しない[14]。

逆循環的財政政策の効果が限られたものとなる可能性がより高くなると考えられるのは，命題 11.4 のケースであろう。命題 11.4 のメカニズムは，次のようなものである。ここで，経済が不況局面にあると想定しよう。先にも述べたように，負債荷重 B の増大は，市中銀行等の「貸し手のリスク」を大きく増大させ，利子率 i を大きく上昇させると考えられる。利子率 i の上昇は投資 I を抑制するが，有利子負債の利払いがそれを上回るならば，負債荷重はさらに増加する。つまり，有利子負債が累積的に拡大していくということである。このような効果が非常に大きい場合，たとえ逆循環的財政政策によって所得を増加させようとしても，利子率の上昇，負債荷重の増大による投資抑制効果のほうが上回り，所得 Y がさらに減少することになるということである。このよう

---

[14] 逆に，利子率の下落が有利子負債の負担を減少させる場合には，負債荷重が減少する。負債荷重の減少は投資 I を増加させ，所得 Y が上昇する。このような場合には，逆循環的財政政策は，経済を安定化させるように作用すると考えられる。

222 第11章 ミンスキー的循環，不安定性，および逆循環的財政政策

な状況は，「負債荷重の罠」と言うべき状況であろう。

さらに，$|I_B|$ が大きく，$b_2 > 0$，$b_3 > 0$ が満たされる場合には，以下の命題 11.5 を証明することができる。

命題 11.5：$|I_B|$ が大きい場合，逆循環的財政政策を採れば（$\beta \to \infty$），動学体系 $(S_b.11)$ は局所的に安定となる。

証明：$|I_B|$ が大きければ，命題 11.3，命題 11.4 の証明により，$b_2 > 0$，$b_3 > 0$ である。また，(11.29) より，β が十分大きくなれば，$b_1 > 0$ となる。さらに，$b_1 b_2 - b_3$ は，

$$b_1 b_2 - b_3 = g_{11} g_{13} g_{31} + \cdots = \alpha^2 (I_i i_H) \beta^2 + \cdots$$

である。ゆえに，$b_1 b_2 - b_3$ の β^2 の係数は正となり，β が十分大きいならば $b_1 b_2 - b_3 > 0$ となる。以上により，この場合，$b_1 > 0$，$b_2 > 0$，$b_3 > 0$，$b_1 b_2 - b_3 > 0$ であり，Routh-Hurwitz の条件が満たされる。Q.E.D.

命題 11.5 は，有利子負債を考慮したとしても，ある局面においては逆循環的財政政策が動学体系 $(S_b.11)$ を安定化させるということを示している。ここで，経済が不況局面にあると想定しよう。この時，拡張的財政政策が採られれば所得 Y は上昇するが，それは内部留保の増加を通じて負債荷重を減少させるという効果を持つ。負債荷重の減少は投資を大きく増加させ，所得 Y はさらに増加する。このような効果が，有利子負債の利払い増加による不安定性の効果を上回る場合には，逆循環的財政政策は動学体系 $(S_b.11)$ を安定化させるということである。

11.4　おわりに

本章では，企業の負債荷重の動態，政府の予算制約式を考慮したマクロ動学モデルを構築し，経済の循環を検討した（動学体系 $(S_a.11)$）。その循環のメカニズムは次のようなものである。ここで，経済が不況局面にあると想定しよう。所得 Y の下落，負債荷重 B の増大は，投資 I を抑制し，所得 Y はさらに下落する。この時，政府は逆循環的財政政策を採り，政府支出 G を増加させ

11.4 おわりに

る。所得 Y の減少により税収も減少して財政赤字は拡大するが，それはハイパワードマネーの増加によってファイナンスされる。その結果，利子率が下落して投資 I が促進され，政府支出 G の増加と相まって，所得 Y は上昇に転じるということである。

さらに，有利子負債の変化という観点を導入し，逆循環的財政政策の経済安定化効果を検討した（動学体系 $(S_b.11)$）。例えば，不況局面において，貸し手のリスク（m_B）が，借り手のリスク（$|I_B|$）を大きく上回るならば，負債荷重 B の増大に伴って利子率 i が大きく上昇する。この時，企業の有利子負債が大きく膨らみ，さらに負債荷重が増大する可能性がある。このような局面においても，所得 Y を目標としたケインズ的な逆循環的財政政策が動学体系を安定化させるか否かということである。

本章では，経済がこのような局面にある場合，逆循環的財政政策の効果は限られたものになるという結論が得られた。つまり，有利子負債の累積的拡大が深刻な不況を招いているような局面においては，伝統的な財政拡大政策とは異なる方法によって経済の安定化を図る必要があるということである。

例えば，有利子負債の累積的拡大が経済を不安定にしている状況においては，利子率を目標とした金融政策（利子率・ターゲット）が有効であるということが，二宮 (2005a)(2006a) において示されている。しかしながら，二宮 (2001a)(2006a) が示しているように，実物的側面が経済の不安定性を引き起こしているような場合においては，このような金融政策は，経済を安定化させることができない。むしろ，逆循環的財政政策により，経済の安定化を図る必要があるということである。また，金融的側面が経済の不安定性を引き起こしている場合でも，逆循環的財政政策が効果を持つ場合もありうる。言い換えれば，経済の不安定性を引き起こしている要因により，必要とされる政策は異なるということである。

また，新古典派経済学は，財政拡大政策は民間の投資を抑制し（クラウディング・アウト），その効果はないと主張している。本章で得られた結論は，新古典派経済学とは異なった視点から，財政政策の効果が限られたものとなる可能性を示している。しかしながら，このことは，現実の財政政策の失敗をもって，新古典派経済学に基づく市場経済化を肯定することにはならないということ

を示唆している。Dalziel(2002b) が示すように，市場経済化を志向したニュージーランドの経済改革については評価の分かれるところである。

最後に，今後の検討課題を述べる。本章では，財政収支はハイパワードマネーでファイナンスされると想定している。公債によるファイナンスの場合にも同様の結論が得られるかは，さらに検討を要する点である。また，「貸し手のリスク」は，企業の負債荷重にのみ生じるものではない。ギリシャ危機が示すように，累積債務に苦しむ国においては，公債でさえも債務不履行が発生するのである。このような側面を考慮した金融不安定性の分析は，興味深い拡張である。さらに，本章のモデルは，物価水準の動態を考慮していない短期のモデルである。しかしながら，例えば，ハイパワードマネーの供給増加が，インフレを招き，負債の実質残高に影響を与えるということは否定できない。これらの点は，今後の検討課題としたい。

Appendix 11.1　命題 11.2 の証明

γ は十分小さいとする。この時，$a_2 > 0$ である。そして，命題 11.1 の証明より，β が十分大きい時，$a_1 a_2 - a_3 > 0$ である。さらに，$m_Y < m_{Y0}$, (11.23) より，β が十分小さくなれば $(\beta \to 0)$，$a_1 a_2 - a_3 < 0$ となる。

$a_1 a_2 - a_3$ は β の滑らかな連続関数だから，$a_1 a_2 - a_3 = 0$ かつ $\partial(a_1 a_2 - a_3)/\partial\beta|_{\beta=\beta_0} \neq 0$ となるような β の値 β_0 が，少なくとも 1 つ存在する。

3 変数の特性方程式，$\lambda^3 + a_1\lambda^2 + a_2\lambda + a_3 = 0$ が 1 組の純虚根 $\pm hi$ $(i = \sqrt{-1},$ $h \neq 0)$ を持つための必要十分条件は，$a_2 > 0$，および $a_1 a_2 - a_3 = 0$ が同時に成立することである。この時，特性根 λ は具体的に，$\lambda = -a_1,$ $\pm\sqrt{a_2}i$ と表される。ゆえに，Hopf の分岐定理の条件の 1 つは，$a_2 > 0$, $a_1 a_2 - a_3 = 0$ が同時に成立することと同値である。そして，動学体系 $(S_a.11)$ の特性方程式は，$\beta = \beta_0$ で 1 組の純虚根 $\lambda_1 = \sqrt{a_2}i$, $\lambda_2 = -\sqrt{a_2}i$ を持つ。

Orlando の公式より，

$$a_1 a_2 - a_3 = -(\lambda_1 + \lambda_2)(\lambda_2 + \lambda_3)(\lambda_3 + \lambda_1) = -2h_1(\lambda_3^2 + 2h_1\lambda_3 + h_1^2 + h_2^2)$$

である。ここで，h_1 は複素根の実部，h_2 は虚部の絶対値である。これを β で

11.4 おわりに

微分すれば,

$$
\begin{aligned}
\frac{\partial(a_1 a_2 - a_3)}{\partial \beta} = -&2\Big[\frac{\partial h_1}{\partial \beta}(\lambda_3^2 + 2h_1\lambda_3 + h_1^2 + h_2^2) \\
&+ h_1 \frac{\partial(\lambda_3^2 + 2h_1\lambda_3 + h_1^2 + h_2^2)}{\partial \beta}\Big]
\end{aligned}
$$

となる。これに, $h_1 = 0$, $h_2 = h$ を代入すれば,

$$
\frac{\partial(a_1 a_2 - a_3)}{\partial \beta}\Big|_{\beta=\beta_0} = -2(\lambda_3^2 + h^2)\left[\frac{\partial h_1}{\partial \beta}\Big|_{\beta=\beta_0}\right]
$$

が得られる。ゆえに,

$$
\frac{\partial(a_1 a_2 - a_3)}{\partial \beta}\Big|_{\beta=\beta_0} \neq 0 \text{ ならば} \frac{\partial h_1}{\partial \beta}\Big|_{\beta=\beta_0} \neq 0
$$

である。よって, $\beta = \beta_0$ で Hopf 分岐が発生するための全ての条件が満たされている。Q.E.D.

第 12 章

金融の不安定性と政策金融の役割

12.1　はじめに

　1990 年のバブル経済崩壊以降，日本経済はきわめて混迷した状況にあった。中小金融機関は言うに及ばず，都市銀行，大手証券会社が次々と破綻し，まさに金融恐慌の様相を呈していた。このような状況の中，わが国においても，金融制度の大改革，いわゆる「金融ビッグバン」が急速に進展した。旧大蔵省を頂点とした「護送船団方式」という競争制限的な規制が，わが国の金融システムを非効率にし，バブル経済崩壊以降の経済の長期低迷を招いたという反省からである[*1]。郵政三事業の民営化もまた，民業圧迫という主張とともに，市場経済化を志向した流れの中にあったと考えられる。2003 年には郵政三事業は公社化され，2005 年 9 月の衆議院議員選挙における自民党の地滑り的な大勝により，郵政民営化法案が可決，成立した。そして，2007 年 10 月に公社は民営化され，移行期間を経て完全民営化されることとなった。

　さらに，郵便貯金は，「平成不況」の要因としても批判の対象となった。岩田 (1992) は，「郵貯シフト」の資金が日銀からの国債購入にあてられ，日銀の受動的な対応と相まって，ハイパワードマネーの供給減少を招いたと主張した。

[*1] 例えば，堀内 (1999) を参照。

このような主張に対し，小川・北坂 (1998) は，「郵貯シフト」がマネーサプライに及ぼす効果を資産市場の一般均衡モデルで分析し，郵便貯金が財投資金として民間の貸出市場に還流するかぎり，貸出金利が低下して所得水準が上昇すると論じている。つまり，「郵貯シフト」がハイパワードマネーの減少を伴ってデフレ的な効果を持つという議論には，正当性がないということである。

これらの議論とは別に，ナローバンク論を郵便貯金に適用しようとする考え方がある。ナローバンク論とは，Litan(1987)，Pierce(1991)，Edwards(1996)等により提唱されたもので，決済を担う金融機関とそれ以外の金融機関を分離し，決済を担う金融機関の保有資産の範囲を安全なものに限定して，決済システムの安定化を図ろうとするものである[2]。岩佐 (1997) は，郵便貯金がすでにナローバンクの役割を果たしており，郵貯資金が民間金融市場に自ずと還流する仕組みを構築して効率的運用が実現する方向に制度改革することが不可欠であると論じている。さらに，西垣 (2003) においても，ナローバンク論の観点から，郵政事業のあるべき方向についての議論がなされている。つまり，郵便貯金は，低利で少額の貯蓄を吸収して主として決済業務をおこなう安全性の高い資産にのみ運用する部門と，ある程度のリスクは伴うが高収益が見込める資産への運用をおこなう部門に，2 分割される必要があるとの主張である。また，家森 (2004) では，財投資金が中小企業に流れるようにすることが有効であるとの指摘もなされている。

岩佐 (1997) 等の議論は非常に興味深いが，フォーマルな数理モデルとしては展開されていない。また，小川・北坂 (1998) の議論は，金融恐慌期における政策金融の役割に関して重要な示唆を与えていると思われるが，金融不安定性との関連については論じられていない。ミンスキーは，複雑な金融制度を持つ資本主義経済は内在的に不安定であるとする金融不安定性仮説を提示している。そして，Taylor and O'Connell(1985) は，ミンスキーの議論を簡単な数理モデルに展開し，資産間の代替性が大きい時に「ミンスキー・クライシス」に陥りやすくなると論じている。さらに，二宮 (2001c) は，Taylor and O'Connell(1985) を応用し，郵貯資金が民間金融市場に還流するチャンネル

---

[2] ナローバンク論の諸類型については，岩佐 (1997) を参照。

が，経済の金融的な不安定性を抑制する可能性があることを論じている。つまり，景気の低迷による「貸し手のリスク」の上昇が「郵貯シフト」を招くが，その資金が政策的に民間金融市場に還流することによって，資産間の代替性を緩和することができるかもしれないということである。しかしながら，二宮 (2001c) のモデルは，きわめて単純な比較静学分析にとどまっている。

本章の目的は，二宮 (2006a) 等で展開された金融不安定性の短期のマクロ動学モデルを応用し，先に述べたような政策金融が経済の金融的な不安定性を回避するのに有効か否かを再検討することにある[*3]。本章の主たる結論は，経済の不安定性が金融的な要因によりもたらされている場合，このような政策金融には，その不安定性を抑制する効果があるということである。

12.2 基本モデル

小川・北坂 (1998) 等が示すように，いわゆる「郵貯シフト」がバブル経済崩壊後に発生した。その主たる要因は，金融資産の安全性に対する関心の高まりを反映したものであると考えられる。つまり，バブル経済崩壊後の金融不安の高まりが，国の信用を背景とした安全資産としての郵便貯金へのシフトをもたらしたということである。

また，バブル経済崩壊後，民間銀行は多額の不良債権を抱え，中小企業への貸付を低下させた。しかしながら，民間金融機関のこのような行動に対して，公的金融がその貸付減少を補完するように行動した。このことは，政策的な意図を持った公的金融機関によって，「貸し渋り」対策がおこなわれていたことを示唆している。このような政策金融に対しては，本来ならば市場から排除されなければならない非効率な企業の退出を遅らせ，自助努力を阻害する可能性があるといった批判がなされるかもしれない[*4]。しかしながら，経済の金融的

[*3] ミンスキー自身は，中央銀行の「最後の貸し手」としての役割を強調している。ミンスキーの議論を数理モデルに展開した研究は多数存在するが，不安定性を回避するための政策，方策の検討は，十分におこなわれているとは言いがたい。また，本章の金融の不安定性は，いわゆるナローバンク論で問題とされているような，決済システムの不安定性ではない。

[*4] 小川・北坂 (1998) は，深刻な景気後退期における公的金融機関からの借入金増加の背景に

な不安定性を抑制する効果を持つということも考えられる。ここでは，有利子負債を含まないモデルで，この点を検討しよう。

まず，第3章等に従い，利子率 i は債券市場の均衡，

$$
\begin{aligned}
EB &= -(EX + EM) \\
&= -(C + I - Y + M^d - M) \\
&= S - (M^d - M) - I = 0,
\end{aligned}
\tag{12.1}
$$

で決定されると想定する。ここで，EB：債券の超過需要，EX：財の超過需要，EM：貨幣の超過需要，C：消費，I：投資，Y：所得，M^d：貨幣需要，M：貨幣供給（一定を仮定），S：貯蓄，である。(12.1) は，貸付資金の供給 $(S - (M^d - M))$ がその需要 I と等しくなるところで利子率 i が決定されるということを示している[*5]。

そして，消費関数 C，投資関数 I を，

$$
C = C_1(1 - \pi)Y + C_0, \quad 0 < C_1 < 1, \quad C_0 > 0,
\tag{12.2}
$$

$$
I = I(Y, B, i) + I_0, \quad I_Y > 0, \quad I_B < 0, \quad I_i < 0,
\tag{12.3}
$$

と定式化する。ここで，C_1：限界消費性向，C_0：基礎消費，π：利潤シェア，B：負債荷重，I_0：独立投資，である。また，I_B は「借り手のリスク」を表している[*6]。

は，中小企業や個人といった，他の代替的な資金調達手段がない経済主体がいることが看過されてはならないと指摘している。また，家森 (2004) は，信用保証制度との関連から，緊急避難的制度が本来の趣旨に沿って利用されるように，銀行側，企業側の双方に動機づけを与える必要があると論じている。また，「小企業等経営改善資金融資制度」の対象となるには商工会・商工会議所の経営指導を受けていることが必要とされ，東京都の CLO 融資の保証対象となるにはディスクロージャーに積極的であることが要件となっている（詳細については，家森 (2004) を参照）。

[*5] このような定式化は，ナローバンク論で問題とされている決済システムの不安定性を論じる枠組みとしては，十分であるとは言いがたい。Rose(1969)，二宮 (2006a) 等は，貨幣は預金を含む内部貨幣であると考え，信用不安定性ないし金融不安定性を論じている。本章のような金融不安定性モデルに信用組織としての銀行システム（決済システム）を組み込み，金融の不安定性，政策金融の効果を検討することは，興味深い拡張であり，今後の検討課題としたい。

[*6] このような投資関数のミクロ経済学的基礎づけについては，足立 (1994)，Asada(2001) 等を参照。

次に，貨幣需要関数 M^d を，

$$M^d = (1-\theta)L(Y, B, i), \tag{12.4}$$
$$L_Y \gtreqless 0, \quad L_B > 0, \quad L_i < 0, \quad 0 < \theta < 1,$$

のように定式化する。(12.4) は，安全資産である貨幣への需要が，政策金融的な意図を持って θ の割合で債券市場に還流するということを示している。それゆえ，θ の程度は，利子率 i に影響を与える。また，L_Y，L_B は「貸し手のリスク」を表している。例えば，$L_Y < 0$ は次のような側面を表している。ここで，経済が不況局面にあると想定しよう。所得 Y の下落は，企業のデフォルトの確率を上昇させるので，貨幣需要が増加，債券需要が減少するということである[*7]。

(12.2)(12.3)(12.4) を (12.1) に代入すれば，

$$EB = -[C_1(1-\pi)Y + C_0 + I(Y, B, i) + I_0 - Y$$
$$+ (1-\theta)L(Y, B, i) - M] = 0, \tag{12.5}$$

が得られる。(12.5) を全微分し，i_Y，i_B，i_θ を導出すれば，

$$i = i(Y, B, \theta), \tag{12.6}$$
$$i_Y = -\frac{I_Y - s + m_Y}{I_i + (1-\theta)L_i}(= \phi) \gtreqless 0,$$
$$i_B = -\frac{I_B + (1-\theta)L_B}{I_i + (1-\theta)L_i}(= \psi) \gtreqless 0,$$
$$i_\theta = \frac{L}{I_i + (1-\theta)L_i} < 0,$$

が得られる。ここで，$s = 1 - C_1(1-\pi)$，m_Y は，

$$m_Y = (1-\theta)L_Y \gtreqless 0, \tag{12.7}$$

であり，経済の金融的側面を表している。例えば，$m_Y < 0$ かつ，その絶対値

[*7] この点についての簡単なミクロ経済学的基礎づけについては，二宮 (2006a)，本書第 3 章を参照。

が大きい場合，$\phi < 0$ となる可能性がある [*8]。(12.6) は，利子率が「貸し手の
リスク」（L_Y, L_B）や「借り手のリスク」（I_B）に依存するということを示し
ている。さらに，(12.5) は，θ の増大が債券市場への資金還流の増加を通じて
利子率 i を引き下げるということを示している。

次に，θ の動態を定式化しよう。θ は経済を安定化するという政策金融的な
意図を持って操作されると考えられるが，それでは，どのような変数をター
ゲットとすれば，それを達成することが可能となるであろうか。ここでは，θ
が利子率に応じて変化する場合を考えてみよう。この場合，θ の動態は，

$$\dot{\theta} = \beta f(i - \bar{i}), \quad f' > 0, \quad \beta > 0, \tag{12.8}$$

と定式化される。ここで，$\bar{i}$ は政策金融の転換点となる利子率であり（以下，転
換利子率と呼ぶ），利子率 i が $\bar{i}$ を上回れば債券市場へ還流させる割合を増やし
（θ の増加），逆に下回ればその割合を減らす（θ の減少）という行動を示してい
る。β はその政策金融の程度を表すパラメーターである。

例えば，(12.8) のような定式化を，郵貯資金の民間市場への還流という観点
から考えてみよう。ここで，経済が不況局面にあり，所得 Y の下落，負債荷重
B の上昇が，安全資産である貨幣の需要を増加させていると想定しよう。しか
しながら，政府保証のある郵便貯金があれば，人々は現金ではなく安全資産で
ある郵便貯金を保有するであろう。この時，利子率 i が転換利子率 $\bar{i}$ を上回っ
ているならば，その郵便貯金が政策金融を通じて民間市場に還流するというこ
とである（貨幣需要の減少）。

さらに，所得 Y，負債 B の動態を，

$$\dot{Y} = \alpha(C + I - Y), \tag{12.9}$$

$$\dot{B} = I - \pi Y, \tag{12.10}$$

と定式化する。ここで，α：財市場の調整パラメーター，である。(12.9) は財

[*8] Rose(1969) は，$\phi < 0$ が信用不安定性発生の重要な条件であると指摘している。ϕ, ψ の
符号に関する詳細な議論は，二宮 (2005a)(2006a) を参照。二宮 (2006a)，本書第 11 章等
は，短期のマクロ動学モデルにおいて，$m_Y < 0$ かつその絶対値が大きい場合，その動学
体系が不安定となる可能性があることを論じている。つまり，金融的要因により経済が不
安定になるということである。

12.2 基本モデル

市場の調整方程式, (12.10) は, 負債の変化が投資 I から粗利潤（内部留保）πY を差し引いたものであるということを示している。

(12.2)(12.3)(12.6)(12.8)(12.9)(12.10) を考慮すれば, 動学体系 $(S_a.12)$ が得られる。

$$\dot{Y} = \alpha[C_1(1-\pi)Y + C_0 + I(Y, B, i(Y, B, \theta)) + I_0 - Y] \qquad (S_a.12.1)$$

$$\dot{B} = I(Y, B, i(Y, B, \theta)) - \pi Y \qquad (S_a.12.2)$$

$$\dot{\theta} = \beta f(i(Y, B, \theta) - \bar{i}) \qquad (S_a.12.3)$$

動学体系 $(S_a.12)$ のヤコビ行列は,

$$\mathbf{J}_a = \begin{pmatrix} f_{11} & f_{12} & f_{13} \\ f_{21} & f_{22} & f_{23} \\ f_{31} & f_{32} & f_{33} \end{pmatrix}, \qquad (12.11)$$

$$f_{11} = \alpha(I_Y + I_i\phi - s), \quad f_{12} = \alpha(I_B + I_i\psi), \quad f_{13} = \alpha I_i i_\theta,$$
$$f_{21} = I_Y + I_i\phi - \pi, \quad f_{22} = I_B + I_i\psi, \quad f_{23} = I_i i_\theta,$$
$$f_{31} = \beta f'\phi, \quad f_{32} = \beta f'\psi > 0, \quad f_{33} = \beta f' i_\theta,$$

である。

そして, その特性方程式は,

$$\lambda^3 + a_1\lambda^2 + a_2\lambda + a_3 = 0, \qquad (12.12)$$

であり,

$$a_1 = -f_{11} - f_{22} - f_{33} \qquad (12.13)$$
$$= -\alpha(q + I_i\phi) - (I_B + I_i\psi) - \beta f' i_\theta,$$

$$a_2 = f_{11}f_{22} - f_{12}f_{21} + f_{11}f_{33} - f_{13}f_{31} + f_{22}f_{33} - f_{23}f_{32} \qquad (12.14)$$
$$= (\alpha q + I_B)\beta f' i_\theta + \alpha(C_1 - 1)(1 - \pi)(I_B + I_i\psi),$$

$$a_3 = (-f_{11}f_{22} + f_{21}f_{12})f_{33} + (f_{11}f_{23} - f_{21}f_{13})f_{32} \qquad (12.15)$$
$$= -\alpha(C_1 - 1)(1 - \pi)I_B f' i_\theta \beta > 0,$$

である。ここで,

$$q = I_Y - s, \qquad (12.16)$$

であり，経済の実物的側面を表している。

さらに，以下の仮定を置く。

$$f_{11} + f_{22} > 0 \tag{A.12.1}$$

この仮定 (A.12.1) は，政策金融のパラメーター β が十分小さいならば，動学体系 (S_a.12) は不安定になるということを示している。ただし，この不安定性は金融的要因によっても引き起こされるということに注意が必要である。

以上の想定により，以下の命題 12.1 が得られる。

命題 12.1： $\alpha q + I_B < 0$ ならば，β が十分大きい時，動学体系 (S_a.12) は安定となる。逆に，$\alpha q + I_B > 0$ ならば，たとえ β を大きくしたとしても，動学体系は不安定のままである。

証明： (12.13) より，β が十分大きくなれば，$a_1 > 0$ となる。(12.14) より，$\alpha q + I_B < 0$ ならば，$a_2 > 0$ である。そして，

$$a_1 a_2 - a_3 = -(\alpha q + I_B)(i_\theta)^2 \beta^2 + \cdots$$

であり，$\alpha q + I_B < 0$ かつ，β が十分大きければ，$a_1 a_2 - a_3 > 0$ となる。また，(12.15) より $a_3 > 0$ である。ゆえに，$\alpha q + I_B < 0$ かつ，β が十分大きいならば，$a_1 > 0$, $a_2 > 0$, $a_3 > 0$, $a_1 a_2 - a_3 > 0$ となり，Routh-Hurwitz の条件が満たされる。逆に，$\alpha q + I_B > 0$ かつ，β が十分大きい場合，$a_2 < 0$ となり，Routh-Hurwitz の条件は満たされない。Q.E.D.

命題 12.1 は，動学体系の安定性が $\alpha q + I_B$ の符号に依存しているということを示している。$\alpha q + I_B < 0$ という条件は，経済の不安定性が主として金融的要因により引き起こされているということを意味している。例えば，$q < 0$ は，経済の実物的側面が安定的に作用しているということを示している。

ここで，経済が不況局面にあると想定しよう。所得 Y の下落，負債荷重 B の増大は，「貸し手のリスク」を増大させ，利子率 i を上昇させる。利子率の上昇は有利子負債の負担を増大させ，さらに負債荷重を増加させるかもしれない。また，利子率の上昇，負債荷重の増大は，投資 I を抑制するので，所得をさらに減少させる。

12.2 基本モデル

このような状況において，(12.8) のような政策金融がおこなわれたとする。「貸し手のリスク」が増大して流動性選好が高まっているが，それは政策金融により債券市場に還流する（θ の上昇）。その結果，利子率 i が下落して，投資 I が促進され，所得 Y は上昇に転じるということである。

逆に，$\alpha q + I_B > 0$ の場合には，経済の不安定性が実物的要因により引き起こされている。それゆえ，このような政策金融を採ったとしても，動学体系は安定化しない。例えば，金融部門が，むしろ経済を安定化させているような場合を考えてみよう。金融部門が経済を安定化させている場合，所得 Y の上昇は，利子率 i を上昇させて，投資 I を抑制する。(12.8) のような政策金融は，利子率が上昇すれば資金を債券市場に還流させるということを意味している。それゆえ，利子率の上昇が抑制され，金融部門の経済安定化効果がむしろ阻害されてしまうのである。

命題 12.1 で得られた結論は，二宮 (2005a)(2006a) で示された，利子率を目標とした金融政策（利子率・ターゲット）の効果と類似している。二宮 (2005a)(2006a) は，経済の不安定性が金融的要因に起因している場合には，その金融政策が有効であることを示している。しかしながら，その金融政策はハイパワードマネーの供給の増減により利子率を誘導する。ハイパワードマネー（マネーサプライ）の供給増加は，長期的にはインフレを招くという危険をはらんでいる。インフレによる弊害は，経済全体に及ぶということは言うまでもない。これに対し動学体系 ($S_a.12$) では，マネーサプライ M は一定であると仮定されており，(12.8) のような政策金融には，インフレによる弊害が発生する可能性は小さいと考えられる。もちろん，このような政策金融には，非効率な企業の退出を遅らせるといった可能性があることも否定できない。そのような弊害とインフレによる弊害を比較し，もし，インフレによる弊害のほうが大きいと考えられるならば，(12.8) のような政策金融をおこなうことは正当化できると思われる。

いわゆるナローバンク論は，決済を担う金融機関とそれ以外の金融機関を分離し，決済を担う金融機関の保有資産の範囲を安全なものに限定して，主として決済システムの安定化を図ることを意図している。岩佐 (1997) も指摘しているように，ナローバンク論では，金融仲介システムの機能不全は重視されて

いない。しかしながら，命題 12.1 は，経済の不安定性が金融的要因に起因している場合のみという限定付きながら，(12.8) のような政策金融が，動学体系を安定化するのに有効であることを示している[*9]。この意味において，緊急避難的な政策金融の制度的枠組みを今後も維持しつづけることは有益であると思われる。

さらに，$\alpha q + I_B < 0$ の場合について，以下の命題 12.2 を証明することができる。

命題 12.2： $\alpha q + I_B < 0$ とする。この時，β を分岐パラメーターに選べば，$\beta = \beta_0$ で Hopf 分岐が発生し，β_0 の近傍の β のある範囲において，動学体系 (S_a.12) の非定常的な周期解が存在する[*10]。

証明： Appendix 12.1

命題 12.2 は，経済における一つの金融的な循環を示している。そして，図 12.1 はその数値シミュレーションである（Appendix 12.2）。ここで，所得 Y が下落，負債荷重 B が増大する不況局面に経済があると想定しよう。この時，経済の不安定性は金融的要因によって引き起こされているので，利子率 i が上昇している。これは，所得 Y の下落により「貸し手のリスク」が上昇して，安全資産たる貨幣の需要が増大するからである。利子率の上昇は，投資 I を抑制するので，所得 Y はさらに下落する。しかしながら，利子率の上昇に伴って，貨幣需要の一部を債券市場に還流させるという政策金融が採られる（θ の上昇）。その結果，利子率の上昇は抑制され，投資が促進されて，所得 Y は上昇に転じるということである。

くり返しになるが，このような循環は，経済の不安定性が金融的要因のみによって引き起こされている場合に発生するということに注意が必要である。こ

[*9] (12.8) 以外にも，例えば所得 Y や負債荷重 B に応じて θ が変化するという定式化も考えられる。しかしながら，いずれの定式化も (S_a.12) のような動学体系を安定化することが困難であることは，容易に推測できる。

[*10] 周期解自体が安定であるか否かは，本章の仮定からは確定できない。周期解自体が不安定となるケースは「サブクリティカル」な分岐と呼ばれ，安定となるケースは「スーパークリティカル」な分岐と呼ばれている。図 12.1 の数値シミュレーションは，スーパークリティカルな分岐であると考えられる。

12.2 基本モデル

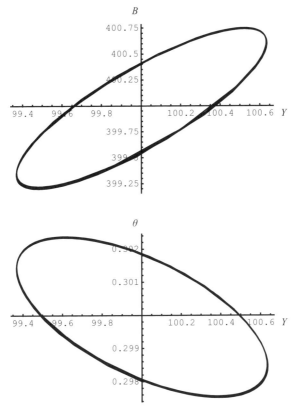

図 12.1　数値シミュレーション

こで，経済の不安定性が実物的要因により引き起こされており，所得 Y の低下が利子率 i を下落させていると想定しよう．この時，貨幣需要の一部を債券市場に還流させるという政策金融は抑制されるので，利子率は上昇する．利子率の上昇は投資を抑制するので，所得はさらに低下し，景気の反転は生じない．つまり，命題 12.2 のような循環の発生は，経済の不安定性がどのような要因に起因しているかに大きく依存するということである．

12.3 有利子負債の累積的拡大と政策金融

次に，動学体系 $(S_a.12)$ を，有利子負債を含む形に拡張しよう。この場合，(12.10) の負債の動態は，

$$\dot{B} = I - (\pi Y - iB), \tag{12.10'}$$

と修正される。$(12.10')$ は，企業の内部留保が，粗利潤 πY から有利子負債の利払い部分 iB を差し引いたものであるということを示している。

$(12.2)(12.3)(12.6)(12.8)(12.9)(12.10')$ を考慮すれば，有利子負債の利払いを考慮した動学体系 $(S_b.12)$，

$$\dot{Y} = \alpha[C_1(1-\pi)Y + C_0 + I(Y, B, i(Y, B, \theta)) + I_0 - Y] \tag{$S_b.12.1$}$$

$$\dot{B} = I(Y, B, i(Y, B, \theta)) - [\pi Y - i(Y, B, \theta)B] \tag{$S_b.12.2$}$$

$$\dot{\theta} = \beta f(i(Y, B, \theta) - \bar{\imath}) \tag{$S_b.12.3$}$$

が得られる[11]。

動学体系 $(S_b.12)$ のヤコビ行列は，

$$\mathbf{J}_b = \begin{pmatrix} g_{11} & g_{12} & g_{13} \\ g_{21} & g_{22} & g_{23} \\ g_{31} & g_{32} & g_{33} \end{pmatrix}, \tag{12.17}$$

であり，

$g_{11} = \alpha(I_Y + I_i\phi - s), \quad g_{12} = \alpha(I_B + I_i\psi), \quad g_{13} = \alpha I_i i_\theta,$

$g_{21} = I_Y + I_i\phi - (\pi - \phi B), \quad g_{22} = I_B + I_i\psi + i + \psi B, \quad g_{23} = I_i i_\theta + i_\theta B,$

$g_{31} = \beta f'\phi, \quad g_{32} = \beta f'\psi, \quad g_{33} = \beta f'i_\theta,$

である。

---

[11] 二宮 (2005a)(2006a) は，$(S_b.12.1)$ と $(S_b.12.2)$ の動学体系において，経済の金融的な循環，有利子負債の累積的拡大による経済の不安定性を論じている。また，本書第 11 章では，有利子負債の累積的拡大が経済を不安定化しているような局面においては，逆循環的財政政策の有効性は限られたものになると論じている。

12.3 有利子負債の累積的拡大と政策金融　　　　　　239

そして，動学体系 $(S_b.12)$ の特性方程式は，

$$\lambda^3 + b_1\lambda^2 + b_2\lambda + a_3 = 0, \tag{12.18}$$

であり，

$$
\begin{align}
b_1 &= -g_{11} - g_{22} - g_{33} \tag{12.19}\\
&= -\alpha(q + I_i\phi) - (I_B + I_i\psi + \psi B + i) - \beta f' i_\theta,\\
b_2 &= g_{11}g_{22} - g_{12}g_{21} + g_{11}g_{33} - g_{13}g_{31} + g_{22}g_{33} - g_{23}g_{32} \tag{12.20}\\
&= (\alpha q + I_B + i)\beta f' i_\theta + \cdots,\\
b_3 &= (-g_{11}g_{22} + g_{21}g_{12})g_{33}\\
&\quad + (g_{11}g_{23} - g_{21}g_{13})g_{32} - g_{31}(g_{12}g_{23} - g_{13}g_{22}) \tag{12.21}\\
&= [-\alpha(C_1 - 1)(1 - \pi)I_B - \alpha qi]\beta f' i_\theta,
\end{align}
$$

である。

われわれは，ここで以下の仮定を置く。

$$g_{11} + g_{22} > 0 \tag{A.12.2}$$

この仮定 (A.12.2) は，仮定 (A.12.1) と同様，政策金融の調整パラメーター β が十分小さい場合には，動学体系 $(S_b.12)$ が不安定になるということを意味している。ただし，g_{22} の中には，有利子負債の累積的拡大による経済の不安定性の要素が含まれているということに注意が必要である。問題は，このような状況において，β が十分大きくなった場合に，動学体系 $(S_b.12)$ を安定化することができるか否かである。

以上の想定により，以下の命題 12.3 が得られる。

命題 12.3：利子率に応じて変化する政策金融が採られ $(\beta \to \infty)$，その転換利子率 $\bar{i}$ は十分低いとする。この時，$\alpha q + I_B + i < 0$ ならば，動学体系 $(S_b.12)$ は局所的に安定となる。逆に，$\alpha q + I_B + i > 0$ ならば，不安定のままである。

証明：(12.19) より，β が十分大きくなれば，$b_1 > 0$ となる。(12.20) より，$\alpha q + I_B + i < 0$ の時，β が十分大きくなれば，$b_2 > 0$ となる。また，$\bar{i}$ は低いという仮定，および (12.21) より，$b_3 > 0$ である。

さらに,
$$b_1 b_2 - b_3 = -(\alpha q + I_B + i)(f' i_\theta)^2 \beta^2 + \cdots,$$
である。ゆえに,$\alpha q + I_B + i < 0$ の時,β が十分大きくなれば $b_1 b_2 - b_3 > 0$ となる。

以上により,$\alpha q + I_B + i < 0$ の時,β が十分大きくなれば,$b_1 > 0$,$b_2 > 0$,$b_3 > 0$,$b_1 b_2 - b_3 > 0$ となり,Routh-Hurwitz の条件が満たされる。逆に,$\alpha q + I_B + i > 0$ の時,β が十分大きくなれば $b_2 < 0$ となり,Routh-Hurwitz の条件は満たされない。Q.E.D.

命題 12.3 は,動学体系の安定性が,$\alpha q + I_B + i$ の符号に依存しているということを示している。$\alpha q + I_B + i < 0$ という条件は,経済の不安定性が主として金融的要因により引き起こされているということを意味している。その不安定性のメカニズムは,動学体系 $(S_a.12)$ の場合とほぼ同様であるが,動学体系 $(S_b.12)$ には,有利子負債による不安定性の要素が含まれている。

ここで,経済が不況局面にあると想定しよう。所得 Y の下落,負債荷重 B の増大は,「貸し手のリスク」を増大させ,利子率 i を上昇させる。利子率の上昇は有利子負債の負担を増大させ,さらに負債荷重を増加させるかもしれない。また,利子率の上昇,負債荷重の増大は,投資 I を抑制するので,所得をさらに減少させる。

このような状況において,(12.8) のような政策金融がおこなわれたとする。「貸し手のリスク」が増大して,安全資産である貨幣の需要が増加するが,それは政策金融により債券市場に還流する(θ の上昇)。その結果,利子率 i が下落して,投資 I が促進され,所得 Y は上昇に転じる。この時,転換利子率 $\bar{i}$ も十分低いので,企業の有利子負債の負担も小さくなり,負債荷重 B のさらなる累積的拡大が回避されるのである。命題 12.3 は,(12.8) のような政策金融が,有利子負債の累積的拡大による経済の不安定性を考慮した場合においても有効であるということを示している。

12.4 おわりに

不況局面において「貸し手のリスク」が増大し，安全資産としての貨幣が選好されるならば，経済は金融的な不安定性に陥る可能性がある。本章では，このような状況において，貨幣需要の一部を債券市場へ還流させる政策金融が，その不安定性を抑制できるか否かを，短期のマクロ動学モデルを構築して検討した。なお，本章で検討した政策金融は，債券市場へ還流する資金量が，利子率に応じて変化するというものである。本章で得られた主たる結論は，以下のようなものである。

1. 経済の不安定性が金融的要因に起因している場合，利子率に応じて債券市場へ資金を還流させるような政策金融は，動学体系 $(S_a.12)$ を安定化させる。
2. ある条件のもと，政策金融の調整パラメーター β を分岐パラメーターに選んだ時，動学体系 $(S_a.12)$ において，非定常的な周期解が存在する。
3. 有利子負債を考慮した動学体系 $(S_b.12)$ においても，経済の不安定性が金融的要因に起因している場合には，このような政策金融は体系を安定化させる。

本章で得られた結論は，経済の不安定性が金融的要因に起因する場合という限定付きながら，利子率に応じて債券市場に資金を還流させるという政策金融が有効であることを示している。この結論は，二宮 (2005a)(2006a) で示された，利子率を目標とした金融政策（利子率・ターゲット）の効果と類似している。しかしながら，利子率・ターゲットはハイパワードマネーの供給の増減により利子率を誘導するため，その供給の増加は長期的にはインフレを招くという危険性をはらんでいる。それに対して，本章で示したような政策金融は，非効率な企業の退出を遅らせるという弊害がありうる反面，インフレによる弊害は大きくならないと考えられる。

ナローバンク論は，決済を担う金融機関とそれ以外の金融機関を分離し，決済を担う金融機関の保有資産の範囲を安全なものに限定して，主として決済シ

ステムの安定化を図ることを意図している。しかしながら，岩佐 (1997) も指摘しているように，ナローバンク論は金融仲介システムの機能不全を重視していないのである。

西垣 (2003) は，郵便貯金を，低利で少額の貯蓄を吸収して主として決済業務をおこなう安全性の高い資産にのみ運用する部門と，ある程度のリスクは伴うが高収益が見込める資産への運用をおこなう部門に，2 分割する必要があると論じている。本章の結論は，流動資産を吸収して，中小企業への貸付等を含む債券市場に還流させる部門が，さらに必要であるということを主張している。あるいは，政府保証債を発行して，中小企業向け融資にあてるという方法でもいいかもしれない。当然のことながら，決済を担う金融機関は，その政府保証債を保有することが可能である。つまり，金融仲介システムの機能不全を補完する，何らかの制度的な枠組みが必要であるということである。

ただし，このような本章の結論は，きわめて単純な政策金融の定式化等から得られたものである。例えば，本章のモデルでは公債が考慮されておらず，資金の還流が公債に向かった場合にも同様の結果が得られるかは，さらなる検討を要する点である。また，物価の動態を考慮したモデルにおいて，このような政策金融の効果と，利子率を目標とした金融政策（利子率・ターゲット）の効果を比較することは，興味深い拡張である。この他，決済システムという観点から，金融の不安定性を検討することも重要である。このような点は，今後の検討課題としたい。

Appendix 12.1　命題 12.2 の証明

$\alpha q + I_B < 0$ であるとする。この時，$a_2 > 0$ である。そして，命題 12.1 の証明より，β が十分大きい時，$a_1 a_2 - a_3 > 0$ である。β が十分小さい場合 $(\beta \to 0)$，

$$\lim_{\beta \to 0} a_1 a_2 - a_3 = (f_{11} + f_{22})(f_{12}f_{21} - f_{11}f_{22})$$

となる。ここで，

$$f_{11}f_{22} - f_{21}f_{12} = \alpha(C_1 - 1)(1 - \pi)(I_B + I_i\psi) > 0$$

12.4 おわりに

である。仮定 (A.12.1) より，$f_{11} + f_{22} > 0$ だから，β が十分小さい場合には，$a_1 a_2 - a_3 < 0$ となる。

$a_1 a_2 - a_3$ は β の滑らかな連続関数だから，$a_1 a_2 - a_3 = 0$ かつ $\partial(a_1 a_2 - a_3)/\partial\beta|_{\beta=\beta_0} \neq 0$ となるような β の値 β_0 が，少なくとも 1 つ存在する。

3 変数の特性方程式 $\lambda^3 + a_1\lambda^2 + a_2\lambda + a_3 = 0$ が 1 組の純虚根 $\pm hi$ $(i = \sqrt{-1},\ h \neq 0)$ を持つための必要十分条件は，$a_2 > 0$，および $a_1 a_2 - a_3 = 0$ が同時に成立することである。この時，特性根 λ は具体的に，$\lambda = -a_1,\ \pm\sqrt{a_2}i$ と表される。ゆえに，Hopf の分岐定理の条件の 1 つは，$a_2 > 0$，$a_1 a_2 - a_3 = 0$ が同時に成立することと同値である。そして，動学体系 $(S_a.12)$ の特性方程式は，$\beta = \beta_0$ で 1 組の純虚根 $\lambda_1 = \sqrt{a_2}i$，$\lambda_2 = -\sqrt{a_2}i$ を持つ。

Orlando の公式より，

$$\begin{aligned}
a_1 a_2 - a_3 &= -(\lambda_1 + \lambda_2)(\lambda_2 + \lambda_3)(\lambda_3 + \lambda_1) \\
&= -2h_1(\lambda_3^2 + 2h_1\lambda_3 + h_1^2 + h_2^2)
\end{aligned}$$

である。ここで，h_1 は複素根 λ の実部，h_2 は虚部の絶対値である。これを β で微分すれば，

$$\begin{aligned}
\frac{\partial(a_1 a_2 - a_3)}{\partial\beta} = -2\Bigg[&\frac{\partial h_1}{\partial\beta}(\lambda_3^2 + 2h_1\lambda_3 + h_1^2 + h_2^2) \\
&+ h_1\frac{\partial(\lambda_3^2 + 2h_1\lambda_3 + h_1^2 + h_2^2)}{\partial\beta} \Bigg]
\end{aligned}$$

となる。これに，$h_1 = 0,\ h_2 = h$ を代入すれば，

$$\frac{\partial(a_1 a_2 - a_3)}{\partial\beta}\bigg|_{\beta=\beta_0} = -2(\lambda_3^2 + h^2)\left[\frac{\partial h_1}{\partial\beta}\bigg|_{\beta=\beta_0} \right]$$

が得られる。ゆえに，

$$\frac{\partial(a_1 a_2 - a_3)}{\partial\beta}\bigg|_{\beta=\beta_0} \neq 0$$

ならば

$$\frac{\partial h_1}{\partial\beta}\bigg|_{\beta=\beta_0} \neq 0$$

である。よって，$\beta = \beta_0$ で Hopf 分岐が発生するための全ての条件が満たされている。Q.E.D.

Appendix 12.2 数値シミュレーション

動学体系 $(S_a.12)$ を，以下のように特定化する。

$$\dot{Y} = 0.6Y + 10 + 5Y^{0.5} - 0.02B - 3i - Y$$
$$\dot{B} = 5Y^{0.5} - 0.02B - 3i - 0.3Y$$
$$\dot{\theta} = \beta(i - 4)$$
$$i = -2Y^{0.5} + 0.02B - 10\theta + 19$$

図 12.1 は，数値計算ソフト「Mathematica」を使用し，$\beta = 0.00773$ のケースを図示したものである。なお，それぞれの変数の初期値は，$Y(0) = 100$，$B(0) = 400.4$，$\theta(0) = 0.298$，である。

第 13 章

開放体系における金融の
不安定性

13.1　はじめに

　近年，国際的な金融危機が頻発している。その一つが，1997 年に東南アジア諸国，韓国を襲ったアジアの通貨危機である。

　ミンスキーは，複雑な金融制度を持つ現代資本主義経済は内在的に不安定であるとする金融不安定性仮説を提唱し，非新古典派の経済学者に多大な影響を与えた。Taylor and O'Connell(1985) は，期待利潤率の低下が企業の金融状態を悪化させ，家計の流動性選好を高めて，経済を金融危機に陥らせると論じた。Foley(1987) は，投資に対する流動資産の効果を導入して，閉軌道の存在を証明した。

　Taylor and O'Connell(1985)，Foley(1987) は開放体系における金融の不安定性を検討していないが[*1]，Sethi(1992) は，Foley(1987) を固定為替相場制の動学体系に拡張している。そして，経常収支の黒字による貨幣供給量の増加が，経済を不安定化させると論じている。固定為替相場制の不安定性を論じた

[*1] 最近の金融不安定性に関する議論，例えば，Asada(2006a)(2006b)，本書第 6 章等では，負債荷重の動態を導入して，経済の金融的な循環，不安定性を論じている。しかしながら，それらの研究では，開放体系を考慮していない。

Sethi(1992) は，アジアの通貨危機に対して示唆を与えるものである[*2]。

しかしながら，Sethi(1992) は，固定為替相場制のみの考察であり，国際資本移動も考慮されていない。これに対して，Asada(1995) は，国際資本移動を考慮し，固定為替相場制，変動為替相場制の両方の動学体系を検討している[*3]。そして，国際資本の高い流動性が，固定為替相場制の動学体系を不安定化，変動為替相場制の動学体系を安定化すると論じている。しかしながら，Asada(1995) では，金融の不安定性が議論されていない。

伊藤 (1999) は，アジアの通貨危機の要因として，1) 固定為替相場制（ドルペッグ制），2) 国内経済の脆弱性，3) 資本逃避，を指摘している。例えば，韓国において通貨危機が発生した時には，この 3 つの全てが存在していたと考えられる。しかしながら，Sethi(1992)，Asada(1995) は，その全ての要因を考慮しているわけではない。さらに，通貨危機後，韓国等は変動為替相場制に移行している。それゆえ，本章では，変動為替相場制の動学体系における金融の不安定性も検討する。

われわれは，最初に，閉鎖体系における金融の不安定性を簡潔に議論する。そして，金融不安定性の議論を考慮した固定為替相場制，変動為替相場制の動学体系において，国際資本移動の程度がどのような影響を及ぼすのかを再検討する。さらに，「国際的な貸し手のリスク」という概念を導入し，それらの動学体系の安定性が，国際的な貸し手のリスクの程度，国内経済の金融構造に依存するということを示す。本章の結論は，例えば韓国経済等に対して，安定的な国内経済の金融構造がきわめて重要であるということを示唆している。

13.2 金融不安定性の基本モデル

まず，われわれは閉鎖体系のカルドア型循環モデルにおいて，金融の不安定性を検討しよう。多くの研究では，金融部門として LM 方程式が導入されている。しかしながら，LM 方程式は，経済を安定化させるように作用してい

[*2] アジアの通貨危機については，経済企画庁 (1998) が詳しい。Kregel(2000)，クレーゲル(2013) は，アジアの通貨危機はミンスキー的な不安定性であると指摘している。

[*3] Sarantis(1989)(1990-91) は，国際資本移動を考慮した変動為替相場制を検討している。

13.2 金融不安定性の基本モデル

る[*4]。

第1章で述べたように，置塩 (1986) 等は，債券市場の需給均衡，

$$EB = -(EX + EM) = -(I - S + M^d - M) = 0, \qquad (13.1)$$

で利子率 i が決定されると定式化した。ここで，EB：債券の超過需要，EX：財の超過需要，EM：貨幣の超過需要，である。また，I：投資，S：貯蓄，M^d：貨幣需要，M：貨幣供給，である。

LM 方程式と (13.1) の主たる相違は，後者が貯蓄 S と投資 I を含んでいることである。われわれは，LM 方程式が重要な側面を無視あるいは軽視していると考える。貯蓄 S と投資 I は，財市場の要素であることは言うまでもない。しかしながら，それは金融市場とも深く関わっている。つまり，投資は貸付資金の需要であり，貯蓄は貸付資金の供給の一部であるということである。われわれは，もし財市場が均衡していないならば $(I \neq S)$，利子率が投資や貯蓄にも影響を受けると考える[*5]。

われわれは寡占経済（短期）を想定しているので，価格 p はマーク・アップ原理で決定されると仮定する。すなわち，

$$p = \frac{(1+\tau)WN}{Y}, \qquad (13.2)$$

である。ここで，τ：マーク・アップ率，W：名目賃金率，N：雇用量，Y：所得，である。

そして，家計には，不労所得者家計と労働者家計があると考える。(13.2) より，実質賃金所得 H_W は，

$$H_W = \frac{WN}{p} = \frac{1}{1+\tau}Y, \qquad (13.3)$$

[*4] Chang and Smyth(1971) は，Kaldor(1940) を再定式化し，Poincaré-Bendixson の定理を適用することにより閉軌道の存在を証明した。Akashi and Asada(1986) は，金融部門として LM 方程式を Chang and Smyth(1971) に導入した。さらに，Asada(1995)，浅田 (1997) は，Hopf の分岐定理を適用することにより閉軌道の存在を証明し，開放体系の動学体系に拡張している。

[*5] 二宮 (2006a)，本書第1章を参照。

である。そして，利潤の一部は不労所得者家計に配分される。すなわち，不労所得者への分配分 H_R は，

$$H_R = \delta(Y - H_W) = \frac{\delta\tau}{1+\tau}Y, \tag{13.4}$$

である。ここで，δ は不労所得者家計への配分率である。

消費関数が H_W と H_R に関して線形であると仮定すれば，消費関数，貯蓄関数はそれぞれ，

$$C = c(H_W + H_R) + C_0 = c\left(\frac{1+\delta\tau}{1+\tau}\right)Y + C_0, \quad 0 < c < 1, \quad C_0 > 0, \tag{13.5}$$

$$S = Y - C = \frac{(1-c)+(1-\delta c)\tau}{1+\tau}Y - C_0 = sY - C_0, \quad s > 0, \tag{13.6}$$

と定式化される。

さらに，投資関数，貨幣需要関数，貨幣供給関数をそれぞれ，

$$I = I(Y, K, i), \quad I_Y > 0, \quad I_K < 0, \quad I_i < 0, \tag{13.7}$$

$$M^d = L(Y, i), \quad L_Y \gtrless 0, \quad L_i < 0, \tag{13.8}$$

$$M = \mu(Y, i)H, \quad \mu_Y > 0, \quad \mu_i > 0, \tag{13.9}$$

と仮定する。ここで，K：資本ストック，μ：貨幣乗数，H：ハイパワードマネー，である。(13.7) はカルドアの議論と整合的である。$L_Y < 0$ は，以下のような側面を表している。所得の上昇は企業の倒産確率を低下させるので，貨幣需要は所得の減少関数となる可能性があるということである。これは，一つの「貸し手のリスク」を表している。

$\mu_Y > 0$ は，経済の拡張によって市中銀行が貸付を増加させるので，貨幣乗数が大きくなることを意味している[*6]。これもまた，「貸し手のリスク」を表している。

(13.1)(13.6)(13.7)(13.8)(13.9) を整理すれば，

$$EB = -[I(Y, K, i) - (sY - C_0) + L(Y, i) - \mu(Y, i)H] = 0, \tag{13.10}$$

[*6] 第 6 章の注 9 を参照。

13.2 金融不安定性の基本モデル **249**

が得られ，(13.10) を利子率 i で解けば，

$$i = i(Y, K, H), \tag{13.11}$$

$$i_Y = -\frac{q + m_Y}{I_i + L_i - \mu_i H} = \phi \gtreqless 0, \quad q = I_Y - s, \, m_Y = L_Y - \mu_Y H,$$

$$i_K = -\frac{I_K}{I_i + L_i - \mu_i H} < 0, \qquad i_H = \frac{\mu}{I_i + L_i - \mu_i H} < 0,$$

が得られる。

(13.11) は，利子率 i が所得 Y の減少関数となる可能性があることを示している。ϕ の符号は，q や m_Y 等に依存している。例えば，もし，$m_Y < -q$ ならば，$\phi < 0$ となる（図 13.1）。ϕ は，国内経済の金融構造を表している。

上述の議論により，カルドア型循環モデルは以下のように修正できる。すなわち，

$$\dot{Y} = \alpha(C + I - Y), \quad \alpha > 0, \tag{13.12}$$

$$\dot{K} = I, \tag{13.13}$$

$$C = c\left(\frac{1 + \delta\tau}{1 + \tau}\right)Y + C_0, \quad 0 < c < 1, \tag{13.5}$$

$$I = I(Y, K, i), \quad I_Y > 0, \quad I_K < 0, \quad I_i < 0, \tag{13.7}$$

$$i = i(Y, K, H), \quad i_Y(= \phi) \gtreqless 0, \quad i_K < 0, \quad i_H < 0, \tag{13.11}$$

である。

(13.5)(13.7)(13.11)(13.12)(13.13) を整理すれば，動学体系 $(S_a.13)$，

$$\dot{Y} = \alpha\left[c\left(\frac{1 + \delta\tau}{1 + \tau}\right)Y + C_0 + I(Y, K, i(Y, K, \bar{H})) - Y\right] \tag{$S_a.13.1$}$$

$$\dot{K} = I(Y, K, i(Y, K, \bar{H})) \tag{$S_a.13.2$}$$

が得られる。

均衡点で評価した動学体系 $(S_a.13)$ のヤコビ行列は，

$$\mathbf{J}_a = \begin{pmatrix} f_{11} & f_{12} \\ f_{21} & f_{22} \end{pmatrix} \tag{13.14}$$

であり,

$$f_{11} = \alpha(q + I_i\phi), \quad f_{12} = \alpha(I_K + I_i i_K) < 0,$$
$$f_{21} = I_Y + I_i\phi, \quad f_{22} = I_K + I_i i_K < 0,$$

である。そして，その特性方程式は,

$$\lambda^2 + a_1\lambda + a_2 = 0, \tag{13.15}$$

であり,

$$-a_1 = \text{trace}\,\mathbf{J}_a = f_{11} + f_{22} = \alpha(q + I_i\phi) + (I_K + I_i i_K), \tag{13.16}$$

$$a_2 = \det\mathbf{J}_a = f_{11}f_{22} - f_{12}f_{21} = -\alpha s(I_K + I_i i_K) > 0, \tag{13.17}$$

である。

(13.16) より，$a_1\ (= -\text{trace}\,\mathbf{J}_a) = 0$ を満たす m_Y と $q\ (= I_Y - s)$ の組み合わせを導出すれば,

$$m_Y = \frac{L_i - \mu_i H}{I_i}q + \frac{(I_i + L_i - \mu_i H)(I_K + I_i i_K)}{\alpha I_i}, \tag{13.18}$$

が得られる (図 13.1)。そして，任意の $\alpha\ (= \alpha_a)$，$q\ (= q_a)$ において a_1 $(= -\text{trace}\,\mathbf{J}_a) = 0$ を満たす m_Y を m_{Ya} とすれば,

$$m_{Ya} = \frac{L_i - \mu_i H}{I_i}q_a + \frac{(I_i + L_i - \mu_i H)(I_K + I_i i_K)}{\alpha_a I_i}, \tag{13.19}$$

が得られる。

以上の議論により，以下の命題 13.1 が得られる。

命題 13.1：$m_Y > m_{Ya}$ ならば動学体系 $(S_a.13)$ は局所不安定，逆に，$m_Y < m_{Ya}$ ならば安定である。

証明：$m_Y > m_{Ya}$，つまり，$\alpha(q + I_i\phi) < -(I_K + I_i i_K)$ ならば，$a_1 > 0$ である。また，$a_2 > 0$ である。ゆえに，この場合，Routh-Hurwitz の条件は満たされる。逆に，$m_Y < m_{Ya}$ ならば $a_1 < 0$ であり，Routh-Hurwitz の条件は満たされない。Q.E.D.

13.2 金融不安定性の基本モデル

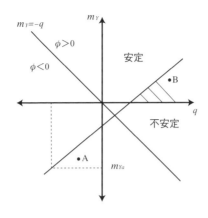

図 13.1　経済の構造

次に,命題 13.1 を経済学的に解釈しよう。図 13.1 の q は経済の実物的側面, m_Y は金融的側面を表している。他方,(13.11) より, q は金融部門とも深く関わっている。われわれは,経済が A 点にあると想定しよう。ここでは,動学体系 (S_a.13) は不安定である。ただし, $q < 0$ なので,不安定性は金融的側面に起因している。

ここで,所得 Y が,何らかのショックにより,均衡点よりも上方に乖離したと想定しよう。もし,貸し手のリスクが所得の上昇に伴って大きく低下するならば,貸付資金の供給は増加する。その結果,利子率 i は,所得の上昇にもかかわらず下落する。利子率の下落は投資 I を促進するので,所得 Y はさらに増加するであろう。他方,経済が B 点にある場合にも,動学体系 (S_a.13) は不安定である。しかしながら,B 点の不安定性は,主として実物的側面により引き起こされている[7]。

上述したように,A 点を含む図 13.1 の $m_Y = -q$ の左側の領域においては,所得の上昇にもかかわらず利子率は下落する。つまり,経済がこの領域にある場合,金融構造は脆弱的であるということである。例えば,通貨危機が襲った時,確かに韓国経済は脆弱であったと考えられる。他方,B 点を含む右側の領

---

[7] Asada(1995) は,図 13.1 の斜線部分のみを検討している。

域では，所得の上昇に伴って利子率は上昇する[8]。

13.3 開放体系

前節では，閉鎖体系のカルドア型循環モデルにおいて，金融の不安定性を検討した。ここでは，その議論を開放体系に拡張しよう。金融不安定性の議論を考慮した開放体系のカルドア型循環モデルは，

$$\dot{Y} = \alpha(C + I + J - Y), \quad \alpha > 0, \tag{13.20}$$

$$Q = \beta \left(i - \gamma g(Y) - r_f - \frac{\pi^e - \pi}{\pi} \right), \tag{13.21}$$

$$\beta > 0, \quad \gamma > 0, \quad g'(= -\kappa) < 0,$$

$$A = J + Q, \tag{13.22}$$

$$J = J(Y, \pi), \quad J_Y < 0, \quad J_\pi > 0, \tag{13.23}$$

$$C = c \left(\frac{1 + \delta\tau}{1 + \tau} \right) Y + C_0, \tag{13.5}$$

$$I = I(Y, K, i), \quad I_Y > 0, \quad I_K < 0, \quad I_i < 0, \tag{13.7}$$

$$i = i(Y, K, H), \quad i_Y(= \phi) \gtreqless 0, \quad i_K < 0, \quad i_H < 0, \tag{13.11}$$

$$\dot{K} = I, \tag{13.13}$$

のように定式化できる。ここで，J：経常収支（純輸出），Q：資本収支，A：国際収支，π：為替レート（自国通貨建て），π^e：期待為替レート，r_f：外国債券の収益率（ただし，為替リスクは除く），である[9]。β は国際資本移動の程度を表すパラメーター，$g(Y)$ は国際的な貸し手のリスク，γ はその程度を表すパラメーターである[10]。

(13.21) は，国内利子率と外国債券の収益率の差により資本収支が決定されるということを示している。(13.22) は，国際収支の定義式である。

---

[8] 二宮 (2005a)(2006a) は閉軌道の存在を証明し，利子率を目標とした金融政策（利子率・ターゲット）の効果が金融構造に依存すると論じている。

[9] r_f は一定であると仮定する。

[10] $g(Y)$ と γ は，それぞれ第 6 章注 9 の $f(Y)$ と ν と同様のものである。

13.3 開放体系　　　　　　　　　　　　　　　　　　　　　253

13.3.1　固定為替相場制のシステム

韓国等は，アジアの通貨危機に襲われた時，固定為替相場制を採用していた。固定為替相場制の場合，以下の式が付け加えられる。すなわち，

$$\pi = \bar{\pi} \tag{13.24}$$

$$\pi^e = \pi \tag{13.25}$$

$$\dot{H} = A \tag{13.26}$$

である。

(13.24) と (13.25) は，為替レートが所与であることを示している。(13.26) は，もし中央銀行が不胎化政策を採らなければ，国際収支の黒字により国内のハイパワードマネーの供給が増加するということを示している。

(13.5)(13.7)(13.11)(13.13)，および (13.20)〜(13.26) を整理すれば，固定為替相場制の動学体系 $(S_b.13)$，

$$\dot{Y} = \alpha \left[c \left(\frac{1+\delta\tau}{1+\tau} \right) Y + C_0 + I(Y,K,i(Y,K,H)) + J(Y,\bar{\pi}) - Y \right]$$
$$\equiv g_1(Y,K,H) \tag{$S_b.13.1$}$$

$$\dot{K} = I(Y,K,i(Y,K,H)) \equiv g_2(Y,K,H) \tag{$S_b.13.2$}$$

$$\dot{H} = J(Y,\bar{\pi}) + \beta[i(Y,K,H) - \gamma g(Y) - r_f] \equiv g_3(Y,K,H;\beta,\gamma) \tag{$S_b.13.3$}$$

が得られる。

均衡点で評価した動学体系 $(S_b.13)$ のヤコビ行列は，

$$\mathbf{J}_b = \begin{pmatrix} g_{11} & g_{12} & g_{13} \\ g_{21} & g_{22} & g_{23} \\ g_{31} & g_{32} & g_{33} \end{pmatrix}, \tag{13.27}$$

$g_{11} = \alpha(q + J_Y + I_i\phi), \quad g_{12} = \alpha(I_K + I_i i_K) < 0, \quad g_{13} = \alpha I_i i_H > 0,$
$g_{21} = I_Y + I_i\phi > 0, \quad g_{22} = I_K + I_i i_K < 0, \quad g_{23} = I_i i_H > 0,$
$g_{31} = J_Y + \beta(\phi + \gamma\kappa), \quad g_{32} = \beta i_K < 0, \quad g_{33} = \beta i_H < 0,$

であり，その特性方程式は，

$$\lambda^3 + b_1\lambda^2 + b_2\lambda + b_3 = 0, \tag{13.28}$$

である。ここで，

$$b_1 = -g_{11} - g_{22} - g_{33} \tag{13.29}$$
$$= -\alpha(q + J_Y + I_i\phi) - (I_K + I_i i_K) - \beta i_H,$$
$$b_2 = g_{22}g_{33} - g_{23}g_{32} + g_{11}g_{33} - g_{13}g_{31} + g_{11}g_{22} - g_{12}g_{21} \tag{13.30}$$
$$= [\{\alpha(q + J_Y) + I_K\}i_H - \alpha I_i i_H \gamma\kappa]\beta$$
$$- \alpha I_i i_H J_Y + \alpha(-s + J_Y)(I_K + I_i i_K),$$
$$b_3 = -(g_{11}g_{22} - g_{21}g_{12})g_{33} + (g_{11}g_{23} - g_{13}g_{21})g_{32} \tag{13.31}$$
$$- (g_{12}g_{23} - g_{13}g_{22})g_{31} = -\alpha(-s + J_Y)I_K i_H \beta > 0,$$

である。

われわれは，m_{Yb} を以下のように定義する。すなわち，

$$m_{Yb} = \frac{L_i - \mu_i H}{I_i}q_b + \frac{I_i + L_i - \mu_i H}{I_i}\left(\frac{I_K + I_i i_K}{\alpha_b} + J_Y\right), \tag{13.32}$$

である。ここで，m_{Yb} は任意の α $(=\alpha_b)$，q $(=q_b)$ で $-g_{11} - g_{22} = 0$ を満たす m_Y である。

以上の議論により，以下の命題 13.2，命題 13.3 が得られる。

命題 13.2：国際資本移動の程度が十分に小さい時 $(\beta \to 0)$，$m_Y < m_{Yb}$ ならば，固定為替相場制の動学体系 $(S_b.13)$ は局所的に不安定である。

証明：$m_Y < m_{Yb}$，すなわち，$\alpha(q + I_i\phi) + J_Y > -(I_K + I_i i_K) > 0$ の時，$-g_{11} - g_{22} < 0$ である。もし国際資本移動の程度が十分小さいならば $(\beta \to 0)$ $b_1 < 0$ である。この場合，Routh-Hurwitz の条件は満たされない。Q.E.D.

命題 13.3：国際資本移動の程度が十分に小さく $(\beta \to 0)$，$m_Y > m_{Yb}$ ならば，固定為替相場制の動学体系 $(S_b.13)$ は局所的に安定である。

証明 1) $m_Y > m_{Yb}$ ならば $-g_{11} - g_{22} > 0$ である。(13.29) より，もし，国際資本移動の程度が十分小さいならば $(\beta \to 0)$，$b_1 > 0$ である。

13.3 開放体系

2) (13.30) より，β が十分小さいならば，$b_2 > 0$ である。

3) β が十分小さい時，$g_{31} \to J_Y$，$g_{32} \to 0$，$g_{33} \to 0$ である。これらを考慮すれば，

$$b_1 b_2 - b_3 = (g_{12}g_{21} + g_{13}g_{31} - g_{11}g_{22})(g_{11} + g_{22})$$

であり，ここで，

$$g_{12}g_{21} + g_{13}g_{31} - g_{11}g_{22} = \alpha I_i i_H J_Y - \alpha(-s + J_Y)(I_K + I_i i_K) < 0$$

である。そして，$m_Y > m_{Yb}$ の時，$g_{11} + g_{22} < 0$ である。ゆえに，$m_Y > m_{Yb}$ ならば，$b_1 b_2 - b_3 > 0$ が得られる。

以上の議論により，国際資本移動の程度が十分小さい $(\beta \to 0)$ 時，$m_Y > m_{Yb}$ ならば，$b_1 > 0$，$b_2 > 0$，$b_3 > 0$，$b_1 b_2 - b_3 > 0$ が得られる。この場合，Routh-Hurwitz の条件は満たされる。Q.E.D.

われわれは，前節において，m_Y が経済の金融的側面を表していると論じた。命題 13.2 と命題 13.3 は，国際資本移動の程度が十分小さい時 $(\beta \to 0)$，動学体系 $(S_b.13)$ の安定性が，前節で論じたのと同様のメカニズムで m_Y に依存していることを示している。

国際資本移動を考慮した場合には $(\beta > 0)$，以下の命題 13.4 が得られる。

命題 13.4：国際資本移動の程度が十分に大きいと仮定する $(\beta \to \infty)$。この時，たとえ $m_Y < m_{Yb}$ であったとしても，国際的な貸し手のリスクの程度が十分小さいならば $(\gamma \to 0)$，固定為替相場制の動学体系 $(S_b.13)$ は局所的に安定である。

証明：$\alpha(q + J_Y) + I_K < 0$ かつ，国際的な貸し手のリスクが十分小さいと仮定する $(\gamma \to 0)$。

1) (13.29) より，国際資本移動の程度が大きい時 $(\beta \to \infty)$，$b_1 > 0$ である。

2) (13.30) より，β が十分大きい時，$b_2 > 0$ である。

3) $b_1 b_2 - b_3$ について，

$$b_1 b_2 - b_3 = \eta_1 \beta^2 + \eta_2 \beta + \eta_3$$

である。そして，

$$\eta_1 = [-\{\alpha(q + J_Y) + I_K\} + \alpha I_i \gamma \kappa] i_H^2$$

であり，γ が十分小さく，$\alpha(q + J_Y) + I_K < 0$ の場合，$\eta_1 > 0$ である。ゆえに，β が十分大きい場合，$b_1 b_2 - b_3 > 0$ である。

以上の議論により，$b_1 > 0$，$b_2 > 0$，$b_3 > 0$，$b_1 b_2 - b_3 > 0$ であり，この場合，Routh-Hurwitz の条件が満たされる。Q.E.D.

$\alpha(q + J_Y) + I_K < 0$ の条件は，動学体系 $(S_b.13)$ の不安定性が金融的要因のみによって引き起こされていることを意味している。言い換えれば，国内の金融構造が脆弱的であるということである。命題 13.4 は，国際資本移動の程度が大きい時，$\alpha(q + J_Y) + I_K < 0$ の条件のもとで動学体系 $(S_b.13)$ が安定になるということを示している。

これは，以下のようなメカニズムである。ここで，所得 Y が，何がしかのショックによって，均衡点の上方に乖離したと想定しよう。もし，所得の上昇により，貸し手のリスクが大きく下落するならば，貸付資金の供給は増加するであろう。その結果，国内利子率 i は，所得の上昇にもかかわらず下落するかもしれない。そして，国内利子率が，外国債券の期待収益率 r_f を下回るかもしれない。もし，国際資本移動の程度が大きいならば $(\beta \to \infty)$，それは資本逃避を招き，国内の貨幣供給量は減少に転じるであろう。その結果，投資 I は国内利子率の上昇によって抑制され，所得は減少に転じるということである。これは，経済を安定化させる効果であり，動学体系 $(S_b.13)$ は安定になるということである。

$$Y \uparrow \Rightarrow i \downarrow \Rightarrow i < r_f \Rightarrow H \downarrow \Rightarrow i \uparrow \Rightarrow I \downarrow \Rightarrow Y \downarrow$$

逆に，$\alpha(q + J_Y) + I_K > 0$ の時，動学体系 $(S_b.13)$ の不安定性は，実物的要因によりもたらされている。この場合には，高い国際資本移動が，動学体系の不安定性を取り除くことができないということである。

さらに，$\alpha(q + J_Y) + I_K < 0$ の時，われわれは Hopf の分岐定理を適用することによって，以下の命題 13.5 を証明することができる。先にも述べたよ

13.3 開放体系 **257**

うに，$\alpha(q+J_Y)+I_K<0$ は，国内の金融構造が脆弱的であることを示している。

命題 13.5： 以下の仮定が，固定為替相場制の動学体系 $(S_b.13)$ において満たされていると仮定する。すなわち，$m_Y<m_{Yb}$，$\alpha(q+J_Y)+I_K<0$，そして，国際的な貸し手のリスクが十分小さい $(\gamma\to0)$ ということである。この時，Hopf 分岐が発生する 1 つのパラメーターの値 β_0 が存在する。そして，β_0 の近傍のある範囲において，動学体系 $(S_b.13)$ に非定常的な周期解が存在する。

証明： Appendix 13.1

例えば，韓国経済の金融構造が脆弱的であり，金融的要因がアジアの通貨危機を招いたことは，疑いの余地のないことであろう。言い換えれば，命題 13.4 は，韓国における通貨危機とは整合的でないということである。われわれは，以下の命題 13.6 を証明することができる。

命題 13.6： 国際的な貸し手のリスクが十分大きい場合 $(\gamma\to\infty)$，固定為替相場制の動学体系 $(S_b.13)$ は局所的に不安定である。

証明：γ が十分大きいならば，$\eta_1<0$ である。もし，β が十分大きいならば，$b_1b_2-b_3<0$ が得られる。それゆえ，Routh-Hurwitz の条件は満たされない。Q.E.D.

命題 13.6 は，国際資本移動の程度が十分大きく $(\beta\to\infty)$，$\alpha(q+J_Y)+I_K<0$ であったとしても，動学体系 $(S_b.13)$ は不安定であるということを示している。ここで，例えばタイを襲った通貨危機等の影響により，（韓国の）所得水準 Y が均衡点から下方に乖離したと想定しよう。国内所得の低下は，国内債券の債務不履行の可能性を高くするであろう。そして，国際的な貸し手のリスクを大きくすると考えられる $(\gamma\to\infty)$。このような状況は資本逃避を招き，国内経済をさらに低迷させる。このようなメカニズムは，例えば韓国で起こった通貨危機と整合的であると考えられる。

そしてこのような場合，たとえ国際資本移動を制限したとしても $(\beta\to0)$，

国内の金融構造の脆弱性の不安定効果が現れ，経済の安定性は回復しないであろう。

1) $\beta \to \infty$

$$Y \downarrow \Rightarrow \gamma\eta \uparrow (> i \uparrow) \Rightarrow i - \gamma\eta < r_f \Rightarrow H \downarrow \Rightarrow i \uparrow \Rightarrow I \downarrow \Rightarrow Y \downarrow$$

2) $\beta \to 0$

$$Y \downarrow \Rightarrow i \uparrow \Rightarrow I \downarrow \Rightarrow Y \downarrow$$

13.3.2　変動為替相場制のシステム

次に，変動為替相場制のシステムを検討しよう。韓国を初めとして，多くの諸国はアジアの通貨危機後に，変動為替相場制に移行している。変動為替相場制のシステムは，(13.5)(13.7)(13.11)(13.13)，および (13.20)〜(13.23) に加えて，以下の式，

$$A = 0, \tag{13.33}$$

$$\dot{\pi^e} = \rho(\pi - \pi^e), \quad \rho > 0, \tag{13.34}$$

$$H = \bar{H}, \tag{13.35}$$

が付け加えられる。(13.33) は国際収支の均衡を，(13.34) は為替レートに関する適応的期待仮説を，(13.35) は変動為替相場制においてはハイパワードマネーが外生変数になるということを意味している。

(13.5)(13.7)(13.11)(13.13)(13.20)〜(13.23)，および (13.33)〜(13.35) より，

$$\dot{Y} = \alpha \left[c \left(\frac{1 + \delta\tau}{1 + \tau} \right) Y + C_0 + I(Y, K, i(Y, K, \bar{H})) + J(Y, \pi) - Y \right], \tag{13.36}$$

$$\dot{K} = I(Y, K, i(Y, K, \bar{H})), \tag{13.37}$$

$$A = J(Y, \pi) + \beta \left[i(Y, K, \bar{H}) - \gamma g(Y) - r_f - \frac{\pi^e}{\pi} + 1 \right], \tag{13.38}$$

$$\dot{\pi^e} = \rho(\pi - \pi^e), \quad \rho > 0, \tag{13.39}$$

13.3 開放体系　　　　　　　　　　　　　　　　　　　　　　　　259

が得られる。(13.33)(13.38) を π について解けば,

$$\pi = \pi(Y, K, \pi^e), \tag{13.40}$$

$$\pi_Y = -\frac{J_Y \pi + \beta(\phi + \gamma\kappa)\pi}{J_\pi \pi + \beta} \gtreqless 0,$$

$$\pi_K = -\frac{\beta i_K \pi}{J_\pi \pi + \beta} > 0, \quad \pi_{\pi^e} = \frac{\beta}{J_\pi \pi + \beta} > 0,$$

が得られる。(13.40) を (13.36) と (13.39) に代入して整理すれば, 変動為替相場制の動学体系 $(S_c.13)$,

$$\dot{Y} = \alpha\left[c\left(\frac{1+\delta\tau}{1+\tau}\right)Y + C_0 + I(Y, K, i(Y, K, \bar{H})) + J(Y, \pi(Y, K, \pi^e)) - Y\right]$$
$$\equiv h_1(Y, K, \pi^e; \beta, \gamma) \tag{S_c.13.1}$$
$$\dot{K} = I(Y, K, i(Y, K, \bar{H})) \equiv h_2(Y, K) \tag{S_c.13.2}$$
$$\dot{\pi^e} = \rho[\pi(Y, K, \pi^e) - \pi^e] \equiv h_3(Y, K, \pi^e; \beta, \gamma) \tag{S_c.13.3}$$

が得られる。

この動学体系のヤコビ行列は,

$$\mathbf{J}_c = \begin{pmatrix} h_{11} & h_{12} & h_{13} \\ h_{21} & h_{22} & 0 \\ h_{31} & h_{32} & h_{33} \end{pmatrix}, \tag{13.41}$$

$$h_{11} = \alpha(q + I_i\phi + J_Y + J_\pi\pi_Y), \quad h_{12} = \alpha(I_K + I_i i_K + J_\pi\pi_K),$$
$$h_{13} = \alpha J_\pi\pi_{\pi^e} > 0,$$
$$h_{21} = I_Y + I_i\phi, \quad h_{22} = I_K + I_i i_K < 0,$$
$$h_{31} = \rho\pi_Y, \quad h_{32} = \rho\pi_K > 0, \quad h_{33} = \rho\left(\frac{-J_\pi\pi}{J_\pi\pi + \beta}\right),$$

であり, その特性方程式は,

$$\lambda^3 + e_1\lambda^2 + e_2\lambda + e_3 = 0, \tag{13.42}$$

である。ここで,

$$e_1 = -h_{11} - h_{22} - h_{33}, \tag{13.43}$$
$$e_2 = h_{11}h_{22} - h_{12}h_{21} + h_{11}h_{33} - h_{13}h_{31} + h_{22}h_{33}, \tag{13.44}$$
$$e_3 = -h_{11}h_{22}h_{33} + h_{12}h_{21}h_{33} - h_{13}h_{21}h_{32} + h_{13}h_{22}h_{31}, \tag{13.45}$$

260　　　　　　　　　　　　　　　　第 13 章　開放体系における金融の不安定性

である。

まず，われわれは，国際資本移動の程度が十分小さい場合について検討しよう（$\beta \to 0$）。β が十分小さい時，$\pi_Y \to -J_Y/J_\pi$，$\pi_K \to 0$，$\pi_{\pi^e} \to 0$ が得られる。この場合，$e_1 = -\alpha(q + I_i\phi) - (I_K + I_i i_K) + \rho$ となる。もし，$m_Y < 0$ かつ $|m_Y|$ が十分大きいならば，動学体系 $(S_c.13)$ が不安定となることが証明できる。

次に，国際資本移動の程度が十分大きい場合について検討しよう（$\beta \to \infty$）。この場合，

$$e_1 = -\alpha \left[\frac{1}{J_\pi \pi + \beta}(-J_\pi \pi \kappa \gamma \beta + \cdots) \right] - (I_k + I_i i_K), \tag{13.46}$$

$$e_2 = \frac{\alpha}{(J_\pi \pi + \beta)^2}[\{(-s + J_Y) + J_\pi \pi(\phi + \gamma\kappa) \tag{13.47}$$
$$+ (I_Y + I_i\phi)J_\pi i_K \pi + J_\pi \rho\pi(\phi + \gamma\kappa)\}\beta^2 + \cdots],$$

$$e_3 = h_{13}\frac{\rho}{J_\pi \pi + \beta}[\{-(I_K + I_i iK)(\phi + \gamma\kappa)\pi + (I_Y + I_i\phi)i_K\pi\}\beta + \cdots], \tag{13.48}$$

$$e_1 e_2 - e_3 = \frac{\alpha^2 \rho J_\pi^2}{(J_\pi \pi + \beta)^2}[(\phi + \gamma\kappa)^2 \pi^2 \beta^3 + \cdots], \tag{13.49}$$

である。

以上により，以下の命題 13.7 が得られる。

命題 13.7：変動為替相場制の動学体系 $(S_c.13)$ において，国際資本移動の程度が十分大きいと仮定する（$\beta \to \infty$）。この場合，$\phi < 0$（$m_Y < -q$）かつ国際的な貸し手のリスクの程度が十分小さいならば（$\gamma \to 0$），動学体系 $(S_c.13)$ は不安定である。

証明：国際資本移動の程度が十分大きいと仮定する（$\beta \to \infty$）。もし，国際的な貸し手のリスクの程度が十分小さく（$\gamma \to 0$），$\phi < 0$ ならば，(13.47) の β^2 の係数は負となる。$e_2 < 0$ となるので，Routh-Hurwitz の条件は満たされない。Q.E.D.

次に，命題 13.7 を検討しよう。ここで，所得 Y が，何らかのショックによって，均衡点の下方に乖離したと想定しよう。所得 Y の下落は，輸入の減

少を通じて経常収支を改善する。この場合，為替レート π は下降し（自国通貨高），さらなる所得の減少を招く。

他方，$\phi < 0$ の場合，所得 Y の下落は，国内利子率 i を上昇させる。これは，国内利子率 i が外国債券の期待収益率 r_f を超えることを意味している。もし，国際資本移動が十分大きいならば，為替レート π は資本流入により下降する（自国通貨高）。かくして，純輸出の低下は，国内所得 Y を下落させる。これは，国際資本移動が十分に大きい場合でも，変動為替相場制の動学体系は常に安定になるわけではないということである。

$$Y\downarrow \Rightarrow i\uparrow \Rightarrow i > r_f \Rightarrow Q\uparrow \Rightarrow \pi\downarrow \Rightarrow J\downarrow \Rightarrow Y\downarrow$$

さらに，国際的な貸し手のリスクの程度が十分大きい（$\gamma \to \infty$），または $\phi > 0$ の場合，以下の命題 13.8 を証明することができる。

命題 13.8： 変動為替相場制の動学体系 $(S_c.13)$ において，国際資本移動の程度が十分大きいと仮定しよう（$\beta \to \infty$）。この場合，国際的な貸し手のリスクが十分大きいならば（$\gamma \to \infty$），動学体系 $(S_c.13)$ は安定となる。

証明： 国際資本移動の程度が十分に大きいと仮定する（$\beta \to \infty$）。もし，国際的な貸し手のリスクが十分大きいならば（$\gamma \to \infty$），(13.46)〜(13.49) より，$e_1 > 0$, $e_2 > 0$, $e_3 > 0$, $e_1 e_2 - e_3 > 0$ が得られる。ゆえに，この場合，Routh-Hurwitz の条件が満たされる。Q.E.D.

命題 13.8 は，たとえ金融構造が脆弱であったとしても，国際資本移動が十分大きい場合，変動為替相場制の動学体系 $(S_c.13)$ が安定となることを示している。ここで，所得 Y が，何らかのショックによって，均衡点から下方に乖離したと想定しよう。この時，国内債券の債務不履行の可能性は高くなると考えられる。そして，国内利子率 $i - \gamma\eta$ が外国債券の期待収益率 r_f を下回るならば，為替レート π は資本逃避によって上昇する（自国通貨安）。かくして，国内所得 Y は，純輸出の増加により増加すると考えられる。

$$Y\downarrow \Rightarrow \gamma\eta\uparrow (> i\uparrow) \Rightarrow i - \gamma\eta < r_f \Rightarrow Q\downarrow \Rightarrow \pi\uparrow \Rightarrow J\uparrow \Rightarrow Y\uparrow$$

われわれは，この動学体系の安定性が，国際的な貸し手のリスクの程度に依存しているということを強調しなければならない。国際的な貸し手のリスクは，脆弱な金融構造のもとでは，一般に高くなると考えるのが妥当であろう。これは，経済の安定性が国内経済の脆弱性を覆い隠してしまっている可能性があるということを示唆している。もし，国際的な貸し手のリスクの程度が小さくなれば，経済は不安定になるということである。言い換えれば，韓国経済等において，安定的な金融構造がきわめて重要であるということである。

13.4　おわりに

近年，世界各地で金融危機が頻発している。その一つが，韓国等を襲ったアジアの通貨危機である。伊藤 (1999) は，このような通貨危機の要因として，固定為替相場制，資本逃避，国内経済の金融的な脆弱性を指摘している。

Asada(1995) は，国際資本移動の不完全性をカルドア型循環モデルに導入し，資本移動が固定為替相場制，変動為替相場制の動学体系にどのように影響するかを検討している。Asada(1995) では，国際資本移動が十分に大きい場合には，固定為替相場制の動学体系は不安定，変動為替相場制の動学体系は安定となることが示されている。しかしながら，Asada(1995) では，ミンスキーにより提示された金融の不安定性は議論されていない。

それゆえ，本章では，閉鎖体系，および開放体系における金融の不安定性を検討した。そして，国際資本移動の程度が，固定為替相場制，変動為替相場制の動学体系にどのように影響するかを再検討した。本章の主たる結論は，以下のようなものである。

1. 閉鎖体系，および開放体系における不安定性は，金融的側面 (m_Y) のみによっても引き起こされる。

2. ある条件のもと，固定為替相場制の動学体系 ($S_b.13$) において，均衡の近傍に，少なくとも 1 つの閉軌道が存在する。

3. 固定為替相場制，変動為替相場制の安定性は，国際的な貸し手のリスクの程度と，国内経済の金融構造に依存する。

13.4 おわりに **263**

　これらの結論は，われわれが金融の不安定性を考慮していることに大きく依存している。そして，韓国経済等において，安定的な金融構造がきわめて重要であることを示唆している。

　最後に，今後の検討課題を述べる。本章において，われわれは負債荷重を導入していない。金融不安定性仮説，およびそれを数理モデルに展開した諸研究では，累積的な負債荷重が，金融の不安定性の一つの要因として強調されている。負債の動態を考慮した開放体系の金融の不安定性を検討することは，きわめて重要である[*11]。

Appendix 13.1　命題 13.5 の証明

　われわれは，$m_Y < m_{Yb}$, $\alpha(q + J_Y) + I_K < 0$, 国際的な貸し手のリスクが十分小さい $(\gamma \to 0)$，と想定する。

　もし β が十分大きいならば，命題 13.4 の証明により $b_1 b_2 - b_3 > 0$ が得られる。逆に，もし β が十分小さいならば，命題 13.3 の証明により $b_1 b_2 - b_3 < 0$ を得る。$b_1 b_2 - b_3$ は，β に関する滑らかな連続関数だから，$b_1 b_2 - b_3 = 0$ および，$\partial(b_1 b_2 - b_3)/\partial\beta|_{\beta=\beta_0} \neq 0$ を満たす β の値 β_0 が，少なくとも 1 つ存在する。さらに，$b_2 > 0$ である。

　特性方程式 $\lambda^3 + b_1 \lambda^2 + b_2 \lambda + b_3 = 0$ は，$b_2 > 0$ かつ $b_1 b_2 - b_3 = 0$ ならば，1 組の純虚根 $\pm hi$ $(i = \sqrt{-1}, h \neq 0)$ を持つことが言える。この場合，特性方程式の解は，$\lambda = -b_1$, $\pm\sqrt{b_2}i$ である。特性方程式の 1 組の純虚根 $\lambda_1 = \sqrt{b_2}i$, $\lambda_2 = -\sqrt{b_2}i$ が $\beta = \beta_0$ で存在する。

　Orlando の公式より，

$$b_1 b_2 - b_3 = -(\lambda_1 + \lambda_2)(\lambda_2 + \lambda_3)(\lambda_3 + \lambda_1)$$
$$= -2h(\lambda_3^3 + 2h_1\lambda_3 + h_1^2 + h_2^2)$$

[*11] そのような試みの一つとして，Ninomiya(2017) がある。

である。これを β で微分すれば，

$$
\frac{\partial(b_1 b_2 - b_3)}{\partial \beta} = -2 \left[\frac{\partial h_1}{\partial \beta} (\lambda_3^2 + 2h_1 \lambda_3 + h_1^2 + h_2^2) \right.
$$
$$
\left. + h_1 \frac{\partial(\lambda_3^2 + 2h_1 \lambda_3 + h_1^2 + h_2^2)}{\partial \beta} \right]
$$

が得られる。$h_1 = 0$ および $h_2 = h$ をこれに代入すれば，

$$
\left. \frac{\partial(b_1 b_2 - b_3)}{\partial \beta} \right|_{\beta = \beta_0} = -2(\lambda_3{}^2 + h^2) \left[\left. \frac{\partial h_1}{\partial \beta} \right|_{\beta = \beta_0} \right]
$$

が得られる。ここで，h_1 は複素根の実部，h_2 は虚部の絶対値である。ゆえに，

$$
\left. \frac{\partial(b_1 b_2 - b_3)}{\partial \beta} \right|_{\beta = \beta_0} \neq 0
$$

ならば，

$$
\left. \frac{\partial h_1}{\partial \beta} \right|_{\beta = \beta_0} \neq 0
$$

である。以上の議論により，$\beta = \beta_0$ で Hopf の分岐定理を適用するための全ての条件が満たされる。Q.E.D.

第 14 章

金融危機と金融恐慌：再論

14.1　金融危機と金融恐慌のメカニズム

　二宮 (2006a) で提示した金融危機（不況），金融恐慌論は，図 14.1 で示される。図 14.1 を見ればわかるように，二宮 (2006a) は，金融不安定性の端緒となるのは，過剰な資金（マネー）であると指摘している。それは，金融緩和政策等によってももたらされる。つまり，金融政策は両刃の剣であるということである。

　過剰なマネーは，株式や土地といった資産投資や，収益性に疑問がある投資に向けられる。資産投資は株価や地価の上昇を招き，過剰投資は短期資金への依存を高める。経済は，消費，投資の増加，資産価格の上昇といった，多幸症的経済状態を迎える。しかしながら，株式や短期資金は変動性が高く，経済は脆弱な金融構造へと移行していく。

　好況の持続，脆弱な金融構造，金融引き締め政策等は利子率を上昇させ，有利子負債の増加により，いっそう金融構造を脆弱化させる。利子率の上昇は，消費，投資を抑制し，資産価格を下落させて，金融危機（不況）が発生する。この時，資産価格の暴落や，銀行の倒産等，予想外の出来事が発生すれば，資本逃避等により信用が中断される。その時，必須の貨幣を得るために，商品，金融資産の投げ売りが起こり，金融市場の攪乱（金融恐慌）が発生するということ

である[*1]。

　サブプライム危機もまた，金融工学の発展と相まって，過剰なマネーがサブプライム層への無節操な貸付，住宅価格の高騰を招き，その崩壊とともに膨大な不良債権が残され，それが証券化と相まって欧米をはじめとした世界の金融機関にばらまかれて危機を拡大してしまったと考えられる。BRICs 等の経済成長が世界経済を牽引することに過度な期待はできないとすれば，金融恐慌に陥ることを回避するためには，どのような方策が適切なものであろうか。

14.2　財政・金融政策と財政再建

　ミンスキーは「最後の貸し手」としての中央銀行の役割を重視しているが，浅田 (2011) は，政府の予算制約式，インフレ・ターゲットを考慮した高次元動学的ケインジアン・モデルを構築し，興味深い議論を展開している。浅田 (2011) は，政府が国債残高よりも雇用をターゲットにした財政運営をおこない，中央銀行の金融政策が積極的で，インフレ・ターゲットのような信憑性のあるアンカーを提示しており，それに基づいた forward looking な期待が形成される場合に，マクロ経済システムは安定化しやすくなると論じている。つまり，デフレ下において財政再建，財政規律に固執してしまうと，さらなる景気の後退を招き，税収はさらに落ち込み，貨幣供給量も低下して，いっそう財政赤字を拡張してしまう可能性があるということである。そして，そのような状況に陥らないためにも，政府は雇用を重視し，インフレ・ターゲットのもとで赤字国債を発行して中央銀行がそれを引き受け，景気を回復させる必要があるということである。景気が回復すれば税収も増え，結果として財政も健全化の方向に向かうかもしれない[*2]。

　浅田 (2011) の議論は説得的であるが，モデルの制約上，考慮されていない

[*1] 二宮 (2006a) では，金融危機（不況）から金融恐慌へ陥ることを回避する方策として，1) 過剰な資金供給を招かないこと，2) 貸し手，とりわけ市中銀行の役割，機能の強化（金融部門が経済を安定化させるように機能すること），3) 利子率を目標とした金融政策（利子率・ターゲット）や，資産家計への分配の圧縮，4) 中央銀行，国際協調による金融経済への信認回復，等を指摘している。

[*2] このような主張を展開する経済学者やエコノミストは，リフレ派と呼ばれている。

14.2 財政・金融政策と財政再建　　267

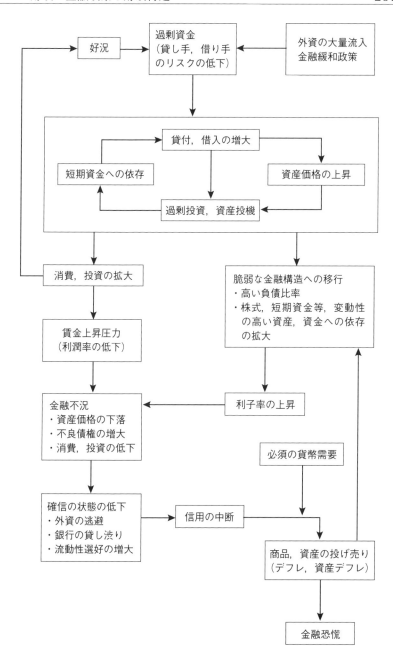

図 14.1　金融の不安定性（二宮 (2006a)）

観点がある。例えば，浅田 (2011) のモデルは閉鎖体系のモデルである。1980
年代のアメリカでは，レーガン政権によって減税政策が採用された。そのもと
となった論理はラッファー曲線と呼ばれるもので，税率を引き下げることに
よって経済が活性化して，むしろ税収を増やすというものである。しかしなが
ら，減税政策の結果，軍事支出の拡大，ドル高政策と相まって，アメリカは双
子の赤字（経常収支赤字と財政赤字）を抱えることになる。そして，対日貿易赤
字の拡大から貿易摩擦が深刻化し，プラザ合意による円高ドル安誘導へと至
る。つまり，双子の赤字のツケを，とりあえず日本に回したという見方もでき
る。しかしながら，現在の世界的危機の状況を鑑みれば，国際的に円安が容認
されるのは厳しいと言わざるをえない。

　もちろん，1980 年代のアメリカは，当時おこなわれた金融証券市場の規制
緩和と相まって，IT 産業の勃興の下地になったということはあるのかもしれ
ない[3]。しかしながら，赤字国債の発行による景気の刺激は，財政を健全化さ
せるほどに経済を回復させることができるであろうか。さらなる国債の累積残
高を抱えることになる可能性もなきにしもあらずである。また，わが国の金融
証券市場の改革（日本版金融ビッグバン）が，景気を回復させるほどの革新的な
新産業を生むとは期待できないことは，新興企業向けの市場が期待されたほど
の成果を出しているとは言いがたい状況であることが如実に物語っている。世
界経済を牽引できるほどの新産業や市場等は，そう簡単にできるものではない
と思われる。むしろ，国際金融市場での信認を失い，欧州で頻発している信用
不安と同様の現象が引き起こされる可能性は否定できない。

　結局のところ，わが国のバブル経済崩壊後の民間の膨大な不良債権のツケ
が，膨大な国債の累積という形になって表れていると考えることもできる。直
接的な不良債権処理のみならず，景気の長期低迷に対応する財政支出の拡大
は，金融恐慌に陥ることを回避することに貢献したのかもしれない。しかしな

---

[3] 例えば，マイクロソフト，アップルの創業は 1970 年代後半であり，Windows 95 の発売
は 1995 年，iPhone の発売は 2007 年である。かつて革新的な商品で世界を席巻したわが
国の家電，エレクトロニクス等の産業は，いまや台湾や中国，韓国企業等の後塵を拝してい
ると言っても過言ではない。液晶テレビで席巻したシャープが台湾企業の傘下に入ったこ
とは，そのことを象徴するような出来事である。

がら，それが経済の自律的回復までには至らず，税収は伸び悩み，国債の累積残高が膨れ上がってしまったということである。言い換えれば，甘い汁を吸った人が一部にはいるかもしれないが，バブル経済等のツケは多くの日本国民が負担させられているということである。

財政規律の回復をめざすために，消費税引き上げ等の増税が不可避であるとの議論がある。財政規律を回復することができれば，国際金融市場での日本の信認は高まるので，信用不安に陥ることは回避できるかもしれない[*4]。また，財政政策を再度景気刺激に使うというオプションも回復する。このような議論に対しては，景気の長期低迷期での増税がいっそうの経済の低迷を引き起こすという懸念が示されている[*5]。東日本大震災に対応するための増税は復興関連のための財政支出に向けられたが，国債の累積残高を減少させるためには，増税とともに，財政支出の抑制もしなければならない。わが国の場合，国債の保有者は国内がほとんどなので，増税された分は国内の国債保有者に還元されるということがあるかもしれない。しかしながら，財政支出の抑制は，当然のことながら，景気のさらなる低迷を招く。その結果，税収が伸び悩み，財政再建もできなくなるという可能性も否定できない[*6]。

いずれにしても一長一短あり，どちらもシナリオ通りに行かず，さらなる景気の低迷（恐慌）に陥る可能性は否定できない。その場合，最も深刻な被害をこうむるのは，非正規労働者等の弱者である。正規の労働者についても，リストラの嵐が吹き荒れるであろう。ミンスキーは中央銀行の「最後の貸し手」としての役割を重視した。確かにそれは，金融恐慌に陥ることを回避するための，一つの有力な手段である。しかしながら，二宮 (2006a) でも指摘したように，それは大きな副作用を伴う可能性もあるということは，強調しておかなくてはならない。そのような副作用が生じる可能性を十分に認識したうえで，日銀の国債引き受けによって財政支出を拡大する，あるいは緊縮財政を採らない

[*4] 青木 (2012) は，短期的な財政均衡を主張していないが，中長期的な財政健全化の道筋をつけることの重要性を強調している。鶴 (2012) は，危機へ陥らないための方策として，国民の公共心と政府・公務員に対する信頼性の向上が必要であると主張している。

[*5] 例えば，浅田 (2012) を参照。

[*6] 事実，消費税率の 3% から 5% への引き上げが，税収を期待されたほどに増加させなかったということが知られている。

というのも一案であろう。また，景気がさらに低迷することを覚悟し，財政再建に取り組むこともまた一案である。最終的にどちらの痛みが少ないかを予想することは非常に困難であり，選択の問題であるように思われる。

14.3　金融恐慌を回避するための方策

それでは，財政政策とともに，金融政策に対しても過度の期待ができず，金融化も進展している状況において，どのような方策が考えられるであろうか。現時点で筆者が考えるのは，以下のようなものである。

1. 安定的な金融構造
2. 分配の改善
3. 供給面の重視，適切な投資機会
4. 投機的な資金移動に対する監視

まず，われわれが強調したいのは，金融構造の安定化である。戦後の金融システムは，世界大恐慌に対する反省から，競争を制限することにより金融システムの安定を図っていたと考えられる（護送船団方式）。あるいは，投資機会が十分にあり，金融的側面が経済を安定化させていた時は，経済の不安定性は実物的側面によりもたらされる。

このような局面にある場合，財政政策，金融政策により経済の安定化を図ることは，比較的容易であったのかもしれない。そのことは，結果的に公的部門の肥大化を招き，無駄な公共事業等の非効率性が厳しい批判にさらされることになる。そして，企業が成長して多くの内部留保を保有し，国際金融市場でも資金調達が容易になり，経済の金融構造が脆弱化し，金融化が進展する。そのような非効率性や金融化の進展は，市場経済化を志向する世界的なうねりを生み出し，あらゆる分野での自由化，規制緩和を急速に促進することになる。しかしながら，市場経済化が様々な問題を解決するという幻想は，サブプライム危機により，脆くも崩れ去ることになる。過剰なマネーがアメリカの住宅価格の上昇を招き，本来ならば返済能力のないサブプライム層への貸付をもとにした住宅需要の拡大が，虚構の繁栄をもたらしていたのである。そのような貸付

14.3　金融恐慌を回避するための方策　　　　　　　　　　　　　　**271**

の拡大に，金融工学の発展が果たした役割は小さくない。しかしながら，われわれが強調したいのは，市場経済化の背後で進行していた金融構造の脆弱化，金融化の進展である。

　例えば，アジアの通貨危機では，タイ，韓国，マレーシア等の諸国が大きな打撃を受けたが，中国や台湾等ではその影響は軽微なものであった。中国は直接投資が多く，台湾は経済が非常に健全で，短期的な資本逃避がなかったためである。これに対して，韓国は財閥系企業の負債比率が非常に高く，金融構造は脆弱であったと考えられる。韓国経済は深刻な打撃を受け，IMF からの支援の見返りとして緊縮財政が求められるとともに，ドラスティックな規制緩和がおこなわれた。確かに，通貨危機後の韓国は格差拡大等の負の側面が表れたが，有機 EL や携帯端末等で，エレクトロニクス産業をお家芸としていた日本を凌駕する勢いであったように思える。Ninomiya and Tokuda(2012) は，通貨危機以降，韓国経済の金融構造が安定化していたことを，実証的に示している[7]。もちろん，安定的な金融構造が，そのような供給面の改善の直接的な要因であると断言することはできない。しかしながら，少なくとも，金融的側面が攪乱要因にはならなかったと言うことはできるであろう[8]。

　それでは，不安定な金融構造に陥るのを抑止するには，どのようなことが必要であろうか[9]。まず，十分な収益を上げることができる適切な投資機会があれば，経済成長による貯蓄の増加はそこに吸収されるであろう。まさに，BRICs や東南アジア等の経済成長は，先進国等からの投資によるところが大きいと言えるであろう。しかしながら，適切な投資機会が不足すれば，貯蓄は

---

[7] 二宮・得田 (2011)，Ninomiya and Tokuda(2017) は，1990 年代半ばに日本経済の金融構造が不安定化していることを示している。また，二宮・得田 (2011) は，景気循環のピークにおいて，所得の減少にもかかわらず利子率が上昇する局面が存在することを，数値シミュレーションにより示している。これは，宇野 (1953) の議論とも一致している。

[8] 『日本経済新聞』(2012.6.6 朝刊) では，韓国においても家計と政府の負債が急増しており，内需と外需が同時に不振となって，1997 年のアジアの通貨危機，2008 年のリーマンショック（サブプライム危機）よりも厳しい低成長の危機に陥る危険性があると報じられている。韓国経済の金融構造が，ふたたび脆弱化している可能性がある。

[9] 不安定な金融構造に陥った場合，それを緩和する方策として，二宮 (2006a) では利子率を目標とした金融政策（利子率・ターゲット）の有効性を指摘している。また，本書第 12 章では，政策金融の果たす役割を指摘している。

過剰な金融資産として蓄積され，不適切な投資がおこなわれて，経済の攪乱要因となってしまう可能性がある。そのような場合には，過剰な貯蓄を消費に向けるということが考えられる。労働者家計に対する分配の増加により，消費を拡大するということである[*10]。金融化の進展により，所得分配の問題はいっそう重要になってくると思われる。

しかしながら，消費の拡大を導く労働者家計への分配の増加も，個々の企業から見れば，経営を圧迫する要因となる。過剰な負債が企業の投資を大きく抑制するほどに金融構造が脆弱化しているならば，労働者家計への分配の増加は，むしろ経済を停滞させる[*11]。この意味においても，金融構造の安定化が重要であると思われる。また，資産価格の高騰による消費等の拡大は，早晩崩壊し，長期にわたって深刻な影響を及ぼすことを，わが国のバブル経済，アメリカのサブプライム危機は如実に物語っている。消費等の拡大が資産価格の高騰によるものなのかを，早期に見分けることは非常に困難であろう。

さらに，ポスト・ケインズ派は経済の需要面を重視し，供給面を軽視している感は否めない[*12]。確かに，サブプライム危機は，金融化の進展と相まった無秩序な市場経済化の脆弱性を露呈した。しかしながら，技術革新や新製品の開

[*10] Steindl(1952) 等は，高賃金は利潤を抑制するが，労働者家計の消費の増加を通じて経済を活性化すると論じている。高賃金の生産刺激効果が成立する経済は，停滞レジームと呼ばれている。これに対して，高賃金の生産抑制効果が成立する経済は，活性化レジームと呼ばれている。

Blecker(2002) 等は，開放経済では利潤主導型経済とならざるをえないと主張している。他方，中谷 (2008a) は，資本蓄積を考慮した長期においては，このような主張は成立しない可能性が高くなると論じている。さらに，中谷 (2010) は，現在の経済問題を分析するうえでのポスト・ケインズ派の意義を，賃金主導型経済 (停滞レジーム) の理論モデルを中心に検討している。

[*11] 第6章では，負債を考慮したマクロ動学モデルにおいて，このような可能性を示唆している。

[*12] Romer(2000)，Taylor(2004) 等は，「長期」と「短期」という時間的視野は維持しつつ，金融政策ルールを導入して，インフレ・ターゲットの有効性を説明している。このようなモデルは，ポスト・ケインズ派により「ニュー・コンセンサス・マクロ経済学」と呼ばれ，批判的に検討されている (詳細は，鍋島 (2010)(2012)を参照)。これに対して，本書第5章では，Mankiw(1992)，Romer(2000)，Taylor(2004) 等の枠組みの中で，ポスト・ケインズ派金融不安定性分析の議論を位置づけている。ポスト・ケインズ派によるニュー・コンセンサス・マクロ経済学批判に関する考察は，今後の検討課題としたい。

14.3 金融恐慌を回避するための方策 **273**

発には，何がしかのインセンティブが必要である。第二次世界大戦後の宇宙開発では，ソ連はアメリカに対して技術的優位にあり，1957年にはスプートニクの打ち上げに成功した。インセンティブは，金銭，名誉，あるいは，良心，恐怖等によっても与えることができるかもしれない。しかしながら，ソ連の崩壊は，計画経済が人間の多様な欲求を満たすことができないということを如実に示している。現時点において，市場は，インセンティブを与えることができる最良の装置であろう。財政が硬直化し，金融政策にも期待ができない状況においては，経済の供給面の改善が必要不可欠である。そして，不断の技術革新，新製品の開発等の供給面の改善を促進するためには，その環境を整えることも必要不可欠である。また，労働者への分配の増加によって消費を拡大したとしても，その多くが外国製品に振り向けられるようでは，国内経済の成長は望めない。

確かに，行きすぎた市場経済化が，世界的な金融危機の一因となったことは事実であろう。しかしながら，市場が全ての問題を解決すると考えることが幻想であるならば，大きな政府への回帰が全ての問題を解決すると考えることもまた幻想である。既得権益にとらわれず，何を規制し何を規制緩和すべきかを吟味して国際競争力を確保し，無駄や無理のない経済運営をする必要があると思われる。

最後に，投機的な国際資本移動に対する監視である。金融化の進展により，過剰なマネーによる投機的な資金移動が，世界経済の攪乱要因の一つとなっていることは間違いないであろう。このような資本移動を抑制する方法については，すでにトービン・タックスが提案されている。しかしながら，この提案は，実現が非常に困難であり，現段階では採用されていない[13]。資本移動が投機的か否かを見分けることもまた非常に困難である。しかしながら，短期的な原油，穀物，金等の価格高騰は異常であり，実体経済への影響を最小限にとどめるという意味においても，それらの価格の動向には国際的な監視，協調が必要不可欠であろう。

---

[13] 『日本経済新聞』（2012.3.13 朝刊）の記事によれば，イギリスは導入に対してきわめて慎重な姿勢を示している。

サブプライム危機による世界経済の閉塞感は，完全に解消されたとは言いがたく，少子高齢化や世界的な資源エネルギー問題，環境問題等を考える時，わが国や世界経済の将来を悲観的に考えるのは筆者だけではあるまい。破滅への道を歩まぬように，人類の叡智を結集して，諸問題を解決していく必要があると思われる。

あとがき

　前著『金融恐慌のマクロ経済学』を上梓してから 10 年以上が経過した。その間に，サブプライム危機が発生し，日本経済も「失われた 10 年」が「失われた 15 年」になり，「失われた 20 年」になった。世界経済も回復に向かうどころか，不透明感はいっそう増しているように思われる。「経済学者は何をしているのだ」と言われても仕方ない状況である。金融の不安定性を長年研究していると，こと経済に関してはいつも悲観的になってしまう。本書のような既存の経済学ではなく，その枠組みを超えた新たな経済学の出現が求められているのかもしれない。

　本書は，すでに公表された論文を加筆修正してまとめたものである。

序　章　「ウォール街で一躍注目を浴びる，ミンスキーの金融不安定性仮説」，
　　　　『エコノミスト』第 85 巻第 59 号，2007 年。

第 1 章　「マクロ経済学の導入教育における諸議論」，『経済教育』第 27 号，
　　　　2008 年。(©経済教育学会)

第 2 章　「ポスト・ケインズ派金融不安定性分析の射程と可能性」，『彦根論叢』
　　　　第 390 号，2011 年。

第 3 章　「長期の概念とポスト・ケインズ派金融不安定性分析の展開：展望」，
　　　　CRR Discussion Paper, J-49, Faculty of Economics, Shiga University, 2014.

第 4 章　「負債荷重，確信，金融の不安定性と循環」，『季刊 経済理論』第 51 巻
　　　　第 4 号，2015 年。

第 5 章　「『長期』と『短期』のマクロ経済モデルと金融の不安定性——ポスト・

ケインズ派金融不安定性分析の位置づけと評価」,『季刊 経済理論』第
46巻第4号，2010年。

第6章　「寡占経済における金融の不安定性，循環と所得分配」,『金融経済研
究』第24号，2007年。(©日本金融学会)

第7章　「Profit Sharing，停滞レジームと金融の不安定性」,『季刊 経済理論』
第47巻第3号，2010年。(高見博之氏と共著)

第8章　「負債荷重，金融資産，及び金融の不安定性」,『季刊 経済理論』第46
巻第2号，2009年。

第9章　A Bubble without Inflation, *Journal of the Korean Economy*,
10(1), 2009. (Amal Sanyal氏と共著)

第10章　Financial Structure, Financial Instability, and Inflation Target-
ing, *Evolutionary and Institutional Economics Review*, 13(1), 2016.

第11章　「ミンスキー的循環，不安定性と逆循環的財政政策」,『季刊 経済理
論』第42巻第3号，2005年。

第12章　「金融の不安定性と政策金融の役割——金融不安定性のマクロ動学モ
デルによる再検討」,『季刊 経済理論』第43巻第3号，2006年。

第13章　Open Economy Financial Instability, *Journal of the Korean
Economy*, 8(2), 2007.

第14章　「金融危機と金融恐慌：再論」,『彦根論叢』第394号，2012年。

　最後に，本書の執筆にあたってお世話になった多くの方々に感謝を申し上げ
たい。まず，前著に引き続き3名の先生方には，心より感謝を申し上げたい。
中谷武先生（尾道市立大学長，神戸大学名誉教授）には，研究者としての道を歩み
はじめてから現在に至るまで，筆者の研究に対して多くの励ましとご助言をい
ただいた。足立英之先生（神戸大学名誉教授）には，お会いするたびに親しく声
をかけていただき，研究の励みとなった。故置塩信雄先生（元神戸大学名誉教
授）には，研究会でご指導をいただくとともに，先生が説かれた研究者として
の心構えが頭の中から離れることはなかった。

　また，本書に掲載されている諸研究は，先生方のご指導とご研究に多くを
負っている。筆者が金融不安定性の理論的研究に取り組みはじめたのは，1991

年に神戸大学大学院経済学研究科に進学して半年ほど経ってからである。修士論文のテーマを何にするか悩んでいた時，中谷先生からご紹介いただいたのが，当時足立先生が取り組まれていたミンスキーの金融不安定性のご研究であった。研究を進めていくうちに，置塩先生がご提示された $IS・BB$ モデルが，金融の不安定性を検討する枠組みとしてきわめて有効であることに気がついた。つまり，$IS・BB$ モデルは，$IS・LM$ モデルでは背後に追いやられていた債券市場を正面から扱うものであり，ミンスキーの重視した貸し手と借り手の関係を描写できる優れた分析的枠組みであるということである。大学院時代に中谷先生のご指導のもと執筆した 2 篇の論文は，拙いものであるが，本書の研究の根幹となっている重要なものである。置塩先生からは，この 2 篇の論文に対してご助言と励ましのお手紙をいただき，その手紙は今でも大切にしまっている。

爾来 25 年以上にわたり，自らの学問的信念に基づき，金融不安定性の理論的研究に取り組んできた。しかしながら，その道は必ずしも平坦なものではなかった。バブル経済が発生し，それが崩壊を始めた時期ではあったが，ミンスキーの金融不安定性仮説は必ずしも多くの研究者の関心を集めたわけではなく，むしろポスト・ケインズ派という異端は，一部の主流派等からは嘲笑の対象とされていた。このような状況の中で，筆者自身も異端派であることの辛酸をなめつづけ，その信念が揺らいで研究をやめたいと思うことが幾度となくあったことも，偽らざる事実である。さらに，年齢を重ねるにつれ，研究以外の教育，学内行政職務の負担が増大し，教育や学内外の業務の忙しさを，研究業績が出ないことの言い訳にしがちになる。そのような時には，「OUT-PUTするのは思考の完成品だけではなく，むしろ思考の製造過程そのものだということである。思考の過程はもちろん不完全であり，その OUT-PUT はしばしば『恥を晒す』ことにもなりかねない。しかし，これは全く『恥』ではなく，思考の過程を OUT-PUT しないことこそ研究者にとって恥である」（中谷 (1990)「置塩信雄教授の経済学」）という置塩先生の教えを，自らへの戒めとしてきた。研究者にとって大切なことは，主流派であることではなく，研究成果を公表することである。そして，研究成果を公表することは，高等教育を担う者の義務であることは言うまでもない。

共同研究者の Amal Sanyal 先生（元 Lincoln University 准教授），高見博之先生（大分大学教授），得田雅章先生（滋賀大学教授）にも深く感謝したい。本書の第 9 章は Sanyal 先生，第 7 章は高見先生との共同研究の成果であるが，本書への転載をご快諾いただき，感謝に堪えない。得田先生との共同研究は本書には含まれていないが，先生との議論は本書の研究にも活かされている。

　各章のもととなった論文は，*Evolutionary and Institutional Economics Review*（進化経済学会），*Journal of the Korean Economy*（The Association of Korean Economic Studies），『季刊 経済理論』（経済理論学会），『金融経済研究』（日本金融学会），『経済教育』（経済教育学会）等の査読付き学術誌等に掲載されたものである。各誌のレフェリーの先生方には多くの有益なご助言をいただき，各誌および『エコノミスト』（毎日新聞出版）編集委員会には，論文を加筆修正のうえ転載することを許諾いただいた。また，それらの論文の執筆にあたっては，科学研究費補助金（基盤研究 (C) 課題番号 (21530299)(20530245)(23530325)(16K03633)），石井記念証券研究振興財団，陵水学術後援会，滋賀大学経済学部後援会の研究助成を受けている。滋賀大学の事務職員の方々にも，研究活動や業務をおこなううえで，迅速なご対応，サポートをいただいた。併せて謝意を表したい。

　浅田統一郎教授（中央大学），阿部太郎教授（名古屋学院大学），有馬敏則名誉教授（滋賀大学），池田啓実教授（高知大学），石倉雅男教授（一橋大学），井本伸教授（尾道市立大学），植田宏文教授（同志社大学），宇仁宏幸教授（京都大学），梅澤直樹名誉教授（滋賀大学），大川良文教授（京都産業大学），大坂洋准教授（富山大学），大住康之教授（兵庫県立大学），大野隆教授（同志社大学），片山貞雄名誉教授（滋賀大学），河相俊之准教授（滋賀大学），楠田浩二教授（滋賀大学），黒坂真教授（大阪経済大学），越野泰成教授（琉球大学），酒井泰弘名誉教授（滋賀大学，筑波大学），佐々木啓明教授（京都大学），佐藤良一教授（法政大学），Peter Skott 教授（University of Massachusetts, Amherst），鈴木純准教授（神戸大学），高浜光信教授（明治大学），田中英明教授（滋賀大学），故田平正典教授（元南山大学），地主敏樹教授（神戸大学），中村保教授（神戸大学），新里泰孝教授（富山大学），二上季代司名誉教授（滋賀大学），伴ひかり教授（神戸学院大学），兵藤隆教授（山口大学），藤田真哉准教授（名古屋大学），藤森頼

明名誉教授（早稲田大学），松尾匡教授（立命館大学），丸茂俊彦教授（同志社大学），家森信善教授（神戸大学），吉田博之教授（日本大学），吉原直毅准教授（University of Massachusetts, Amherst），渡邉敏生准教授（福井県立大学）の諸先生には，拙稿に対する学会，研究会でのご助言，学内外の業務に対するご助力，公私にわたる励ましの言葉等をいただいた。この他にも，お名前を挙げていない多くの方々に，有形無形のご助力をいただいている。

　さらに，大学院時代の友人，先輩，後輩にも感謝したい。顧みれば，神戸大学大学院経済学研究科は，研究のコミュニティとしてはたいへんすばらしく，多様な考え方を尊重する風土があったように思われる。それは著名な数理マルクス経済学者であった置塩先生の影響が少なからずあったのかもしれないが，マルクス経済学というだけで軽視するような態度を取る者は，誰一人としていなかったように思う。そして，同期とその1つ下は，非常に仲が良く，一緒に温泉等にも足を運び，厳しい中にも楽しいひとときを過ごした仲間である。苦しい時期には，親身になって相談に乗っていただき，励ましとアドバイスをいただいた。

　また，本書は，公益財団法人日本証券奨学財団（The Japan Securities Scholarship Foundation）の2017年度研究出版助成金を受けて出版されたものである。本助成金の支援がなければ，本書は日の目を見ることはなかったであろう。また，大月書店の木村亮氏には，本書完成に至るまで様々なご配慮やご尽力をいただいた。心より深く感謝の意を表したい。

　最後に，私事にわたり恐縮であるが，家族にも心より感謝したい。研究の道に進むことを物心両面で応援してくれた父，常に心の支えであった亡き母，笑顔で励ましてくれた妻と2人の子供に本書を捧げることをお許しいただきたい。

2017年11月5日

牟礼山を望む書斎にて

二宮健史郎

参考文献

[1] Abel, A. B. and B. S. Bernanke (2005), *Macroeconomics*, 5th ed., Addison-Wesley.（伊多波良雄・大野幸一・高橋秀悦・谷口洋志・徳永澄憲・成相修訳『マクロ経済学』上下，シーエーピー出版，2006/2007 年。最新版は 9th ed., 2017.）

[2] 足立英之（1994）『マクロ動学の理論』有斐閣。

[3] 足立英之（2000）『不完全競争とマクロ動学理論』有斐閣。

[4] Adelman, I. and S. B. Nak (2002), The Korean Financial Crisis 1997-98 and its Implications for the Global Financial System. In S. Storm and C. W. M. Naastepad (eds.), *Globalization and Economic Development: Essays in Honour of J. George Waardenburg*, Edward Elgar, pp. 87-119.

[5] Akashi, S. and T. Asada (1986), Money in Kaldorian Cycle Theory, 『経済研究』第 37 巻第 2 号，169〜177 ページ。

[6] Amyx, J. A. (2004), *Japan's Financial Crisis: Institutional Rigidity and Reluctant Change*, Princeton University Press.

[7] 青木浩介（2012）「財政，『信』の確保　瀬戸際に」,『日本経済新聞』（2012.1.5 朝刊）。

[8] Asada, T. (1987), Government Finance and Wealth Effect in a Kaldorian Cycle Model, *Journal of Economics*, 47(2), pp. 143-166.

[9] Asada, T. (1989), Monetary Stabilization Policy in a Keynes-Goodwin Model of the Growth Cycle. In W. Semmler (ed.), *Financial Dynamics and Business Cycles: New Perspectives*, M. E. Sharpe, pp.

145-167.（浅田統一郎訳『金融不安定性と景気循環』日本経済評論社，2007 年。）

[10] Asada, T. (1991), On a Mixed Competitive-Monopolistic Macrodynamic Model in a Monetary Economy, *Journal of Economics*, 54(1), pp. 33-53.

[11] Asada, T. (1995), Kaldorian Dynamics in an Open Economy, *Journal of Economics*, 62(3), pp. 239-269.

[12] 浅田統一郎（1997）『成長と循環のマクロ動学』日本経済評論社。

[13] 浅田統一郎（1999）『マクロ経済学基礎講義』中央経済社（最新版は第 3 版，2016 年）。

[14] 浅田統一郎（2000）「負債効果とマクロ経済の不安定性」，松本正信・片岡晴雄編著『現代経済論叢』学文社，2〜17 ページ。

[15] Asada, T. (2001), Nonlinear Dynamics of Debt and Capital: A Post-Keynesian Analysis. In Y. Aruka and Japan Association for Evolutionary Economics (eds.), *Evolutionary Controversies in Economics: A New Transdisciplinary Approach*, Springer, pp. 73-87.

[16] 浅田統一郎（2003）「資本主義と不均衡累積」，法政大学比較経済研究所・佐藤良一編『市場経済の神話とその変革──〈社会的なこと〉の復権』法政大学出版局，159〜176 ページ。

[17] 浅田統一郎（2005）「流動性の罠の下におけるインフレーション・ターゲティング──動学的ケインジアン・モデルによる分析」，『中央大学経済学部創立 100 周年記念論文集』，1〜14 ページ。

[18] Asada, T. (2006a), Inflation Targeting Policy in a Dynamic Keynesian Model with Debt Accumulation: A Japanese Perspective. In C. Chiarella, R. Franke, P. Flaschel and W. Semmler (eds.), *Quantitative and Empirical Analysis of Nonlinear Dynamic Macromodels*, Emerald, pp. 517-544.

[19] Asada, T. (2006b), Stabilization Policy in a Keynes-Goodwin Model with Debt Accumulation, *Structural Change and Economic Dynamics*, 17(4), pp. 466-485.

[20] Asada, T. (2007), Significance of the Keynesian Legacy from a Theoretical Viewpoint: A High-Dimensional Macrodynamic Approach. In T. Asada and T. Ishikawa (eds.), *Time and Space in Economics*, Springer, pp. 81-96.

[21] 浅田統一郎（2007）「デフレ不況と金融政策——実践的マクロ経済学としてのケインズ経済学の立場から」，野口旭編『経済政策形成の研究——既得観念と経済学の相克』ナカニシヤ出版，249〜287 ページ。

[22] Asada, T. (2008), Inflation, Deflation and Employment: A Macrodynamic Approach. In D. T. Bentley and E. P. Nelson (eds.), *Inflation: Roles, Targeting, and Dynamics*, Nova Science Publishers, pp. 77-99.

[23] 浅田統一郎（2011）「国債累積と財政金融政策のマクロ動学——不適切なポリシー・ミックスについて」，渡辺和則編『金融と所得分配』日本経済評論社，3〜30 ページ。

[24] 浅田統一郎（2012）「デフレ脱却こそが国債累積問題の解決策である」，Chuo Online.
http://www.yomiuri.co.jp/adv/chuo/opinion/20120501.htm

[25] Asada, T., C. Chiarella, P. Flaschel and R. Franke (2003), *Open Economy Macrodynamics: An Integrated Disequilibrium Approach*, Springer.

[26] Asada, T. and W. Semmler (1995), Growth and Finance: An Intertemporal Model, *Journal of Macroeconomics*, 17(4), pp. 623-649.

[27] 浅子和美・加納悟・倉澤資成（2009）『マクロ経済学』第 2 版，新世社。

[28] 畔津憲司・小葉武史・中谷武（2010）「カレツキアン蓄積分配モデルの実証分析」，『季刊 経済理論』第 47 巻第 1 号，56〜65 ページ。

[29] Barro, R. J. (1984), *Macroeconomics*, John Wiley & Sons.（谷内満訳『マクロ経済学』多賀出版，1987 年。最新版は 5th ed., MIT Press, 1998.）

[30] Barro, R. (1994), The Aggregate-Supply/Aggregate-Demand Model, *Eastern Economic Journal*, 20(1), pp. 1-6.

[31] Bernanke, B. and A. S. Blinder (1988), Credit, Money and Aggregate

Demand, *American Economic Review*, 78(2), pp. 435-439.

[32] Bernanke, B. and M. Gertler (1989), Agency Costs, Net Worth, and Business Fluctuations, *American Economic Review*, 79(1), pp. 14-31.

[33] Bernanke, B. and M. Gertler (1999), Monetary Policy and Asset Price Volatility, *Federal Reserve Bank of Kansas City Quarterly Review*.

[34] Bernanke, B. S., M. Gertler and S. Gilchrist (1999), The Financial Accelerator in a Quantitative Business Cycle Framework. In J. B. Taylor and M. Woodford (eds.), *Handbook of Macroeconomics*, vol. 1, Elsevier Science B.V., pp. 1341-1393.

[35] Bernanke, B. S. and F. S. Mishkin (1997), Inflation Targeting: A New Framework for Monetary Policy? *Journal of Economic Perspectives*, 11(2), pp. 97-116.

[36] Bhaduri, A. (2008), On the Dynamics of Profit-led and Wage-led Growth, *Cambridge Journal of Economics*, 32(1), pp. 147-160.

[37] Blanchard, O. J. (1981), Output, the Stock Market, and Interest Rates, *American Economic Review*, 71(1), pp. 132-143.

[38] Blanchard, O. (1997), *Macroeconomics*, Prentice Hall. (鴋田忠彦・知野哲朗・中山徳良・中泉真樹・渡辺慎一訳『マクロ経済学』上下，東洋経済新報社，1999/2000 年。最新版は 7th ed., Pearson, 2016.)

[39] Blecker, R. A. (2002), Distribution, Demand and Growth in Neo-Kaleckian Macro-Models. In M. Setterfield (ed.), *The Economics of Demand-led Growth*, Edward Elgar, pp. 129-152.

[40] ブラインダー，アラン (2012)「金融危機型不況，長期化へ」，『日本経済新聞』（2012.10.4 朝刊）。

[41] Cagan, P. (1956), The Monetary Dynamics of Hyperinflation. In M. Friedman (ed.), *Studies in the Quantity Theory of Money*, University of Chicago Press, pp. 25-117.

[42] Cargill, T. F., M. M. Hutchison and T. Ito (1997), *The Political Economy of Japanese Monetary Policy*, MIT Press.

[43] Cassetti, M. (2003), Bargaining Power, Effective Demand and Tech-

nical Progress: a Kaleckian Model of Growth, *Cambridge Journal of Economics*, 27(3), pp. 449-464.

[44] Catte, P., N. Girouard, R. Price and C. Andre (2004), Housing Markets, Wealth and the Business Cycle, OECD, *Economics Department Working Paper*, No. 394.

[45] Chang, W. W. and D. J. Smyth (1971), The Existence and Persistence of Cycles in a Non-linear Model: Kaldor's 1940 Model Re-examined, *Review of Economic Studies*, 38(1), pp. 37-44.

[46] Charles, S. (2008), Corporate Debt, Variable Retention Rate and the Appearance of Financial Fragility, *Cambridge Journal of Economics*, 32(5), pp. 781-795.

[47] Chiarella, C. and P. Flaschel (1996), Real and Monetary Cycles in Models of Keynes-Wicksell Type, *Journal of Economic Behavior and Organization*, 30(3), pp. 327-351.

[48] Chiarella, C. and P. Flaschel (2000), *The Dynamics of Keynesian Monetary Growth: Macro Foundations*, Cambridge University Press.

[49] Chiarella, C., P. Flaschel and W. Semmler (2001), The Macrodynamics of Debt Deflation. In R. Bellofiore and P. Ferri (eds.), *Financial Fragility and Investment in the Capitalist Economy: The Economic Legacy of Hyman Minsky*, vol. 2, Edward Elgar, pp. 133-184.

[50] Cho, S. (1994), *The Dynamics of Korean Economic Development*, Peterson Institute for International Economics.

[51] Choi, G. (2003), Post-Crisis Financial Developments in Korea: Implications for Monetary Policy, *Journal of the Korean Economy* , 4(1), pp. 29-62.

[52] Dalziel, P. (2002a), The Triumph of Keynes: What Now for Monetary Policy Research? *Journal of Post Keynesian Economics*, 24(4), pp. 517-544.

[53] Dalziel, P. (2002b), New Zealand's Economic Reforms: An Assessment, *Review of Political Economy* , 14(1), pp. 31-46.

[54] Dalziel, P. and R. Lattimore (2001), *The New Zealand Macroeconomy: A Briefing on the Reforms and their Legacy*, 4th ed., Oxford University Press.

[55] De Long, J. B. (2002), The Triumph of Monetarism? *Journal of Economic Perspectives*, 14(1), pp. 83-94.

[56] Dos Santos, C. H. and G. Zezza (2008), A Simplified, 'Benchmark,' Stock-Flow Consistent Post-Keynesian Growth Model, *Metroeconomica*, 59(3), pp. 441-478.

[57] Dutt, A. K. (1984), Stagnation, Income Distribution and Monopoly Power, *Cambridge Journal of Economics*, 8(1), pp. 25-40.

[58] Dutt, A. K. (1995), Internal Finance and Monopoly Power in Capitalist Economies: A Reformulation of Steindl's Growth Model, *Metroeconomica*, 46(1), pp. 16-34.

[59] Dutt, A. K. (2006), Maturity, Stagnation and Consumer Debt: A Steindlian Approach, *Metroeconomica*, 57(3), pp. 339-364.

[60] Dutt, A. K. and P. Skott (1996), Keynesian Theory and the Aggregate Supply/Aggregate Demand Framework: A Defense, *Eastern Economic Journal*, 22(3), pp. 313-331.

[61] Edwards, F. R. (1996), *The New Finance: Regulation and Financial Stability*, AEI Press.（家森信善・小林毅訳『金融業の将来』東洋経済新報社，1998 年。）

[62] Evans, L., A. Grimes, B. Wilkinson and D. Teece (1996), Economic Reform in New Zealand 1984-95: The Pursuit of Efficiency, *Journal of Economic Literature* 34(4), pp. 1856-1902.

[63] Fanti, L. and P. Manfredi (1998), A Goodwin-type Growth Cycle Model wlth Profit-Sharing, *Economic Notes*, 27, pp. 371-402.

[64] Fischer, S. (1972), Keynes-Wicksell and Neoclassical Models of Money and Growth, *American Economic Review*, 62(5), pp. 880-890.

[65] Fisher, I. (1933), The Debt-Deflation Theory of Great Depressions, *Econometrica*, 1(4), pp. 337-357.

[66] Flaschel, P. and P. Skott (2006), Steindlian Models of Growth and Stagnation, *Metroeconomica*, 57(3), pp. 303-338.

[67] Foley, D. K. (1987), Liquidity-Profit Rate Cycles in a Capitalist Economy, *Journal of Economic Behavior and Organization*, 8(3), pp. 363-376.

[68] Franke, R. and T. Asada (1994), A Keynes-Goodwin Model of the Business Cycle, *Journal of Economic Behavior and Organization*, 24(3), pp. 273-295.

[69] Freeman, R. B. and M. L. Weitzman (1987), Bonuses and Employment in Japan, *Journal of the Japanese and International Economies*, 1(2), pp. 168-194.

[70] Friedman, M. and R. Friedman (1980), *Free to Choose: A Personal Statement*, Harcourt Brace Jovanovich.（西山千明訳『選択の自由——自立社会への挑戦』日本経済新聞社，1980 年。）

[71] 藤原賢哉・家森信善編著（1998）『現代金融論講義』中央経済社。

[72] 藤原賢哉・家森信善編著（2002）『金融論入門』中央経済社。

[73] 福田慎一・照山博司（2016）『マクロ経済学・入門』第 5 版，有斐閣。

[74] Fung, K. C. (1989), Unemployment, Profit-Sharing and Japan's Economic Success, *European Economic Review*, 33(4), pp. 783-796.

[75] 古川顕（1995）「金融政策とクレジット・ビュー」,『金融経済研究』第 9 号，10～27 ページ。

[76] 二神孝一（2006）『マクロ経済学入門』日本評論社（最新版は二神（2017））。

[77] 二神孝一（2017）『マクロ経済学入門』第 3 版，日本評論社。

[78] 二木雄策（1992）『マクロ経済学と証券市場』同文舘。

[79] Gandolfo, G. (1997), *Economic Dynamics*, Springer.

[80] Godley, W. and M. Lavoie (2007), *Monetary Economics: An Integrated Approach to Credit, Money, Income, Production and Wealth*, Palgrave Macmillan.

[81] Goodwin, R. M. (1967), A Growth Cycle. In C. H. Feinstein (ed.), *Socialism, Capitalism and Economic Growth: Essays Presented to*

Maurice Dobb, Cambridge University Press, pp. 54-58.

[82] Greenwald, B. C. and J. E. Stiglitz (1993), Financial Market Imperfections and Business Cycles, *Quarterly Journal of Economics*, 108(1), pp. 77-114.

[83] 服部茂幸（2011）「金融危機を経て見直される異端の経済学者ミンスキー」，『エコノミスト』第89巻第27号，毎日新聞社。

[84] Hayashi, F. (1986), Why Is Japan's Saving Rate So Apparently High? In S. Fischer (ed.), *NBER Macroeconomics Annual*, MIT Press, pp. 147-210.

[85] 林文夫（2003）「構造改革なくして成長なし」，岩田規久男・宮川努編『失われた10年の真因は何か』東洋経済新報社，1〜16ページ。

[86] Hein, E. (2007), Interest Rate, Debt, Distribution and Capital Accumulation in a Post-Kaleckian Model, *Metroeconomica*, 58(2), pp. 337-352.

[87] ホリオカ，チャールズ ユウジ・伊藤隆敏・岩本康志・大竹文雄・塩路悦朗・林文夫（2007）「マクロ経済学は『失われた10年』から何を学んだか——パネル・ディスカッション」，市村英彦・伊藤秀史・小川一夫・二神孝一編『現代経済学の潮流2007』東洋経済新報社，217〜261ページ。

[88] 堀内昭義（1999）『日本経済と金融危機』岩波書店。

[89] 井堀利宏（2011）『入門マクロ経済学』第3版，新世社。

[90] 石倉雅男（2002）「負債とマクロ経済の不安定性」，『経済理論学会年報』第39集，73〜88ページ。

[91] 石倉雅男（2012）『貨幣経済と資本蓄積の理論』大月書店。

[92] 伊藤誠（2009）『サブプライムから世界恐慌へ——新自由主義の終焉とこれからの世界』青土社。

[93] 伊藤隆俊（1999）「アジア通貨危機とIMF」，『経済研究』第50巻第1号，68〜93ページ。

[94] Ito, T. and F. S. Mishkin (2004), Two Decades of Japanese Monetary Policy and the Deflation Problem, *Working Paper* 10878, NBER Working Paper Series.

[95] 岩本康志・大竹文雄・齊藤誠・二神孝一（1999）『経済政策とマクロ経済学——改革への新しい提言』日本経済新聞社。

[96] 岩佐代市（1997）「金融システムの不安定性，公的介入，および銀行制度改革——ナローバンク論の検討を中心に」，『関西大学経済論集』第46巻第5号，473〜510ページ。

[97] 岩田規久男（1992）「『日銀理論』を放棄せよ」，『週刊東洋経済』9月12日号。

[98] Jarsulic, M. (1990), Debt and Macro Stability, *Eastern Economic Journal*, 16, pp. 91-100.

[99] Jo, G. (2002), Financial Structure and Economic Growth in Korea, *Journal of the Korean Economy*, 3(1), pp. 85-104.

[100] Kaldor, N. (1940), A Model of the Trade Cycle, *Economic Journal*, 50, pp. 78-92.

[101] Kalecki, M. (1937), The Principle of Increasing Risk, *Economica*, 4(16), pp. 440-447.

[102] Kalecki, M. (1971), *Selected Essays on the Dynamics of the Capitalist Economy 1933-1970*, Cambridge University Press. (浅田統一郎・間宮陽介訳『資本主義経済の動態理論』日本経済評論社，1984年。)

[103] Kamihigashi, T. (2011), Recurrent Bubbles, *Japanese Economic Review*, 62(1), pp. 27-62.

[104] Keen, S. (1995), Finance and Economic Breakdown: Modeling Minsky's "Financial Instability Hypothesis," *Journal of Post Keynesian Economics*, 17(4), pp. 607-635.

[105] 経済企画庁（1994）『経済白書』大蔵省印刷局。

[106] 経済企画庁（1998）『アジア経済』大蔵省印刷局。

[107] Keynes, J. M. (1936), *The General Theory of Employment, Interest and Money*, Macmillan. (塩野谷祐一訳『雇用・利子および貨幣の一般理論』東洋経済新報社，1983年。)

[108] 北坂真一（2000）「金融政策の目標と有効性——ゼロ金利政策とインフレターゲット」，岩田規久男編著『金融政策の論点——検証・ゼロ金利政策』

東洋経済新報社，249～290 ページ。

[109] 北坂真一（2003）『マクロ経済学・ベーシック』有斐閣。

[110] 小峰隆夫（2006）『日本経済の構造変動——日本型システムはどこに行くのか』岩波書店。

[111] Kregel, J. A. (1997), Margins of Safety and Weight of the Argument in Generating Financial Fragility, *Journal of Economic Issues*, 31(2), pp. 543-548.（クレーゲル（2013）所収。）

[112] Kregel, J. A. (2000), Yes, 'It' Did Happen Again: The Minsky Crisis in Asia. In R. Bellofiore and P. Ferri (eds.), *Financial Keynesianism and Market Instability: The Economic Legacy of Hyman Minsky, Vol. 1*, Edward Elgar, pp. 194-212.（クレーゲル（2013）所収。）

[113] Kregel, J. A. (2008), Using Minsky's Cushions of Safety to Analyze the Crisis in the U. S. Subprime Mortgage Market, *International Journal of Political Economy*, 37(1), pp. 3-23.（クレーゲル（2013）所収。）

[114] クレーゲル，J. A.（2013）『金融危機の理論と現実——ミンスキー・クライシスの解明』日本経済評論社（横川信治監訳）。

[115] Krugman, P. (1999), What Happened to Asia. In R. Sato, R. V. Ramachandran and K. Mino (eds.), *Global Competition and Integration*, Kluwer Academic Publishers, pp. 315-327.

[116] Krugman, P. (2012), *End This Depression Now!* Melrose Road Partners.（山形浩生訳『さっさと不況を終わらせろ』早川書房，2012 年。）

[117] Kydland, F. E. and E. C. Prescott (1982), Time to Build and Aggregate Fluctuations, *Econometrica*, 50(6), pp. 1345-1370.

[118] Lahart, J. (2007), In Time of Tumult, Obscure Economist Gains Currency: Mr. Minsky Long Argued Markets Were Crisis Prone; His 'Moment' Has Arrived, *Wall Street Journal*, August 18. https://www.wsj.com/articles/SB118736585456901047

[119] Lavoie, M. (1992), *Foundations of Post-Keynesian Economic Analysis*, Edward Elgar.

[120] Lavoie, M. (1995), Interest Rates in Post-Keynesian Models of Growth and Distribution, *Metroeconomica*, 46(2), pp. 146-177.

[121] Lavoie, M. (2006a), A Post-Keynesian Amendment to the New Consensus on Monetary Policy, *Metroeconomica*, 57(2), pp. 165-192.

[122] Lavoie, M. (2006b), *Introduction to Post-Keynesian Economics*, Palgrave Macmillan. (宇仁宏幸・大野隆訳『ポストケインズ派経済学入門』ナカニシヤ出版, 2008 年。)

[123] Lavoie, M. (2010), Surveying Short-run and Long-run Stability Issues with the Kaleckian Model of Growth. In M. Setterfield (ed.), *Handbook of Alternative Theories of Economic Growth*, Edward Elgar, pp. 132-156.

[124] Lavoie, M. and W. Godley (2001-02), Kaleckian Models of Growth in a Coherent Stock-Flow Monetary Framework: A Kaldorian View, *Journal of Post Keynesian Economics*, 24(2), pp. 277-311.

[125] Lee, H. (2001), The IMF Rescue Program in Korea: What Went Wrong? *Journal of the Korean Economy*, 2(1), pp. 69-86.

[126] Lima, G. T. and A. J. A. Meirelles (2007), Macrodynamics of Debt Regimes, Financial Instability and Growth, *Cambridge Journal of Economics*, 31(4), pp. 563-580.

[127] Litan, R. E. (1987), *What Should Banks Do?* Brookings Institution Press. (馬淵紀寿・塩沢修平訳『銀行が変わる――グラス゠スティーガル体制後の新構図』日本経済新聞社, 1988 年。)

[128] Malinvaud, E. (1985), *The Theory of Unemployment Reconsidered*, 2nd ed., Basil Blackwell.

[129] Mankiw, N. G. (1992), *Macroeconomics*, Worth Publishers. (最新版は 9th ed., 2015., 足立英之・地主敏樹・中谷武・柳川隆訳『マクロ経済学』I/II, 第 4 版, 東洋経済新報社, 2017 年。)

[130] 松尾匡 (1999)『標準マクロ経済学――ミクロ的基礎・伸縮価格・市場均衡論で学ぶ』中央経済社。

[131] 松尾匡 (2007)「規範理論としての労働搾取論――吉原直毅氏による「マ

ルクスの基本定理」批判再論」，『季刊 経済理論』第 43 巻第 4 号，55〜67 ページ。

[132] 松尾匡（2010a）『不況は人災です！──みんなで元気になる経済学・入門』筑摩書房。

[133] 松尾匡（2010b）『図解雑学 マルクス経済学』ナツメ社。

[134] 三野和雄（2013）『マクロ経済学』培風館。

[135] Minsky, H. P. (1975), *John Maynard Keynes*, Columbia University Press.（堀内昭義訳『ケインズ理論とは何か──市場経済の金融的不安定性』岩波書店，1988 年。）

[136] Minsky, H. P. (1982), *Can "It" Happen Again?: Essays on Instability and Finance*, M. E. Sharpe.（岩佐代市訳『投資と金融──資本主義経済の不安定性』日本経済評論社，1988 年。）

[137] Minsky, H. P. (1986), *Stabilizing an Unstable Economy*, Yale University Press.（吉野紀・浅田統一郎・内田和男訳『金融不安定性の経済学──歴史・理論・政策』多賀出版，1989 年。）

[138] 宮尾龍蔵（2011）「日本の景気変動要因──時系列分析からの視点」，阿部顕三・大垣昌夫・小川一夫・田渕隆俊編『現代経済学の潮流 2011』東洋経済新報社。

[139] 宮尾龍蔵（2017）『コア・テキスト マクロ経済学』第 2 版，新世社。

[140] 森岡真史（2010）「置塩経済学の理論と方法──一つの批判的評価」，『季刊 経済理論』第 47 巻第 2 号，89〜100 ページ。

[141] Morishima, M. (1977), *Walras' Economics: A Pure Theory of Capital and Money*, Cambridge University Press.

[142] 鍋島直樹（2001）『ケインズとカレツキ──ポスト・ケインズ派経済学の源泉』名古屋大学出版会。

[143] 鍋島直樹（2010）「ポスト・ケインズ派貨幣経済論の回顧と展望」，『季刊 経済理論』第 46 巻第 4 号，15〜24 ページ。

[144] 鍋島直樹（2012）「現代主流派マクロ経済学批判の一視角──ポスト・ケインズ派の挑戦」，『季刊 経済理論』第 48 巻第 4 号，75〜85 ページ。

[145] Nagatani, K. (1969), A Monetary Growth Model with Variable Em-

ployment, *Journal of Money, Credit and Banking*, 1(2), pp. 188-206.

[146] 内閣府（2005）『平成 17 年度 年次経済財政報告』

http://www5.cao.go.jp/j-j/wp/wp-je05/05-00000pdf.html

[147] Nakamura, T. (2002), 'The Principle of Increasing Risk': Kalecki's Investment Theory Revisited, *Review of Political Economy*, 14(1), pp. 115-123.

[148] Nakamura, T. and H. Takami (2015), Nash Bargaining and Partial Privatization in Mixed Oligopoly, *Economic Modelling*, 46, pp. 315-321.

[149] 中谷武（1990）「置塩信雄教授の経済学」,『国民経済雑誌』第 162 巻第 3 号, 115〜135 ページ。

[150] 中谷武（2008a）「国際競争とシュタインドル命題」,『国民経済雑誌』第 197 巻第 1 号, 51〜64 ページ。

[151] 中谷武（2008b）「国際競争下での賃金主導型成長の可能性」,『立命館経済学』第 56 巻第 5・6 号, 141〜155 ページ。

[152] 中谷武（2010）「ポスト・ケインズ派経済学の現代的意義——賃金主導型経済を中心に」,『季刊 経済理論』第 46 巻第 4 号, 6〜14 ページ。

[153] 中谷武（2014）「置塩『蓄積論』再考」,『季刊 経済理論』第 50 巻第 4 号, 5〜15 ページ。

[154] 中谷武・菊本義治・佐藤真人・佐藤良一・塩田尚樹（2009）『新版 マクロ経済学』勁草書房。

[155] Nakatani, T. and P. Skott (2007), Japanese Growth and Stagnation: A Keynesian Perspective, *Structural Change and Economic Dynamics*, 18(3), pp. 306-332.

[156] 日本経済新聞（2012）「日本国債のリスク」,『日本経済新聞』朝刊連載。

[157] 二宮健史郎（2001a）「カルドア型循環モデルと金融の不安定性」,『ファイナンス研究』第 27 号, 29〜51 ページ。

[158] 二宮健史郎（2001b）「ミンスキー的循環」,『国民経済雑誌』第 184 巻第 2 号, 15〜29 ページ。

[159] 二宮健史郎（2001c）「金融恐慌期における公的金融の役割——簡単なモ

デル分析」，小川功・二宮健史郎『金融恐慌と公的金融，及び簡易保険』平成 12 年度近畿郵政局保険部特別委託研究報告書。

[160] 二宮健史郎（2002），「ケインズ＝グッドウィンモデルにおける金融の不安定性」，『経済理論学会年報』第 39 集，103〜118 ページ。

[161] 二宮健史郎（2005a）「負債荷重と金融政策」，『季刊 経済理論』第 41 巻第 4 号，90〜97 ページ。

[162] 二宮健史郎（2005b）「ミンスキー的循環，不安定性と逆循環的財政政策」，『季刊 経済理論』第 42 巻第 3 号，96〜103 ページ。

[163] 二宮健史郎（2006a）『金融恐慌のマクロ経済学』中央経済社。

[164] 二宮健史郎（2006b）「金融の不安定性と政策金融の役割——金融不安定性のマクロ動学モデルによる再検討」，『季刊 経済理論』第 43 巻第 3 号，76〜84 ページ。

[165] Ninomiya, K. (2007), Open Economy Financial Instability, *Journal of the Korean Economy*, 8(2), pp. 329-355.

[166] 二宮健史郎（2007a）「寡占経済における金融の不安定性，循環と所得分配」，『金融経済研究』第 24 号，12〜25 ページ。

[167] 二宮健史郎（2007b）「ウォール街で一躍注目を浴びる，ミンスキーの金融不安定性仮説」，『エコノミスト』第 85 巻第 59 号，毎日新聞社，36〜39 ページ。

[168] 二宮健史郎（2008a）「マクロ経済学の導入教育における諸議論」，『経済教育』第 27 号，134〜145 ページ。

[169] 二宮健史郎（2008b）「『貸し手のリスク』の内生的変化と経済の不安定性，及び循環」，『彦根論叢』第 374 号，165〜179 ページ。

[170] 二宮健史郎（2010）「『長期』と『短期』のマクロ経済モデルと金融の不安定性——ポスト・ケインズ派金融不安定性分析の位置づけと評価」，『季刊 経済理論』第 46 巻第 4 号，25〜33 ページ。

[171] 二宮健史郎（2011）「ポスト・ケインズ派金融不安定性分析の射程と可能性」，『彦根論叢』第 390 号，148〜161 ページ。

[172] 二宮健史郎（2015）「負債荷重，確信，金融の不安定性と循環」，『季刊 経済理論』第 51 巻第 4 号，83〜93 ページ。

[173] Ninomiya, K. (2016), Financial Structure, Financial Instability, and Inflation Targeting, *Evolutionary and Institutional Economics Review*, 13(1), pp. 23-36.

[174] Ninomiya, K. (2017), Financial Structure and Instability in an Open Economy, *CRR Discussion Paper*, B-16, Faculty of Economics, Shiga University.

[175] Ninomiya, K. and A. Sanyal (2009), A Bubble without Inflation, *Journal of the Korean Economy*, 10(1), pp. 55-79.

[176] 二宮健史郎・高見博之（2008）「金融の不安定性と Profit Sharing」，*Working Paper*, No. 102, Faculty of Economics, Shiga University.

[177] 二宮健史郎・高見博之（2010）「Profit Sharing，停滞レジームと金融の不安定性」，『季刊 経済理論』第 47 巻第 3 号，58～66 ページ。

[178] Ninomiya, K. and H. Takami (2018), Profit Sharing, Labour Share and Financial Structure, *Evolutionary and Institutional Economics Review*, online first. (DOI: 10.1007/s40844-017-0090-5) https://doi.org/10.1007/s40844-017-0090-5

[179] 二宮健史郎・得田雅章（2011）「構造変化と金融の不安定性」，『季刊 経済理論』第 48 巻第 2 号，81～95 ページ。

[180] Ninomiya, K. and M. Tokuda (2012), Structural Change and Financial Instability in an Open Economy, *Korea and the World Economy*, 13(1), pp. 1-37.

[181] Ninomiya, K. and M. Tokuda (2017), Financial Instability in Japan: Debt, Confidence, and Financial Structure. In M. Ishikura, S. Jeong and M. Li (eds.) *Return of Marxian Macro-dynamics in East Asia*, Emerald, pp. 39-61.

[182] 二宮健史郎・得田雅章（2017）「金融資産の蓄積による金融化と経済の不安定性」，『季刊 経済理論』第 54 巻第 3 号，71～93 ページ。

[183] 西洋（2010）「VAR モデルを用いた日本経済の所得分配と需要形成パターンについての実証分析」，『季刊 経済理論』第 47 巻第 3 号，67～78 ページ。

[184] 西洋（2011）「構造 VAR モデルによる日本経済の資本蓄積，所得分配，負債の動態分析——ポスト・ケインジアン・パースペクティブ」，『季刊経済理論』第 47 巻第 4 号，53〜64 ページ。

[185] Nishi, H. (2012), A Dynamic Analysis of Debt-led and Debt-burdened Growth Regimes with Minskian Financial Structure, *Metroeconomica*, 63(4), pp. 634-660.

[186] 西垣鳴人（2003）『ディレギュレーション時代の公的金融——民業補完とは何か』御茶の水書房。

[187] 小川一夫・北坂真一（1998）『資産市場と景気変動——現代日本経済の実証分析』日本経済新聞社。

[188] 大野隆（2011）「カレツキアン・モデルの不安定性と金融市場」，渡辺和則編『金融と所得分配』日本経済評論社，246〜265 ページ。

[189] 大野隆・西洋（2011）「カレツキアン・モデルの新しい展開——ストック・フロー・コンシステント・モデル」，『季刊 経済理論』第 47 巻第 4 号，6〜18 ページ。

[190] 置塩信雄（1967）『蓄積論』筑摩書房。

[191] 置塩信雄（1986）「利子率・外国為替率の運動」，『国民経済雑誌』第 154 巻第 6 号，49〜69 ページ。

[192] 小野善康（1992）『貨幣経済の動学理論——ケインズの復権』東京大学出版会。

[193] Palley, T. I. (1991-92), Money, Credit, and Prices in a Kaldorian Macro Model, *Journal of Post Keynesian Economics*, 14(2), pp. 183-203.

[194] Palley, T. I. (1996), *Post Keynesian Economics: Debt, Distribution and the Macro Economy*, Palgrave Macmillan.

[195] Patinkin, D. (1956), *Money, Interest and Prices: An Integration of Monetary and Value Theory*, Row Peterson. （貞木展生訳『貨幣・利子および価格——貨幣理論と価値理論の統合』勁草書房，1971 年。）

[196] Pierce, J. L. (1991), *The Future of Banking*, Yale University Press. （藤田正寛監訳『銀行業の将来』東洋経済新報社，1993 年。）

[197] Ramsey, F. P. (1928), A Mathematical Theory of Saving, *Economic Journal*, 38, pp. 543-559.

[198] Rochon, L. P. and M. Setterfield (2007), Interest Rates, Income Distribution, and Monetary Policy Dominance: Post Keynesians and the "Fair Rate" of Interest, *Journal of Post Keynesian Economics*, 30(1), pp. 14-42.

[199] Romer, D. (2000), Keynesian Macroeconomics without the LM Curve, *Journal of Economic Perspectives*, 14(2), pp. 149-169.

[200] Rose, H. (1969), Real and Monetary Factors in the Business Cycle, *Journal of Money, Credit and Banking*, 1(2), pp. 138-152.

[201] Ryoo, S. (2010), Long Waves and Short Cycles in a Model of Endogenous Financial Fragility, *Journal of Economic Behavior and Organization*, 74(3), pp. 163-186.

[202] Ryoo, S. (2013), Bank Profitability, Leverage and Financial Instability: a Minsky-Harrod Model, *Cambridge Journal of Economics*, 37(5), pp. 1127-1160.

[203] 櫻川昌哉（2013）「バブルと金融危機」，櫻川昌哉・福田慎一編『なぜ金融危機は起こるのか——金融経済研究のフロンティア』東洋経済新報社，3〜34ページ。

[204] Sarantis, N. (1989), Macroeconomic Policy and Activity in an Open Economy with Oligopoly and Collective Bargaining, *Journal of Economics*, 49(1), pp. 25-46.

[205] Sarantis, N. (1990-91), Distribution and Terms of Trade Dynamics, Inflation, and Growth, *Journal of Post Keynesian Economics*, 13(2), pp. 175-198.

[206] 佐々木啓明（2011a）「カレツキアン・モデルにおける短期・中期・長期」，『季刊 経済理論』第47巻第4号，19〜29ページ。

[207] 佐々木啓明（2011b）「負債を考慮したカレツキアン・モデルにおける長期分析——金融政策が所得分配と雇用に与える影響」，渡辺和則編『金融と所得分配』日本経済評論社，223〜245ページ。

[208] Sasaki, H. and S. Fujita (2012), The Importance of the Retention Ratio in a Kaleckian Model with Debt Accumulation, *Metroeconomica*, 63(3), pp. 417-428.

[209] Sasakura, K. (1994), On the Dynamic Behavior of Schinasi's Business Cycle Model, *Journal of Macroeconomics*, 16(3), pp. 423-444.

[210] 佐藤隆三 (2009)「温かい資本主義復権の時」,『日本経済新聞』(2009.10.27 朝刊)。

[211] Schinasi, G. J. (1981), A Nonlinear Dynamic Model of Short Run Fluctuations, *Review of Economic Studies*, 48(4), pp. 649-656.

[212] Schinasi, G. J. (1982), Fluctuations in a Dynamic, Intermediate-run IS-LM Model: Applications of the Poincaré-Bendixson Theorem, *Journal of Economic Theory*, 28(2), pp. 369-375.

[213] Schumpeter, J. A. (1939), *Business Cycles: a Theoretical, Historical and Statistical Analysis of the Capitalist Process*, McGraw-Hill.（金融経済研究所訳『景気循環論――資本主義過程の理論的・歴史的・統計的分析』I～V，有斐閣，1958～1964 年。)

[214] Sethi, R. (1992), Endogenous Growth Cycles in an Open Economy with Fixed Exchange Rates, *Journal of Economic Behavior and Organization* , 19(3), pp. 327-342.

[215] Setterfield, M. (2009), Macroeconomics without the LM Curve: an Alternative View, *Cambridge Journal of Economics*, 33(2), pp. 273-293.

[216] 嶋野智仁 (2015)「金融化が日本経済の資本蓄積に与える影響に関する実証分析――日本企業における『株主価値志向』浸透の観点から」,『季刊 経済理論』第 51 巻第 4 号，70～82 ページ。

[217] 新・日本的経営システム等研究プロジェクト編著 (1995)「新時代の『日本的経営』――挑戦すべき方向とその具体策」日本経営者団体連盟。

[218] 塩路悦朗 (2010)「マクロモデル分析の新潮流」,『日本経済新聞』朝刊連載「やさしい経済学」。

[219] Skott, P. (1989), *Conflict and Effective Demand in Economic Growth*,

Cambridge University Press.

[220] Skott, P. (1994), On the Modelling of Systemic Financial Instability. In A. K. Dutt（ed.）, *New Directions in Analytical Political Economy*, Edward Elgar, pp. 49-76.

[221] Skott, P. (2010), Growth, Instability and Cycles: Harrodian and Kaleckian Models of Accumulation and Income Distribution. In M. Setterfield (ed.), *Handbook of Alternative Theories of Economic Growth*, Edward Elgar, pp. 108-131.

[222] Skott, P. and S. Ryoo (2008), Macroeconomic Implications of Financialisation, *Cambridge Journal of Economics*, 32(6), pp. 827-862.

[223] Sørensen, J. R. (1992), Profit-sharing in a Unionized Cournot Duopoly, *Journal of Economics*, 55(2), pp. 151-167.

[224] Stein, J. L. (1969), "Neoclassical" and "Keynes-Wicksell" Monetary Growth Models, *Journal of Money, Credit and Banking*, 1(2), pp. 153-171.

[225] Stein, J. L. (1971), *Money and Capacity Growth*, Columbia University Press.（佐藤隆三訳『マネタリズムとケインジアン理論の統合』春秋社，1981 年。）

[226] Steindl, J. (1952), *Maturity and Stagnation in American Capitalism*, Basil Blackwell.（宮崎義一・笹原昭五・鮎沢成男訳『アメリカ資本主義の成熟と停滞──寡占と成長の理論』日本評論新社，1962 年。）

[227] Stiglitz, J. E. (1993), *Economics*, W. W. Norton.（藪下史郎・秋山太郎・金子能宏・木立力・清野一治訳『マクロ経済学』東洋経済新報社，1995 年。最新版は 4th ed., 2006.）

[228] 橘木俊詔（2006）「マル経と近経──階級摩擦減らした『矛盾』の人材育成」，『朝日新聞』（2006.8.1 夕刊）。

[229] Takami, H. and T. Nakamura (2013), Optimal Partial Privatization in Mixed Oligopoly: A Geometric Approach, *Economics Bulletin*, 33(4), pp. 2958-2967.

[230] 武隈愼一（1998）『マクロ経済学の基礎理論』新世社。

[231] Taylor, J. B. (1997), A Core of Practical Macroeconomics, *American Economic Review* (Papers and Proceedings), 87(2), pp. 233-235.

[232] Taylor, J. B. (2000), Teaching Modern Macroeconomics at the Principles Level, *American Economic Review*, 90(2), pp. 90-94.

[233] Taylor, J. B. (2004), *Principles of Macroeconomics*, 4th ed., Houghton Mifflin. (最新版は 8th ed., 2017.)

[234] Taylor, J. B. and P. Dalziel (2002), *Macroeconomics*, New Zealand ed., John Wiley and Sons Australia.

[235] Taylor, L. (1985), A Stagnationist Model of Economic Growth, *Cambridge Journal of Economics*, 9(4), pp. 383-403.

[236] Taylor, L. and S. A. O'Connell (1985), A Minsky Crisis, *Quarterly Journal of Economics*, 100(Supplement), pp. 871-885.

[237] 鴇田忠彦・足立英之・藪下史郎（1998）『初級・マクロ経済学』有斐閣。

[238] 鶴光太郎（2012）「日本は南欧化するのか？」,『日本経済新聞』(2012.5.21 朝刊)。

[239] Uchida, K. (1987), Risk Aversion and Minsky's Crisis Model, *Hokudai Economic Papers*, 17, pp. 35-38.

[240] 植田宏文（2006）『金融不安定性の経済分析』晃洋書房。

[241] 宇野弘蔵（1953）『恐慌論』岩波書店（文庫版は 2010 年）。

[242] Weitzman, M. L. (1984), *The Share Economy: Conquering Stagflation*, Harvard University Press. (林敏彦訳 『シェア・エコノミー――スタグフレーションを克服する』岩波書店，1985 年。)

[243] Weitzman, M. L. (1985), The Simple Macroeconomics of Profit Sharing, *American Economic Review*, 75(5), pp. 937-953.

[244] Weitzman, M. L. (1987), Steady State Unemployment under Profit Sharing, *Economic Journal*, 97, pp. 86-105.

[245] White, W. R. (2010), The Mayekawa Lecture: Some Alternative Perspectives on Macroeconomic Theory and Some Policy Implications, *Monetary and Economic Studies*, 28, pp. 35-58. (「マクロ経済理論の新たな展望と政策的含意」,『金融研究』第 29 巻第 4 号，39〜63 ページ。)

[246] Wolfson, M. H. (1994), *Financial Crises: Understanding the Postwar U.S. Experience*, 2nd ed., M. E. Sharpe. (野下保利・原田善教・浅田統一郎訳『金融恐慌——戦後アメリカの経験』日本経済評論社，1995 年。)

[247] Wood, C. (1992), *The Bubble Economy: Japan's Extraordinary Speculative Boom of the '80s and the Dramatic Bust of the '90s*, Atlantic Monthly Press.

[248] 家森信善（2004）『地域金融システムの危機と中小企業金融——信用保証制度の役割と信用金庫のガバナンス』千倉書房。

[249] 家森信善（2013）『はじめて学ぶ金融のしくみ』第 4 版，中央経済社。

[250] 家森信善（2015）『基礎からわかるマクロ経済学』第 4 版，中央経済社。

[251] Yoshida, H. (1999), Harrod's "Knife-Edge" Reconsidered: An Application of the Hopf-Bifurcation Theorem and Numerical Simulations, *Journal of Macroeconomics*, 21(3), pp. 537-562.

[252] 吉田博之（2003）『景気循環の理論——非線型動学アプローチ』名古屋大学出版会。

[253] 吉川洋編著（1996）『金融政策と日本経済』日本経済新聞社。

[254] 吉川洋（2000）『現代マクロ経済学』創文社。

[255] 吉川洋（2012）「ミンスキー」，『日本経済新聞』朝刊連載「やさしい経済学　危機・先人に学ぶ」。

[256] 吉川洋（2017）『マクロ経済学』第 4 版，岩波書店。

[257] Zhang, W. B. (1990), The Complexity of Nonlinear Dynamic Economic Systems: The Kaldorian Model with Bond Finance of the Government, *Journal of Mathematical Sociology*, 15(3-4), pp. 259-269.

索引

IS・MP モデル, 13
IS・LM モデル, 2, 12–14, 16–18, 20, 21,
　　23, 25, 29, 30, 36, 54, 75, 99,
　　100, 105
IS・BB モデル, 24, 25, 45, 53, 54, 75, 82,
　　103, 105, 197
IS 曲線, 13, 16, 18, 19, 21, 26, 29, 64,
　　100, 105, 110, 111, 114, 146
青木浩介, 269
明石茂生, 247
浅子和美, 12
浅田統一郎, 12, 21, 23, 42–44, 57, 58, 65,
　　66, 73, 77, 80, 84, 88, 97, 101,
　　108, 109, 120, 123, 127, 129, 137,
　　157, 174, 189, 194, 198–200, 203,
　　209, 210, 230, 245–247, 251, 262,
　　266, 268, 269
アジアの通貨危機, 7, 39, 43, 99, 104, 167,
　　245, 246, 253, 257, 258, 262, 271
畔津憲司, 44
足立英之, 12, 14, 17, 23–25, 31, 44, 45,
　　53, 54, 57, 75, 76, 82, 100, 101,
　　119, 120, 123, 157, 230
新しいケインズ派, 2, 11, 17, 37, 38, 49, 80
新しい古典派, 1, 2, 11, 18, 33–38, 41, 45,
　　46, 49, 50, 63, 80
アニマル・スピリッツ, 56, 83
アベノミクス, 49

石倉雅男, 43, 44, 121, 141
異時点間の最適消費, 15, 102
伊藤隆敏, 12, 171, 175, 246, 262
伊藤誠, 39, 41, 46, 47
井堀利宏, 12
岩佐代市, 228, 235, 242
岩本康志, 12, 113
インフレ・ターゲット, 13, 26, 28–30, 65,
　　96, 100, 120, 137, 174, 189, 190,
　　193–196, 198–200, 204–207, 266,

272
インフレ調整線, 13, 25, 26, 100

ヴィクセル的物価調整, 64, 73, 74, 76–78
植田宏文, 38, 157, 158, 166, 168
Wolfson, M. H., 34, 41, 43, 120, 132, 140
失われた 20 年, 49
内田和男, 157, 158, 166
Wood, C., 172
宇野弘蔵, 39–41, 45, 271

Amyx, J. A., 172
AD・AS モデル, 12, 13, 17
Adelman, I., 175
Abel, A. B., 13
S 字型投資関数, 54, 62
x% ルール, 201–203, 206
Edwards, F. R., 228
LE 曲線, 54
LM 曲線, 13, 16, 18, 19, 25, 29, 30, 64,
　　66, 100, 105, 110, 111, 114, 144,
　　146, 194
LM 方程式, 52, 66, 76, 103, 120, 194,
　　197, 246, 247

横断条件, 36, 37
大きな政府, 34, 113, 273
大竹文雄, 12, 113
大野隆, 45, 63, 70, 71, 81
Orlando の公式, 97, 138, 169, 207, 224,
　　243, 263
小川一夫, 25, 31, 101, 158, 228, 229
置塩信雄, 13, 23–25, 30, 39, 41, 45, 47,
　　53, 54, 61, 76, 82, 100, 102, 103,
　　197, 247
O'Connell, S. A., 5, 24, 34, 40–42, 51–54,
　　56–58, 60, 66, 74, 79, 80, 85, 89,
　　103, 105, 126, 157, 228, 245
小野善康, 37

Cargill, T. F., 171
Gertler, M., 38, 157, 171
外部資金, 3, 119, 212
確信の状態, 24, 44, 51–54, 57, 66, 67, 74,
　　76, 79, 83–86, 89, 90, 93–95
確信の不安定性, 44, 66, 67, 79–81, 89, 92,
　　93, 95, 96
貸付資金説, 13, 14, 22–25, 29–31, 54, 56,
　　74, 82, 100–102, 108, 113, 114
貸し手のリスク, 3, 4, 21, 56, 84, 103, 104,
　　109, 114, 119–121, 124, 125, 132,
　　135, 136, 165, 194, 196, 197, 202,
　　210, 212, 213, 221, 223, 224, 229,
　　231, 232, 234–236, 240, 241, 246,
　　248, 251, 252, 255–257, 260–263
Cassetti, M, 59
活性化レジーム, 140, 150, 272
加納悟, 12
貨幣供給ルール, 174, 176, 188, 189, 191
貨幣需要の所得弾力性, 186, 189
貨幣需要の利子弾力性, 25, 120
貨幣乗数, 67, 73, 84, 103, 109, 111, 124,
　　144, 160, 196, 212, 248
貨幣数量説, 13, 18, 19, 28, 29, 64, 76, 100,
　　114, 195
貨幣の中立性, 1, 16, 80
上東貴志, 37
借り手のリスク, 3–5, 56, 83, 109, 212, 223,
　　230, 232
Kaldor, N., 2, 42, 50, 54, 62, 247, 248
カルドア型循環モデル, 12, 24, 43, 44,
　　54–57, 67, 75, 76, 87, 88, 95, 104,
　　147, 162, 165, 209, 210, 246, 249,
　　252, 262
カルドア型消費関数, 121
Kalecki, M., 2, 44, 119
カレツキアン・モデル, 50, 51, 57–61, 63,
　　65, 68, 70, 72, 75–78 , 80, 81, 96
Gandolfo, G., 88

Chiarella, C., 23, 42, 157
Keen, S., 121, 140
菊本義治, 25
危険逓増原理, 44
期待インフレ率, 123, 126, 129, 137, 180,
　　183–185, 189, 197, 199, 200
期待為替レート, 252
北坂真一, 12, 25, 28, 31, 101, 158, 228,
　　229
Kydland, F. E., 1, 2, 37

逆循環的財政政策, 110, 112, 209–211,
　　216–218, 220–223, 238
Gilchrist, S., 157
銀行主義, 25
金融化, 44–46, 96, 270–273
金融政策ルール, 26, 28, 30, 64, 66, 74,
　　76–78, 100, 194, 195, 272
金融の自由化, 7, 160
金融ビッグバン, 6, 227, 268
金融不安定性仮説, 2, 5, 7, 8, 21, 24, 34,
　　38, 39, 41–44, 47, 49–51, 55, 68,
　　79, 99, 100, 108, 119, 120, 140,
　　157, 207, 210, 228, 245, 263

Goodwin, R. M., 2, 42, 50, 54, 55, 57, 58
グッドウィン・モデル, 55, 120, 121, 140,
　　141, 152
クラウディング・アウト, 211, 223
クラウディング・イン, 121
倉澤資成, 12
Greenwald, B. C., 5, 34, 38, 49
Krugman, P., 8, 79, 175
Kregel, J. A., 38, 43, 246
クレジット・ビュー, 13, 14, 22, 23, 25, 30,
　　38, 100, 101

ケインジアンの安定条件, 45, 60
Keynes, J. M., 1–3, 17, 21, 31, 43, 83,
　　108, 114
ケインズ・ヴィクセル・モデル, 13, 23, 30,
　　66, 77, 78, 101, 199
ケインズ・グッドウィン・モデル, 55, 57,
　　58, 65, 75, 76, 120, 195
ケインズ経済学, 1, 2, 6, 11, 12, 16, 18, 19,
　　22, 25, 29–31, 36, 37, 50, 64,
　　99–101, 113, 194
ケインズ効果, 18, 21, 73
Cagan, P., 173
Cagan の条件, 173, 185
決済システム, 228–230, 235, 242
ケンブリッジの現金残高方程式, 15, 16

交差双対的調整過程, 194
高次元動学的ケインジアン・モデル, 42, 266
構造改革, 6, 33, 49, 80, 193, 206, 207, 209
構造 VAR モデル, 44, 66, 79, 81
合理的期待仮説, 1
国際資本移動, 246, 252, 254–257, 260–262,
　　273

国際的な貸し手のリスク, 246, 252, 255, 257, 260–263
護送船団方式, 6, 227, 270
固定為替相場制, 120, 245, 246, 253–255, 257, 262
古典派経済学, 1, 11, 12, 18–20, 22, 25, 29–31, 64, 99, 113, 194
古典派の二分法, 1, 16
古典派モデル, 12, 14–17, 28–30, 37, 64, 74, 75, 80, 100
Godley, W., 45, 63, 81
小葉武史, 44

最後の貸し手, 5, 95, 112, 193, 229, 266, 269
財政危機, 34
最大値原理, 35, 36
齊藤誠, 12, 113
櫻川昌哉, 8
佐々木啓明, 57, 58, 60, 70, 80, 82
笹倉和幸, 210
佐藤真人, 25
佐藤良一, 25
佐藤隆三, 37
サブクリティカル, 217, 236
サブプライム危機, 7, 8, 33, 34, 37, 39, 41–44, 46, 47, 49, 79, 96, 100, 114, 152, 167, 193, 207, 266, 270–272, 274
Samuelson, P. A., 11, 17
Sarantis, N., 246
産出・拡張関数, 62, 71

シェアリング・パラメーター, 141–148, 150, 152, 154–156
塩路悦朗, 12, 37, 38, 50
塩田尚樹, 25
資産効果, 18, 21, 178, 179, 182
資産バブル, 173
市場経済化, 6, 33, 42, 49, 80, 95, 142, 175, 193, 206, 207, 209, 211, 223, 224, 227, 270–273
市場原理主義, 42, 46, 114, 115
市場の不完全性, 5, 34, 38
自然失業率仮説, 12
自然成長率, 60, 65, 72, 128, 180
自然利子率, 65, 76
実体的景気循環論, 2, 37
Schinasi, G. J., 210
資本ストック調整原理, 15, 102

資本逃避, 246, 256, 257, 261, 262, 265, 271
嶋野智仁, 44
Jarsulic, M., 120, 121, 140, 174
周期解（閉軌道）, 43, 54, 58, 88, 94, 95, 134, 136, 147, 155, 165, 167, 185, 203, 206, 217, 218, 236, 241, 245, 247, 252, 257, 262
Steindl, J., 140–143, 150, 155, 272
Schumpeter, J. A., 95
準合理的期待仮説, 129
Jo, G., 175
証券化, 266
乗数効果, 113
乗数理論, 12
情報の非対称性, 38
所得分配, 46, 58, 68–70, 75, 80, 83, 96, 119–122, 126, 132, 136, 139, 140, 168, 272
新貨幣数量説, 18
新古典派経済学, 1, 33–38, 41, 45–47, 49, 50, 61, 63, 77, 78, 80, 99–101, 113–115, 211, 223
新古典派成長モデル, 12
新古典派総合, 11, 17
新自由主義, 37, 39, 46, 80
信用不安定性, 24, 40, 105, 126, 197, 230, 232

水平主義（内生的貨幣供給理論）, 65, 69, 70, 74, 76, 77, 82
数値シミュレーション, 45, 63, 81, 148, 149, 236, 237, 244, 271
スーパークリティカル, 217, 236
数理マルクス経済学, 41
Skott, P., 12, 43, 45, 61, 62, 71, 140
Stein, J. L., 13, 18, 23, 25, 31, 101, 129, 199, 200
Stiglitz, J. E., 5, 25, 34, 38, 49
ストック・フロー・コンシステント・モデル（SFC モデル）, 45, 47, 50, 51, 54, 63, 71, 72, 75–78, 81, 82
Smyth, D. J., 247
Smith, A., 1

政策金融, 46, 96, 175, 227–232, 234–242, 271
セイ法則, 16
Sørensen, J. R., 139, 141, 142, 148
Sethi, R., 120, 245, 246

Setterfield, M., 194
Zezza, G, 63, 81
節約の逆説, 57, 59
Semmler, W., 44, 157
潜在的 GDP, 26, 28, 31, 38, 43, 50, 64, 73, 74, 78, 105, 207

総供給曲線, 19–21, 31, 111
総需要管理政策, 1, 2, 11, 18, 37, 50, 64, 99
総需要曲線, 17–21, 26, 28, 73, 74, 105, 111, 112, 207
相対的危険回避度, 157, 158, 160–162, 164–168
双対的調整過程, 194

高見博之, 46, 148
武隈愼一, 12
多幸症的経済状態（euphoria）, 4, 6, 7, 66, 67, 89, 197, 265
橘木俊詔, 42, 46
Dutt, A. K., 12, 121, 141
Dalziel, P., 13, 25–28, 30, 42, 100, 194, 195, 207, 209, 224
短期産出水準, 19, 105, 106, 111, 114
短期総供給曲線, 19, 21, 111

小さな政府, 6
Charles, S., 70, 80
Chang, W. W., 247
Zhang, W. B., 209
Cho, S., 175
Choi, G., 175
「長期」から「短期」へ, 13
長期産出水準, 19, 64, 105, 106, 108, 109, 111–114
長期総供給曲線, 19
「長期」と「短期」, 13, 29, 30, 64, 99, 101, 113, 114
長期波動, 62, 71, 72, 76, 78, 185
貯蓄・投資説, 17, 20, 29, 30, 74, 100, 113
賃金主導型経済（成長）, 57–59, 63, 80, 96, 156, 272

通貨主義, 25
鶴光太郎, 269

停滞レジーム, 57, 59, 139–141, 147, 150, 155, 272
Taylor, J. B., 13, 25–30, 100, 114, 194, 195, 272

Taylor, L., 5, 24, 34, 40–42, 50–54, 56–58, 60, 64, 66, 74, 79, 80, 85, 89, 103, 104, 121, 126, 157, 228, 245
テイラー・ルール, 64, 74–76, 78
適応的期待仮説, 129, 258
照山博司, 12

動学的確率的一般均衡モデル, 38
動学的最適化, 36, 37, 44, 46, 80
投機的金融, 4, 5, 51, 66, 80, 90, 108, 119, 156
投資決定と債務関係, 3
投資ブーム, 4, 85, 125
トービン・タックス, 273
鍋田忠彦, 12, 14, 31
得田雅章, 44, 45, 66–68, 75–77, 79–81, 84, 85, 88, 89, 158, 174, 194, 271
Dos Santos, C. H., 63, 81

内需拡大政策, 6
内生的貨幣供給理論（水平主義）, 65, 69, 70, 74, 76, 77, 82
内生的景気循環論, 42, 50, 55
内部資金, 3, 119
内部留保, 57, 68, 70, 72, 83, 85, 121, 123, 126, 135, 141, 156, 159, 162, 180, 212, 214, 218, 222, 233, 238, 270
永谷敬三, 23
中谷武, 12, 25, 43, 44, 60–62, 71, 140, 156, 272
中村保, 44, 46, 123
Nak, S. B., 175
鍋島直樹, 17, 64–66, 194, 272
ナローバンク論, 228–230, 235, 241, 242

西垣鳴人, 228, 242
西洋, 44, 45, 63, 70, 80, 81, 90
二宮健史郎, 5, 21, 24, 31, 42, 44, 45, 55–57, 66–68, 70, 75–77, 79–82, 84, 85, 87–89, 96, 99, 103, 104, 108, 110, 120, 121, 134, 148, 158, 165, 174, 180, 193–195, 210, 213, 216, 217, 223, 228–232, 235, 238, 241, 247, 252, 263, 265–267, 269, 271
日本型雇用慣行, 132, 139, 140, 154, 156
ニュー・コンセンサス・マクロ経済学, 13, 14, 25, 27, 29, 51, 64–66, 73, 75, 76, 78, 194, 204, 272

Bernanke, B. S., 13, 22, 23, 30, 31, 38, 100, 101, 157, 171

Hein, E., 68–70, 75, 80

Hutchison, M. M., 171

Patinkin, D., 21, 31

Bhaduri, A., 140

バブル経済, 6, 7, 21, 39, 49, 81, 84, 89, 99, 101, 113, 139, 142, 152, 154, 156, 158–160, 167, 171–180, 187–193, 206, 209, 227, 229, 268, 269, 272

林文夫, 12, 101, 179

バランス・シート（予算制約式）, 45, 50, 53, 54, 63, 72, 74, 76, 77, 82, 209–211, 214, 215, 222, 266

Palley, T. I., 121, 135

Barro, R. J., 12

ハロッディアン・モデル, 51, 57, 61, 71, 72, 76

Harrod, R. F., 2

ハロッド・ドーマー・モデル, 12

Pierce, J. L., 228

Pigou, A. C., 18

非自発的失業, 21, 31

非線形経済動学, 5, 42, 50, 120, 157

ファイナンシャル・アクセラレーター仮説, 38, 157

Fung, K. C., 139, 141, 142

Fanti, L., 141, 142, 152

Fischer, S., 199

Fisher, I., 21, 108

フィリップス曲線, 57, 65, 76, 107, 126, 180, 183, 198

Foley, D. K., 120, 245

福田慎一, 12

負債・デフレーション仮説, 21, 108, 121

負債荷重型経済（成長）, 63, 68, 70, 71

負債荷重の罠, 112, 113, 222

負債効果, 21, 22, 31, 73, 78, 101, 108, 112, 114, 207

負債主導型経済（成長）, 63, 68–71

藤田真哉, 70, 80, 82

藤原賢哉, 23, 25

不胎化政策, 253

二神孝一, 12, 13, 20, 25, 30, 113

双子の赤字, 268

二木雄策, 25

Blinder, A. S., 13, 22, 23, 30, 31, 38, 49, 100, 101

プラザ合意, 6, 268

Flaschel, P., 23, 42, 140, 157

Franke, R., 42, 57, 120

Blanchard, O., 12

Friedman, M., 1, 11, 18, 34, 47

Friedman, R., 34

Freeman, R. B., 139, 142

古川顕, 23, 38, 100

Prescott, E. C., 2, 37

Blecker, R. A., 156, 272

Profit Sharing, 46, 139–143, 148, 150–156

閉軌道（周期解）, 43, 54, 58, 88, 94, 95, 134, 136, 147, 155, 165, 167, 185, 203, 206, 217, 218, 236, 241, 245, 247, 252, 257, 262

ヘッジ金融, 4, 51, 66, 80, 90, 108, 119, 156

変動為替相場制, 246, 258–262

Poincaré-Bendixson の定理, 247

ポートフォリオ効果, 173

保証成長率, 62

ポスト・ケインズ派, 2, 5, 7, 13, 33–35, 37, 38, 42–47, 49–51 , 54, 57, 61, 64, 65, 75–80, 82, 96, 99, 101, 113–115 , 272

Hopf の分岐定理, 12, 43, 54, 58, 67, 87, 88, 94, 96–98, 103, 137, 148, 168, 174, 185, 207, 210, 224, 243, 247, 256, 264

堀内昭義, 227

ホリオカ，チャールズ・ユウジ, 12

White, W. R., 8, 38, 42, 50

ポンツィ金融, 4, 5, 51, 66, 80, 90, 108, 119, 156

マーク・アップ原理, 57, 58, 65, 76, 77, 82, 122, 126, 159, 199, 212, 247

松尾匡, 13, 25, 41, 42

マネー・ビュー, 13, 22, 25, 30, 38, 100

マネタリスト, 1, 18, 101, 195

マネタリズム, 11

Malinvaud, 100

Marx, K., 34, 43

マルクス経済学, 33–35, 37, 39, 41, 42, 44, 46, 47, 49, 61, 80, 114

Mankiw, N. G., 13, 14, 18–20, 29, 50, 64, 76, 100, 101, 114, 140, 272

Manfredi, P., 141, 142, 152

ミクロ経済学的基礎づけ, 2, 11, 17, 23, 24,
　　36, 38, 43–46, 54, 82, 99, 101,
　　123, 144, 213, 230, 231
Mishkin, F. S., 175
三野和雄, 12, 25, 47
宮尾龍蔵, 13, 19, 20, 30, 31, 38, 46
Muth, J. F., 1
ミンスキアン・モデル, 63, 81
Minsky, H. P., 2–5, 7, 8, 21, 24, 31, 34,
　　38, 39, 41, 42, 44, 47, 49–51, 55,
　　56, 66, 68, 71, 74, 79–81, 84, 90,
　　95, 96, 99–101, 103, 108, 113,
　　119, 120, 126, 140, 156, 157, 193,
　　209, 210, 228, 229, 245, 246, 262,
　　266, 269
ミンスキー・クライシス, 53, 85, 228

Meirelles, A. J. A., 70, 71
メインバンク・システム, 6, 175

モラル・ハザード, 7
森岡真史, 39
森嶋通夫, 41, 194

藪下史郎, 12, 14, 31
家森信善, 12, 23, 25, 228, 230

有効需要, 60, 70, 141
郵貯シフト, 227–229

予算制約式（バランス・シート）, 45, 50, 53,
　　54, 63, 72, 74, 76, 77, 82,
　　209–211, 214, 215, 222, 266
吉川洋, 8, 12, 23, 95
吉田博之, 12

Litan, R. E., 228
Lavoie, M., 45, 57, 60, 63–65, 68, 75–77,
　　81, 121, 133, 141, 194
Routh-Hurwitz の条件, 87, 92, 93, 104,
　　107, 131–133, 147, 152–154, 164,
　　202–205, 216, 217, 220–222, 234,
　　240, 250, 254–257, 260, 261
Lattimore, R., 207
ラッファー曲線, 268
Lahart, J., 7
Ramsey, F. P., 35
ラムゼイ・モデル, 35–37, 43–45, 63, 80

Lee, H., 175
利潤最大化, 15, 74
利潤主導型経済（成長）, 58, 63, 80, 96,
　　156, 272
利潤分配率（利潤シェア）, 58, 59, 61, 62,
　　68–70, 72, 75, 83, 120, 122, 132,
　　135–137, 140, 143, 159, 230
利潤率, 39–41, 45, 51–53, 59, 68, 71, 120,
　　121, 140, 141, 245
利子率・ターゲット, 81, 96, 104, 110, 120,
　　168, 193, 196, 210, 223, 235, 241,
　　242, 252, 266, 271
利子率の負債弾力性, 91
リフレ派, 266
Lima, G. T., 70, 71
Ryoo, S., 71, 72, 75–77, 80, 81
流動性選好, 111, 235, 245
流動性選好説, 16, 17, 19, 25, 29, 30, 74,
　　82, 100, 113
流動性の罠, 21, 31, 137

Lucas, R. E., 1
ルーカス批判, 36
「ルール」対「裁量」, 12

レヴァレッジ, 119, 179

Rose, H., 13, 23–25, 30, 31, 40, 41, 55,
　　56, 100, 103, 105, 124, 126, 197,
　　230, 232
Romer, D., 13, 25, 28–30, 64, 100, 101,
　　114, 194, 195, 272
Rochon, L. P., 194
ロトカ＝ヴォルテラ型微分方程式, 54

Weitzman, M. L., 139, 141, 142, 152, 154
ワルラス法則, 17, 23, 24, 45, 53, 82, 102

著者　二宮健史郎（にのみや　けんしろう）

滋賀大学経済学部教授，博士（経済学）神戸大学
1967年　大分県大分市に生まれる
1995年　神戸大学大学院経済学研究科博士後期課程中退
　　　　滋賀大学経済学部助手
　同講師，助教授を経て，
2006年　滋賀大学経済学部教授

主著
『金融恐慌のマクロ経済学』中央経済社，2006年。
"Profit-Sharing, Labour Share, and Financial Structure," *Evolutionary and Institutional Economics Review*, 2018.（共著），「金融資産の蓄積による金融化と経済の不安定性」，『季刊 経済理論』2017年（共著），"Financial Instability in Japan: Debt, Confidence, and Financial Structure," *Research in Political Economy*, 2017.（共著），"Structural Change and Financial Instability in an Open Economy," *Korea and the World Economy*, 2012.（共著），「構造変化と金融の不安定性」，『季刊 経済理論』2011年（共著）等，論文多数。

装丁　鈴木衛（東京図鑑）

金融不安定性のマクロ動学

2018年3月15日　第1刷発行　　　　　　　定価はカバーに
　　　　　　　　　　　　　　　　　　　　表示してあります

　　　　　　　著　者　　　　二 宮 健 史 郎

　　　　　　　発行者　　　　中 川 　 進

〒113-0033　東京都文京区本郷2-27-16

発行所　株式会社　大 月 書 店　　印刷・製本
　　　　　　　　　　　　　　　　　大日本印刷株式会社

　　電話（代表）03-3813-4651　FAX 03-3813-4656　　振替00130-7-16387
　　http://www.otsukishoten.co.jp/

©Ninomiya Kenshiro 2018

本書の内容の一部あるいは全部を無断で複写複製（コピー）することは，法律で認められた場合を除き，著作者および出版社の権利の侵害となりますので，その場合にはあらかじめ小社あて許諾を求めてください

ISBN978-4-272-11123-7　C0033　Printed in Japan

貨幣経済と資本蓄積の理論　　　　　　　石倉雅男著　A5判三二〇頁　本体三四〇〇円

自由主義と社会主義の規範理論
価値理念のマルクス的分析　　　　　　　松井　暁著　A5判四七二頁　本体四五〇〇円

不平等と再分配の
新しい経済学　　　　　　　　　サミュエル・ボウルズ著　A5判二二四頁　本体三〇〇〇円
　　　　　　　　　　　　佐藤良一・芳賀健一訳

投下労働量計算と基本経済指標
新しい経済統計学の探究　　　　　　　　泉　弘志著　A5判三三六頁　本体四八〇〇円

―――――大月書店刊―――――
価格税別